Adriano Todaro

Autoblanchi
vita e morte di una fabbrica

prefazione di Diego Novelli

ZeroBook
2018

Titolo originario: *Autobianchi : vita e morte di una fabbrica* / di Adriano Todaro

Questo libro è stato edito da Zerobook: www.zerobook.it.
Prima edizione ZeroBook: giugno 2018
ISBN 978-88-6711-142-8

Tutti i diritti riservati in tutti i Paesi. Questo libro è pubblicato senza scopi di lucro ed esce sotto Creative Commons Licenses. Si fa divieto di riproduzione per fini commerciali. Il testo può essere citato o sviluppato purché sia mantenuto il tipo di licenza, e sia avvertito l'editore o l'autore.
Controllo qualità ZeroBook: se trovi un errore, segnalacelo!
Email: zerobook@girodivite.it

**A tutti i lavoratori
dell'Autobianchi di Desio**

Indice generale

Il valore della memoria, di Diego Novelli..................11
Autobianchi, vita e morte di una fabbrica..................15
   1 - L'inizio..................15
      Viale Lombardia..................15
      In Comune..................21
   2 – La storia..................23
      Il terribile 1956..................23
      W la Fiat..................25
      Muore Di Vittorio..................29
      La 600 Fiat..................30
      Carosello..................32
   3 – Desio in lotta..................34
      Sindaco e Prefetto..................34
      La nuova azienda..................37
      La Bianchi..................41
      Dal notaio..................42
      La Bianchina a Pio XII..................43
      Incrementare la produttività..................45
   4 – Premio qualità..................49
      Un po' di numeri..................49
      Lotte per la salute..................51
      L'Autobianchi in Irpinia..................53
      Il taglio dei tempi..................57
   5 – Altre lotte..................60
      Vertenze e tessere..................60
      Paternalismo..................63
      100 ore di sciopero..................65
      Arriva la Fiat..................66
      Salto della scocca..................70
   6 – Il convegno..................72

Lotta dura	72
Critiche alla Commissione	74
Quale futuro?	78
7 – Il dibattito	81
Fattori di crisi	81
Incertezze e timori	85
I politici	90
Conclusioni	96
Marcia per il lavoro	99
8 – La Fiat	101
Picchetti e suicidi	101
I 40 mila	105
Repressione e tangenti	107
L'affare Alfa Romeo	115
I nuovi operai	118
Catalitica? No grazie!	123
Ma la notte sì!	124
9 - Epilogo	134
Via Fratelli Cervi	134
Storie personali?	136
Tutti al "Centro"	140
La dimenticanza di Craxi	146
La manifestazione	150
L'accordo	158
Incontri e firme	163
Il Comitato	166
10 – In assemblea	171
Rassegnazione	171
Venduti ferro e operai	173
Da Samarcanda agli straordinari	180
I tre moschettieri	187
Profondo Nord	189
Cerotti di protesta	193

    Riunione surreale 197
    La Herti Srl 199
    11 – La fine 201
        "Schiscetta" e diapositive 201
        Ultimo giorno 203
        Il nostro impegno 206

I Protagonisti 211
    L'EXSINDACO – Pierino Lissoni 211
    L'ARISTOCRAZIA OPERAIA – Ferruccio Asmi 215
    GLI EX DIRIGENTI – Riccardo Brigliadori – Pietro Longaretti ... 219
    LA MEMORIA STORICA – Giovanni Parma 226
    IL TECNICO – Renato Caimi 231
    UN LICENZIATO – Francesco Sironi 235
    UN CASSINTEGRATO – Giovanni Laudicina 240
    L'IMPIEGATA – Rosa Parisi 243
    SINDACALISTI – Antonio Santambrogio – Renzo Di Bernardo – Giovanni Baio 248
    LA PASIONARIA – Antonella Rizzo 254

I Giornali 259
    L'ESAGONO – Roberto Isella 259
    IL CITTADINO – Andrea Pizzi 261
    IL CORRIERE DELLA SERA – Viviana Magni 263
    IL GIORNALE – Franco Sala 269

Appendici 277
    Foto e documenti 277
    Bibliografia 285

Nota di edizione 287
    Questo libro 287
    L'autore 287
    Le edizioni ZeroBook 288

Il valore della memoria, di Diego Novelli

Nel tempo che stiamo vivendo la memoria è un valore che molto spesso viene considerato, se non proprio negativo, certamente desueto, fastidioso, ingombrante. Dopo gli sconvolgenti eventi che hanno caratterizzato questi ultimi anni e che hanno segnato (nel bene e nel male) la fine di un'epoca storica, abbiamo assistito a una vera e propria gara a cancellare la memoria, per meglio manipolare le coscienze. Che questo sia avvenuto in politica non ci sorprende: l'opportunismo è sempre stato una componente non indifferente di un certo modo di concepire e di praticare la politica. Ciò che ci lascia profondamente perplessi e indignati è il fatto che tali fenomeni di trasformismo hanno avuto quali protagonisti e animatori fior di intellettuali, uomini di cultura (o presunti tali) che dovrebbero fondare il loro pensiero sul rigore, la coerenza, la serietà e che invece nel loro continuo ondivagare non avvertono neppure la necessità di qualche breve "pausa di riflessione". Molti di queste "sputasentenze", dal pensiero labile, dopo il "decennio della follia" craxiano (che li ha visti impegnatissimi a suonare il piffero alla corte del garofano), sono ora saliti sul carro del "nuovo che avanza", impartendo lezioni di modernità, interpretando e stabilendo loro i canoni da praticare in nome del cambiamento.

Le bozze di questo libro le ho lette in volo durante un lungo viaggio che mi ha portato a Canberra per partecipare alla novantesima Conferenza mondiale interparlamentare che ha riunito nella capitale australiana oltre 500 deputati e senatori di 118 Paesi, dei cinque continenti. Tema della Conferenza "I diritti dell'uomo", quei diritti che molto spesso, sotto tutti i cieli del nostro pianeta vengono quotidianamente violati, negati, inculcati: dall'America del sud all'Asia, dal Medio Oriente all'Africa, dall'Europa all'Oceania.

La storia che ci racconta Adriano Todaro nel suo libro ci ricorda la vita e la morte di una fabbrica che ha avuto come protagonisti rinomati capitani d'industria, uomini politici, sindacalisti e soprattutto semplici operai. Il contesto in cui si colloca è quello dell'Italia repubblicana: dalla ricostruzione post-bellica alla restaurazione capitalistica, passando attraverso le migrazioni bibliche che lo spopolamento del Sud e la congestione del Nord, con la repressione sindacale in fabbrica, i reparti confino, i licenziamenti di rappresaglia, per garantire quel miracolo economico che ha fatto del nostro Paese una delle sette potenze industriali del mondo, per concludere con la crisi dei giorni nostri con la deindustrializzazione, la cassa integrazione, la disoccupazione, il non lavoro per centinaia di migliaia di giovani. L'Italia dei diritti negati, dei diritti violati, dei diritti inculcati.

Infatti, sull'altare di uno sviluppo e di una crescita ispirati da un malinteso benessere incentrato soprattutto sul consumismo, sono stati sacrificati valori fondamentali come quello della vita, si sono alienati beni appartenenti al patrimonio collettivo non più riproducibili, si sono distrutte ingenti risorse umane e naturali con lacerazioni che hanno sconvolto generazioni di uomini e donne costringendole a subire le più umilianti condizioni di vita. Un nuovo Dio Pagano, di nome Profitto, è stato adorato in nuove chiese chiamate Mercato senza che il minimo dubbio sfiorassero i novelli cantori di un'antica religione, quella dell'egoismo. Anzi: i pasdaran, i fondamentalisti di questa cultura nella loro fanatica azione sono giunti a compiere e poi a giustificare le più aberranti operazioni in contrasto con gli stessi principi sui quali si dovrebbe reggere il libero mercato. Cos'è tangentopoli se non un atto di violenza nei confronti della corretta competizione economica, regolata sul principio della leale concorrenza?

Per queste ragioni la memoria diventa fastidiosa, ingombrante. Ecco perché chi ricorda, è bollato come etero, ed è accusato di attardarsi a guardare al passato anziché saper interpretare il presente per anticipare il futuro. Cancellare quindi la memoria per lasciare mano libera agli apprendisti stregoni del nuovo corso.

Mentre ascolto i vari delegati alla novantesima Conferenza Interparlamentare sui diritti dell'uomo, mi giungono sul tavolo le agenzie di stampa italiane con le ultime notizie sulla vicenda di Crotone. La storia si ripete. Anche questa volta non mancano gli intellettuali che dopo aver partecipato alla ciclopica sbronza sulla "Punto" ci spiegano che quello stabilimento dell'Eni non solo non produceva profitto, ma procurava soltanto perdite. Come e perché quell'impianto (come tanti altri) sia stato ridotto in quelle condizioni non interessa: contano solo le cifre. E chi si permette di disquisire sulla sorte degli operai di quella fabbrica e sul futuro delle loro famiglie è fuori dal tempo. Abbiamo riletto in questa circostanza gli stessi argomenti usati per l'Autobianchi memorizzati da Todaro in questo libro. E il vescovo di Crotone per cortesia, stia in chiesa a pregare, non si intrometta in vicende che non sono alla sua portata.

Per un laico convinto quale sono io, le parole del vescovo di Crotone con quelle pronunciate da Wojtyla negli stessi giorni durante la sua visita nei Paesi Baltici dell'ex Unione Sovietica sul rapporto tra economia e valori della persona umana, sono state di compiacimento ma anche di amarezza. Sì, di amarezza, perché devo constatare il silenzio della cultura laica su questa scottante questione. I nostri intellettuali sono in larga parte impegnati a dimostrare che i conflitti sociali in sostanza sono destinati a scomparire, a teorizzare che le "classi" sono reperti archeologici, come le idee di Marx, da non mettere più in soffitta ma da collocare nei magazzini dei musei, e soprattutto sono mobilitati a cantare l'inno degli ambidestri, per convincere le grandi masse che la distinzione tra destra e sinistra è fuori tempo, che la parola progressista è un'espressione ottocentesca. Anche le alleanze parlamentari, gli accordi e i programmi per un governo centrale o locale che sia, devono tenere conto del nuovo pensiero politico ispirato da una forte esigenza, quella dell'efficienza. Non importa se un provvedimento non è efficace, o addirittura si può rivelare dannoso, purché sia efficiente. I treni devono arrivare in orario: il resto non conta.

In un clima politico-culturale di questa natura, che segue, non dimentichiamolo mai, il decennio del rambismo-trussardiano, ogni richiamo alla memoria, che vuole dire esperienza, vita vissuta, storia sofferta, diventa insopportabile per quegli intellettuali che ogni giorno si costruiscono un giocattolino nuovo per intrattenere i loro scarsi pensieri. Questo libro oltre a farci rivivere con immediatezza uno squarcio di "storia patria" è un forte richiamo alla dura realtà. Le pagine che seguono sono un urlo "a non dimenticare". Chi non ha memoria, non ha radici, non ha esperienza; è facile soggetto alle manipolazioni, agli sbandamenti, agli inganni, quindi alle strumentalizzazioni e al fanatismo. "Conoscere la realtà per cambiarla", scriveva Antonio Gramsci. Questo libro è un contributo valido per il cambiamento, quello vero, quello serio che ha come punto di riferimento l'uomo, le sue esigenze, le sue ispirazioni, le sue speranze.

Autobianchi, vita e morte di una fabbrica

> Beati coloro che hanno
> fame e sete di opposizione
> (*padre Davide Maria Turoldo*)

> Noi non ammettiamo che
> i dirigenti sindacali
> si atteggino a superuomini,
> e che non abbiano nulla
> da imparare dai lavoratori
> (*Giuseppe Di Vittorio*)

1 - L'inizio

Viale Lombardia

Il telefono mi sveglia alle 8. La sera prima ero di turno all'*Ansa* fino all'una di notte e quella mattina tentavo di recuperare qualche ora di sonno. È Monica Previato, la collega con cui faccio la pagina di Desio per *l'esagono*. "Sembra – mi dice con voce concitata – *che all'Autobianchi sia arrivata la notizia della chiusura. Dovrebbero fare un'assemblea. Vienimi a prendere che tentiamo di entrare per assistere all'assemblea*".

È venerdì 18 ottobre 1991, una giornata autunnale come tante, grigiore e tristezza come sempre. Le buone intenzioni di Monica s'infrangono però con gli ordini Fiat: in fabbrica non si entra. E così ci fermiamo davanti alla portineria di viale Lombardia ad attendere. Attendere cosa? In quel momento non lo sappiamo ancora eppure quella giornata è l'inizio di una vicenda che durerà fino al luglio '92 e che ci coinvolgerà completamente fino al punto di seguirla con una passione che travalica il nostro mestiere di cronisti.

Siamo soli in viale Lombardia. Poco dopo arrivano la nostra fotografa Daniela Criscuolo e Francesco Gironi, sempre de *l'esagono*. Poi anche altri colleghi: Viviana Magni del *Corriere*, Piero Fachin del *Giorno*, altri fotografi. Discutiamo, ci scambiamo qualche opinione, qualcuno va nel vicino bar. Noi de *l'esagono* decidiamo di dividerci. Con Monica e Daniela andiamo in Comune per parlare con qualche amministratore. Ma non c'è nessuno.
Angelo Ventura, messo comunale, come sempre è all'altezza della situazione e ci consiglia di telefonare a casa del vicesindaco Giovanni Colombo, anzi è lui stesso che telefona. Giovanni Colombo è vicesindaco Pds e assessore all'Urbanistica. Ma è anche dipendente dell'Autobianchi-Fiat. Quale assessore meglio di lui può parlare di questa vicenda? Per la verità Giovanni Colombo – baffetti che gli danno un'aria guascone – arriva subito e si rende gentilmente disponibile alle nostre domande. Notiamo però in lui, oltre alla forte preoccupazione, anche un senso di ritrosia nel parlare, nel prendere posizione, quasi una forma di difesa. Dice poche cose ma chiare, anzi chiarissime. Talmente chiare che poi, una volta in strada, con Monica ci domandiamo se per caso non sappia di più di quello che ci ha voluto dire. Che cosa pensa di questa chiusura?

> *È una grossa perdita di carattere occupazionale: a Desio l'occupazione è sempre stata in attivo, ora diventerà passiva. I lavoratori di Desio dovranno uscire per trovare lavoro, la struttura metalmeccanica che ha fatto crescere questa città scompare!*

Chiaro? Non troppo? Ma sì che è chiaro e se è necessario Giovanni Colombo, chiarisce ancora di più:

> *Ci mobiliteremo a tutti i livelli possibili, in Regione e con tutti i parlamentari della zona, per non lasciare nulla d'intentato.*

Ma quali sono *"tutti i livelli possibili"*? Quando sento questa frase, mi viene in mente ciò che dicono i funzionari di polizia dopo che avviene qualche grosso fatto di sangue. Stiamo indagando – dicono – in tutte le direzioni per scoprire i colpevoli. Che equivale al dire: non sappiamo da che parte cominciare. In effetti, la mobilitazione per l'Autobianchi – come vedremo più avanti – ci sarà, anche se sarà una mobilitazione che durerà lo spazio di un mattino, anzi un paio di assemblee e una manifestazione, per altro molto riuscita, per le vie di Desio.

Ritorniamo in viale Lombardia appena in tempo per sentire degli slogan che provengono dai cortili dell'Autobianchi. Poi, come d'improvviso, appare un corteo composto da tute blu. Si fermano davanti alla palazzina degli uffici. Noi siamo tutti aggrappati alla protezione che delimita l'area Autobianchi e alla fine, gli operai, si accorgono di noi. In tanti vengono per dire le loro ragioni, per imprecare, per gridare la loro rabbia. Hanno appena terminato l'assemblea, dove è stato letto il comunicato relativo alla chiusura firmato da Maurizio Magnabosco, responsabile delle relazioni sindacali della Fiat Auto, un dirigente che ha studiato sociologia a Trento negli anni di Mara Cagol, compagna di Curcio e che alla Fiat è diventato un esperto in dimissioni incentivate e prepensionamenti. Nel 1986, a detta della stessa Fiat, sono stati pagati 500 miliardi di lire per le dimissioni volontarie. E già di dimissioni incentivate si parla da subito, aggrappati alla rete di viale Lombardia.

> *Due settimane fa sono stato chiamato in direzione –* spiega un operaio *– e hanno offerto a me e a mia moglie, che lavora in ufficio, la somma di 62 milioni di lire.*

Non sempre la cifra è identica. Le cifre variano da soggetto a soggetto. A un'operaia di 27 anni hanno offerto 18 milioni, lordi naturalmente, e la stessa cifra è offerta a chi ha problemi fisici e agli "anziani". Le voci si accavallano, tutti vogliono parlare, dire la loro. Molti però alla nostra domanda di dire nome e cognome si rifiutano. Hanno paura di essere individuati dalla Fiat o sperano in una sorte futura migliore.

Chi invece non ha paura di parlare è Antonella Rizzo, delegata Fim-Cisl, reduce da uno scontro con un Repo (responsabile di produzione), tal Tresoldi che avremo occasione di incontrare più avanti. Episodio che è finito prima sui giornali e poi in pretura.

Gli incentivi – racconta la delegata – sono partiti nella primavera del 1991 e sono diretti soprattutto nei confronti dei soggetti deboli, malati, portatori di handicap e soprattutto donne. Il sindacato non ha accettato questa logica ma la Fiat ha proseguito nei suoi piani con pressioni di tutti i tipi.

Quali pressioni? La Fiat è maestra in questo. Ha inventato i "reparti confino", quella corte dei miracoli, dove a Torino ha infilato dagli handicappati agli infartuati e dove a Desio, nel passato, ha creato il reparto zero o il reparto "a disposizione". Certo, il tempo fa affinare le idee anche agli uomini dell'Avvocato ma i metodi sono sempre quelli, del bastone e della carota magari con una spruzzata di paternalismo.

Durante i colloqui – afferma Antonella Rizzo – ti umiliano. Ti dicono che quando ti hanno assunto l'hanno fatto per un favore a qualcuno e ora questo favore lo devi rendere firmando le dimissioni.

Emilio Ponteggia sembra possedere più certezze di tutti gli altri. Proviene dall'Alfa di Arese. Lui stesso ha chiesto il trasferimento a Desio per essere più vicino a casa. Secondo il suo parere il sindacato poteva intervenire già anni prima, poiché *"tutti"* sapevano che nel 1992 l'Autobianchi di Desio avrebbe chiuso.

E il sindacato? Il sindacato quel giorno è rappresentato da Susanna Camusso, una socialista che ha avuto esperienze, a suo tempo, nel Movimento studentesco e che ha partecipato all'assemblea:

> *L'impressione è che si sostiene che l'Autobianchi continuerà a produrre automobili. Mi pare difficile. Più*

> *probabile e necessario ottenere una proposta industriale e significativa anche se non si tratta di automobili.*

Forse la frase non è chiara ma il senso sì. Sarà anche sindacalese ma ciò che salta subito in mente è che il sindacato sarebbe anche disponibile a concessioni. L'importante è ottenere una *"proposta"* da parte della Fiat, anche se non si faranno più automobili. E i trasferimenti ad Arese? Su questo punto che nei mesi a venire sarà uno dei punti di scontro fra i firmatari dell'accordo e chi lo contesterà, il sindacato pone, sin da quel venerdì 18 ottobre, una serie di perplessità:

> *Noi* – continua Camusso – *per molti anni abbiamo sostenuto che lo stabilimento di Arese fosse a rischio. È sottoutilizzato per volontà della Fiat e oggi, questa, deve dimostrarci che Arese è uno stabilimento credibile. E poi il lavoro all'Alfa non è sicuro. Anche loro sono in cassa integrazione.*

Rileggere queste frasi a distanza di circa un anno fa accapponare la pelle. Anche perché le stesse cose che sosteneva il sindacato, per bocca di Susanna Camusso, nei mesi a seguire diventeranno patrimonio di molti ma sarà abbandonato dal sindacato tutto teso a dimostrare la bontà dell'accordo.

Col tempo i fatti hanno dato ragione a chi contestava l'accordo. Dopo mesi e mesi di lavoro alternato, di settimane di cassa integrazione, per un totale di due anni, la Fiat decide che dal febbraio 1993 si dovranno produrre 25.400 vetture in meno al mese quindi 66.300 settimane lavorative perse. L'annuncio avviene lo stesso giorno in cui la "Cinquecento" è eletta "auto europea '93", il 13 gennaio 1993. E la "cassa" partirà con una novità: si eviterà la chiusura totale degli stabilimenti e si lavorerà solo nel turno del mattino. In un anno la Fiat ha tagliato 250.000 vetture e se a questo dato si aggiunge che nei primi mesi del '94 dovrebbero partire gli stabilimenti di Melfi e Pratola Serra –

con una produzione di 450.000 auto all'anno – allora è evidente che il 1993 non sarà un buon anno per l'Alfa di Arese.

Ma noi quel giorno, aggrappati all'inferriata dello stabilimento di viale Lombardia, tutto ciò non lo sapevamo. Né lo potevano sapere gli operai che manifestavano davanti alla palazzina-uffici. Anzi, vedendo quei visi e parlando con loro si ha l'impressione netta di una gran voglia di combattere, di lottare per conservare il posto di lavoro e nello stesso tempo la realtà produttiva così importante per tutta la zona. C'è un anziano operaio che si fa spazio nella calca, vuole parlare:

> *All'Autobianchi si poteva lavorare benissimo. Io dal 1961 lavoro alla catena di montaggio ma da quindici anni in questa fabbrica non si fa più manutenzione. Ieri mi hanno messo a fare una lavorazione dove normalmente si lavora con tre motorini: a me ne ha dati solo due. Spesso mancano anche gli attrezzi per lavorare.*

E così il discorso cade sulle condizioni di lavoro e le denunce si sprecano. Tutti hanno qualcosa da dire ma le più arrabbiate sono le donne:

> *Quando piove* – dice una lavoratrice – *lavoro sotto un cellophane, perché dal tetto viene giù acqua. L'abbiamo fatto presente più volte ma senza risultati.*

Sarà questa la Qualità Totale di *romitiana* memoria? Me lo chiedo e mi sembra impossibile che nell'anno di grazia 1991 si devono sentire ancora queste cose. E non c'è solo questo. Ci sono i piccoli e grandi abusi come quello denunciato da un altro lavoratore che mentre era regolarmente al lavoro, la direzione decide di mandargli a casa il controllo medico. Una forma di pressione o quanto meno un "avviso". Così, tanto per farti capire che sei controllato.

In Comune

Torniamo in Comune. Si è sparsa la voce che dirigenti Fiat hanno chiesto un incontro con il sindaco di Desio Pietruccio Rampi. Siamo tutti in Sala Giunta in attesa di notizie. Ci sono diversi fotografi, i corrispondenti di alcuni quotidiani che già erano in viale Lombardia cui si sono aggiunti Franco Sala de *Il Giornale* e Umberto Spreafico per *Il Cittadino*. Si parla della vicenda, della Fiat, delle possibilità che potrà avere il sindaco Rampi. Il sindaco è chiuso nel suo ufficio. Io mi fermo nell'atrio nella speranza di poter bloccare i dirigenti. Speranza alquanto remota ma che comunque vale la pena tentare. E all'improvviso me li trovo davanti. Sono – così saprò dopo – Paolo Casca, direttore del personale e responsabile delle relazioni sindacali, Stefano Davicino, responsabile delle relazioni istituzionali, Salvatore Musolino, responsabile dello stabilimento di Chivasso. I tre manager sono infastiditi. Probabilmente non si aspettavano che qualcuno gli sbarrasse il passo. Forse sono considerato solo un fastidio, da scansare in fretta. *"Non abbiamo nulla da dire. Se lo riterrà opportuno, sarà il sindaco a informarvi"*. Questa la risposta.

Una protervia che il lunedì successivo farà titolare *l'esagono* in un fondo: *"Non siamo i vassalli di re Gianni"*. In quel momento, invece, siamo pieni di rabbia impotente e non resta altro che attendere, il sindaco che dirà qualcosa *"se lo riterrà opportuno"*.

Pietruccio Rampi, un democristiano di 58 anni, nato a Mortara, da varie legislature sindaco democristiano di Desio con circa 1500 preferenze, invece, *"ritiene opportuno"* parlare. Guida una coalizione "anomala" formata da Dc, Pds, Alternativa Verde (un raggruppamento cui fanno riferimento ambientalisti e Democrazia proletaria), Pli, Psdi. Quando ci sediamo tutti attorno al tavolo della Giunta, Rampi solo apparentemente è calmo come sempre. Come sempre risponde senza alzare mai la voce, con signorile distacco. Invece questa calma è solo apparente. Sa benissimo Rampi che anche per la sua Giunta comincia un periodo difficile. All'interno della Giunta sono due i dipendenti Autobianchi: il vicesindaco di cui abbiamo già fatto la conoscenza e

Antonio Santambrogio, un sanguigno membro del Consiglio di fabbrica che conosceremo più avanti. Entrambi del Pds. Ma Rampi non pensa solo alla Giunta ma anche al modo con cui i messaggeri dell'Avvocato l'hanno trattato e con lui tutta la città.

Il sindaco non fa polemiche. Domando: signor sindaco che spazi di mediazione ha l'Amministrazione comunale nella vicenda Fiat? *"Nessuno spazio, nessuna mediazione* – è la risposta di Rampi – .*I dirigenti Fiat mi hanno comunicato che chiuderanno la fabbrica Autobianchi di Desio"*.

Poche parole ma chiarissime, su come la Fiat usa trattare le istituzioni quasi fossero vassalli di re Gianni. Su come hanno trattato il primo cittadino della città dove la Fiat si è insediata da più di 35 anni. Hanno inviato anche un responsabile dei rapporti istituzionali per dire che chiudevano la fabbrica; una comunicazione solo a prima vista burocratica ma che invece fa parte di come la Fiat ha inteso sempre i rapporti con le istituzioni, come tappetini pronti a essere calpestati dal re.

Rimugino queste cose mentre torno a casa. E di nuovo mi viene in mente il discorso di Marentino sulla Qualità Totale. Mi viene in mente che Cesare Romiti, l'amministratore delegato della Fiat è in predicato per diventare presidente della Confindustria(lo diverrà, invece, Luigi Abete). E ripercorro, sempre col pensiero, la storia di questa fabbrica.

2 – La storia

Il terribile 1956

C'è una fotografia in un bellissimo volume fotografico dal titolo "Professione fotoreporter – L'Italia dal 1934 al 1970 nelle immagini Publifoto di Vincenzo Carrese" in cui si vede, per la prima volta, la Bianchina, la macchina simbolo dell' Autobianchi di Desio. La didascalia recita: *"1957. Milano, Museo della Scienza: Alberto Pirelli, Vittorio Valletta, Giuseppe Bianchi presentano con Gianni Agnelli (al volante) la nuova utilitaria Bianchina"*.

La foto di Carrese mostra un Gianni Agnelli giovane – in realtà ha 36 anni essendo nato nel 1921 – mentre al volante della nuova utilitaria guarda in basso dove, seduti su un gradino, stanno appunto Pirelli, Valletta, presidente Fiat e Giuseppe Bianchi. Sono gli uomini che circa due anni prima, nel 1955, hanno cominciato a lavorare per costituire la nuova azienda che troverà lo sbocco nel 1956 con l'Autobianchi con sede a Desio assommando gli sforzi di tre grosse aziende:la Fiat, la Pirelli e l'Edoardo Bianchi. Hanno tutti il 33,3% delle azioni. Alcuni sostengono che un'azione è regalata ai Martinitt ma di quest'azione, nell'atto costitutivo della nuova società, in Tribunale non c'è traccia. Sempre secondo questi testimoni, la benemerita organizzazione milanese terrà l'azione almeno sino a quando, nel 1968, l'Autobianchi passerà completamente sotto la Fiat.

Fino al momento della presentazione di Bianchina, Gianni Agnelli, nipote del fondatore della Fiat e suo omonimo, aveva preferito non interessarsi troppo dell'azienda di famiglia. Sarà solo nel 1963 che diventerà amministratore delegato e nel 1966 presidente. Dal 1974 al 1976 è stato anche presidente della Confindustria.

È il 1956, dunque, la data di nascita dell'Autobianchi. Un anno, il 1956, denso di avvenimenti e prima di tutto quelli riguardanti i fatti di

Budapest. Il 24 ottobre si spara nelle strade. Questi episodi, che vedranno il movimento comunista internazionale diviso, hanno un prologo: il 20° Congresso del Pcus cominciato il 14 febbraio 1956 e la rivolta di Potsdam in Polonia il 28 giugno dello stesso anno. Stalin è morto da tre anni e Nikita Krusciov presenta il famoso "rapporto". Palmiro Togliatti riconosce che Stalin ha commesso *"errori"* ma questi devono essere corretti dallo stesso partito bolscevico e che comunque Stalin giganteggerà per sempre nella storia dell'umanità. Il 28 giugno, gli operai della fabbrica Zispo di Potsdam scendono in piazza per protestare contro le condizioni di lavoro e l'alto costo della vita. La repressione governativa è dura: 38 morti e 270 feriti. Il grande Giuseppe Di Vittorio dichiarerà:

> *I dolorosi fatti di Potsdam denunciano un certo distacco dei sindacati dalla massa dei lavoratori e dai loro bisogni dovuto, probabilmente, a difetti di burocratizzazione che vanno subito eliminati.*

Fra la fine del '55 e l'inizio del '56 si sviluppano in tutta Italia le grandi lotte contadine per la riforma agraria. Il 4 febbraio '56, a Venosa, è ucciso dalla polizia il bracciante Rocco Girasole e altri omicidi avvengono ad Andria, Comiso, Barletta. In ottobre scoppia la rivolta di Ungheria e si concluderà con l'intervento dei carri armati sovietici e subito dopo, il 1° novembre, il mondo vive ore d'angoscia per 1'aggressione franco-inglese all'Egitto, la guerra di Suez. Saltano in aria gli oleodotti. Gli egiziani affondano nel canale tre navi inglesi. Eisenhower non è d'accordo con l'operato di Francia e Inghilterra ma questi decidono di sbarcare ugualmente in Egitto fronteggiati dai soldati di Nasser. L'opposizione di Stati Uniti e Urss costringe però gli anglo-francesi ad accettare il piano Onu. Il pericolo di guerra si allontana. Ormai è chiaro che il movimento d'indipendenza dei popoli coloniali è un fatto irreversibile anche per l'Europa. La Francia finge di non capire questa lezione e paga questa sua cecità con la crisi di regime e con la guerra d'Algeria. Nell'agosto 1956, Nenni e Saragat s'incontrano a Pralognan e decidono l'unificazione tra Psi e Psdi. Presidente del Consiglio, dal febbraio 1954 al giugno 1955, è il democristiano Mario Scelba (Dc, Psdi, Pli e Pri) mentre Giulio Andreotti, a 36 anni, diventa ministro delle Finanze (1955-'58). Il suo primo incarico di governo, sottosegretario alla Presidenza del consiglio con Alcide De Gasperi, lo ottiene nel 1947, a 28 anni. Amintore Fanfani, invece, è segretario della Dc (1954-'59).

W la Fiat

Il 23 marzo 1955 ci sono le elezioni per eleggere la commissione interna alla Fiat. Per la Cgil è il crollo. Vincono le liste padronali grazie alle persecuzioni nei confronti dei militanti comunisti, alla repressione *vallettiana*. La Fiom passa da 32.885 voti a 18.921, la Cisl sale da 13.175 voti a 20.874, la Uil da 5.899a 11.613 voti. Nelle elezioni del 1956, la Fiom si riduce ancora: 28,8 per cento. La Cisl raggiunge il 47,2, la Uil passa al 23,9 per cento. Giuseppe Di Vittorio, con la solita schiettezza, non cerca giustificazioni:

> *Non abbiamo saputo cogliere le particolarità della situazione, non abbiamo saputo formulare le rivendicazioni più adeguate, non abbiamo saputo scoprire le rivendicazioni più sentite per condurre, in base ad esse, lotte concrete.*

È un risultato, quello della Fiat, negativo anche per tutte le altre fabbriche italiane. Alla Fiat si guarda e ci s'ispira al punto che Davide Lajolo, parlamentare comunista, mentre è in Sicilia per la campagna elettorale trova, addirittura in una miniera, gli echi di questa ispirazione:

> *Al fondo della miniera di Trabonella nel territorio di Caltanissetta, proprio nelle più basse gallerie, dove i minatori si riducevano la vita di decine d'anni per resistere all'estrazione dello zolfo, stava tracciata da una mano incerta di uno di loro questa scritta: W la Fiat.*

L'insuccesso della Fiom alla Fiat è il risultato anche delle menzogne, dei ricatti, delle schedature, dei sospetti e delle provocazioni. Un provocatore di professione è senza dubbio Luigi Cavallo, che in seguito lavorerà anche per Edgardo Sogno. È lui l'inventore dei ricatti, delle schedature degli operai, della desolante sconfitta operaia. Lui che inventa le pressioni sui familiari degli operai per indurli a non far scioperi, sempre lui l'inventore di manifesti firmati da falsi operai contro i sindacati: *"Alt! Non prenotatevi per il licenziamento. Presentarsi candidato o scrutatore della Fiom significa mettersi in lista per il licenziamento! No alla Fiom!"*, dicevano manifesti e volantini di quegli anni prodotti da Cavallo. E la paura era al punto da non partecipare neppure a comizi fuori della fabbrica. Racconta Gianni Alasia, una delle più belle figure torinesi:

> *Nel piazzale di Mirafiori non c'era nessuno. Scoraggiato chiedo ad Aventino Pace: cosa faccio Tino? Parla, mi risponde Tino. Parla lo stesso perché lì dentro sentano che fuori c'è la Fiom"*.

Alcune testimonianze di quegli anni le porta Alberto Papuzzi nel suo bel libro "Il provocatore" dedicato, appunto, all'ambigua figura di Luigi Cavallo. Racconta, nel libro, Otello Pacifico operaio Fiat e in seguito diventato giornalista de *l'Unità*:

> *Il dramma vero, secondo me, la cosa che non riesci a comunicare è la paura. Quella paura lì è inconcepibile oggi. Non puoi spiegarla. Uscire dal reparto per lo sciopero da solo. E gli altri non sono contro di te. Vedi che ti guardano, sono con te, sono per lo sciopero ma continuano a lavorare. Ecco, è questo: il patrimonio della paura. Una volta negli spogliatoi mi ferma un anziano. Mi dice che ha avuto un colloquio con l'ingegnere: se dichiari che Pacifico ha diffuso volantini, noi assumiamo tuo figlio. Aveva un figlio perito che aveva fatto domanda. Questo poveraccio si*

> *mette a piangere: tu non mi conosci, ma sono socialista, ho paura a dirlo ma la carognata non la faccio.*

Emilio Pugno, uno dei capi storici del movimento, ed Egidio Sulotto, segretario dei consigli di gestione, licenziato da Valletta nel 1949, raccontano delle difficoltà incontrate quando andavano, casa per casa, a cercare di far firmare per la lista Fiom:

> *C'era la moglie e i bambini tutti schierati. E la moglie glielo diceva in dialetto:* Givanin, pensa long ch'el capitai a 'Steo. Firma nen. *Pensa a cosa è capitato a quello. Non firmare. A questo punto: il terrore! Sembra persino impossibile che una classe operaia come la classe operaia della Fiat abbia potuto tollerare cose di questo tipo. Eppure è così: il clima del terrore.*

Diego Novelli, in seguito sindaco di Torino, in quegli anni è cronista a *l'Unità*. La sua testimonianza mette bene in luce il rapporto esistente fra la Fiat e le istituzioni:

> *Quando nel 1955, alla vigilia di Natale, si decidono i 350 licenziamenti della Lingotto, perché è l'ultima sezione Fiat dove ancora resiste la Fiom, il capo del sindacato giallo, il compilatore della lista dei licenzianti, quel triste personaggio che si chiama Edoardo Arrighi, va prima in municipio e in prefettura e si assicura l'approvazione sia del sindaco DC Peyron sia delle autorità governative.*

Uno dei 350 licenziati del Lingotto è Giovanni Pazuasso. Partigiano, iscritto al Pci dalla fondazione, 28 anni di Fiat sulle spalle non riesce trovare altro lavoro: cacciato dalla Fiat, per lui tutte le porte sono chiuse. Per dieci mesi tenta disperatamente di trovare un lavoro per mantenere moglie e figlio. Una mattina, dopo aver lavorato tutta la notte coni manovali di un circo e aver guadagnato 500 lire, si toglie la vita buttandosi in un canale. È una delle tante storie della repressione Fiat. Storie di repressioni e di provocazioni spesso simili e che hanno colpito comunisti, sindacalisti, ex partigiani. La storia delle lotte degli operai e delle loro famiglie, la storia di Torino che dal 1955 al 1957 accoglie 80 mila immigrati, dove un letto in una soffitta costa 200 lire per notte, un pranzo completo in mensa 250-300 lire, dove un operaio Fiat guadagna 60-70 mila lire al mese se riesce a tenere – come dice Papuzzi – *"un ritmo di dodici ore di straordinario la settimana"*.

Queste vicende e il ruolo giocato dalla Fiat nella vicenda Cavallo, hanno una coda diversi anni dopo. Il 5 agosto 1971, il pretore di Torino Raffaele Guarinello si presenta alla sede della Fiat e sequestra dei contenitori metallici dalle stanze dei "Servizi Generali". Dentro vi sono le schede di 354.077 cittadini. Sono informazioni illecitamente raccolte su dipendenti e non dipendenti. E ci sono anche le prove dei pagamenti fatti dall'azienda a carabinieri, poliziotti, agenti del Sid (Servizio informazioni difesa) tutti al servizio della Fiat. Il Procuratore generale invia la causa a Napoli per *"motivi di ordine pubblico"*. Il giudice istruttore di Napoli rinvia a giudizio 52 persone. La prima udienza si apre il 19 gennaio 1976, cinque anni dopo che il pretore torinese aveva fatto sequestrare i documenti Fiat. Tra gli imputati ci sono Gaudenzio Bosco, ex amministratore delegato Fiat, Nicolò Gioia, direttore generale, Umberto Cuttica, ex direttore del personale, Mario Cellerino, ex pilota di Agnelli, i dirigenti Giorgio Garino e Antonio Rosa che hanno avuto i contatti con Cavallo, Aldo Ferrero. Inoltre troviamo Ermanno Bessone, capo dell'ufficio politico della questura, Aldo Romano, vicecapo, il col. Enrico Stettermajer, capo del nucleo speciale dei carabinieri, addetto al Sid, Fortunato Stabile, vice questore, alcuni sottufficiali di polizia e carabinieri e un gruppo di addetti al casellario giudiziale. Dopo la prima udienza si bloccò tutto e la causa fu rinviata a data da destinarsi.

Tornando al 1955, il 14 maggio è ucciso in Sicilia, in una cava di pietra, il sindacalista Salvatore Carnevale. Mario Scelba non sa trovare i responsabili dell'omicidio ma in compenso fa ritirare il passaporto allo storico di letteratura Francesco Flora. L'8 luglio a Milano si approva il progetto della metropolitana.

Il 13 febbraio 1957 Paolo Grassi e Giorgio Strehler presentano a Milano, alla presenza di Bertolt Brecht, *"L'opera da tre soldi"* per la regia dello stesso Strehler. Il grande scrittore e drammaturgo tedesco morirà il 17 agosto dello stesso anno.

Muore Di Vittorio

l17 febbraio 1957 a Venezia, Pietro Nenni, al congresso del Psi, imprime la svolta antisovietica. L'unica voce controcorrente è quella di Sandro Pertini che ricorda – nel suo intervento – la natura di classe del Psi. Il 28 agosto l'Urss lancia nello spazio un missile intercontinentale e il 6 novembre la cagnetta Laika. Il 3 novembre, purtroppo, muore a Lecco mentre partecipa a un convegno della Camera del Lavoro, Giuseppe Di Vittorio. Il *cafune* che non si era levato il cappello davanti al padrone, l'amico degli oppressi. Bracciante pugliese, semi-analfabeta, figlio di braccianti analfabeti, Peppino Di Vittorio era diventato un dirigente di statura internazionale, il massimo dirigente sindacale. Proprio la mattina di quel 3 novembre, quasi prevedendo la sua fine, aveva detto:

> *Quando si ha piena consapevolezza di servire una grande causa, una causa giusta, ognuno può dire a se stesso, dire alla propria donna, ai propri figlioli, affermare alla società di aver compiuto tutto il proprio dovere. Buon lavoro, compagni.*

Nel 1955 sale al Quirinale Giovanni Gronchi. Ci va coni voti delle sinistre ed in parte della Dc sconfiggendo Fanfani. I repubblicani, nel febbraio di quell'anno, tolgono il loro appoggio al governo. Scelba, presidente del Consiglio, dovrebbe dare le dimissioni ma resta abbarbicato alla poltrona fino al 23 giugno, quando è scavalcato da Antonio Segni che, con 1'appoggio di Psdi e Pli, riesce a comporre il governo. Il reddito nazionale aumenta, ma i risultati dello sviluppo sono distribuiti in modo tanto poco equilibrato tra i vari ceti sociali da "diffondere la sfiducia nel regime". Come osserva Giorgio Galli in *"Affari di Stato"* quando il ministro socialdemocratico Tremelloni vara la legge del 1956 per stabilire un minimo di equità fiscale, essa non può essere fatta rispettare a chi corrompe i partiti e finanzia i loro giornali per evadere le imposte. Di più: il successore democristiano di Tremelloni (non può meravigliare che sia Andreotti, il quale lascia il segno del "regime" qualunque dicastero assuma, dalle Finanze, al Tesoro, alla Difesa) trova il modo di aggirare la legge per favorire gli speculatori. Il 6 luglio 1955 si forma il primo governo Segni con Dc, Psdi, Pli.

Il 21 aprile 1956 nelle edicole c'è un nuovo quotidiano. Si chiama *Il Giorno* e ha un'impaginazione vivace e moderna, sotto certi aspetti rivoluzionaria. Lo dirige un siciliano vulcanico, Gaetano Baldacci. Diversi gli azionisti del giornale, dall'industriale Oreste Cacciabue all'editore Cino Del Duca, allo stesso Baldacci ma soprattutto pesa l'Eni di Enrico Mattei. E sempre in quell'anno Arrigo Benedetti ed Eugenio Scalfari fondano *L'Espresso* che si segnala subito per le sue campagne contro le concentrazioni economiche e gli scandali democristiani. Famoso l'articolo dal titolo "Capitale corrotta, nazione infetta" di Manlio Cancogni, dove si spiega *"come col permesso per una casa a tre piani se ne può costruire una a nove; ma la responsabilità è politica e riguarda la Giunta non i piccoli colpevoli che quando capita accettano grosse mance"*. Tutto come ora.

La 600 Fiat

Nel 1955, per la prima volta, a Torino si vede circolare nelle strade la 600. Tre anni prima, nel 1953, il presidente della Fiat, Vittorio Valletta, aveva investito 300 miliardi di lire per la progettazione e lo sviluppo della nuova 600. Al momento della progettazione della nuova utilitaria, in Italia, circolano 612.944 mila automobili. Solo dieci anni dopo diventeranno 3.829.000, in media un'auto ogni 15 abitanti (in Piemonte un'auto ogni 11 abitanti, in Basilicata una ogni 62). Non è certo il primo successo della Fiat. Già nel 1936, con la prima Topolino modello A, la Fiat raggiunge il successo. Costa, all'epoca, 8.900 lire, è lunga 3,215 metri, 1arga 1,275, alta 1,377. Da quel momento ci saranno varie versioni sino alla famosa Nuova 500 che durerà sino al 1972.

Quando appare sulle strade, la 600 costa 580.000 mila lire. Gli operai guadagnano dalle 40 alle 45 mila lire il mese, gli impiegati 60 mila lire, i laureati 120.000 lire, i dirigenti 300 mila. La benzina costa 138 lire al litro e fin da quel tempo è quella più gravata dalle tasse fra i Paesi europei. Gli scooter – Vespa e Lambretta – costano dalle 120 alle 130.000 lire. Coloro i quali riescono ad acquistare questa utilitaria, sfrecciano fra i primi cartelli pubblicitari. Sono quelli del "Formaggino Mio", della "Cedrata Tassoni", del "Cynar, contro il logorio della vita moderna", della "Brillantina Linetti" e, naturalmente, di "Fiat, terra, mare, cielo!". È anche 1'anno di un italoamericano che arrivato con le truppe americane in Italia, non è più ripartito. Un giovanottino dall'aspetto timido e grossi occhiali: Mike Bongiorno. Presenta un programma televisivo, *"Lascia o raddoppia?"* che in breve tempo spopola. I bar si devono organizzare con l'acquisto dell'apparecchio televisivo: costa 250.000 lire e terminata la trasmissione è rigorosamente coperto con un telo. In compenso aumentano i caffè: da 50/60 lire, durante la trasmissione di Bongiorno, la tazzina di caffè è portata a 60/70 lire. Cartelli affissi sulle pareti dei bar informano la clientela che *"la consumazione è obbligatoria"*. In seguito, nei locali cinematografici, il giovedì, si sospenderà la normale programmazione per proiettare, su grande schermo, il quiz di Bongiorno. E nel 1955 nasce anche il primo quiz musicale del sabato sera *"Il Musichiere"* condotto da Mario Riva. Il canone televisivo costa 12.500 lire. Certamente troppo. Qualcuno fa un calcolo: costa più di un viaggio andata e ritorno in 600 da Milano a Napoli.

Per radio si sentono ancora i consigli di buon comportamento che Donna Letizia (Colette Rosselli) invia alle donne e la voce di Nilla Pizzi che canta *"Vola colomba"*, vincitrice di un precedente Festival di Sanremo. È insopportabilmente retorica con strofe del tipo *"Noi lasciavamo il cantiere, / lieti del nostro lavoro"* e amenità del genere. Si canterà sino al 1958 quando sarà soppiantata da Domenico Modugno con *"Nel blu dipinto di blu"*. Nel 1955, a Sanremo, vince Claudio Villa con *"Buongiorno tristezza"*. E c'è anche un processo, nel 1955, che tiene tutti col fiato sospeso. Si processa "l'adultera" Giulia Occhini, la compagna di Fausto Coppi, la "Dama bianca". Fausto Coppi morirà, per un'infezione contratta in Africa, nel gennaio del 1960.

Al cinema, con un biglietto che costa 100 lire, si assiste a drammi firmati da Raffaele Matarazzo. I titoli sono eloquenti: *"Catene"*, *"I figli di nessuno"*, *"Tormento"*. Sono tutti fatti qualche anno prima e interpretati da Amedeo Nazzari e dalla procace e straripante Yvonne Sanson. Il Centro Cattolico Cinematografico dà giudizi sui film dividendoli "per tutti", "per soli adulti", "escluso". Ma si parla già di un interessante regista svedese, Ingmar Bergman che dal 1955 al 1957 firma tre capolavori: *"Sorrisi di una notte d'estate"*, *"Il settimo sigillo"*, *"Il posto delle fragole"*. Dino Risi dirige *"Pane amore e..."* ma anche, nel 1956, *"Poveri ma belli"*. Federico Fellini *"Il bidone"* e *"Le notti di Cabina"*, Roberto Rossellini *"La paura"*, Michelangelo Antonioni *"Le amiche"*, Vittorio De Sica *"Il tetto"*.

Carosello

Fiorenzo Magni vince il Giro d'Italia nel 1955 mentre l'anno seguente è la volta del lussemburghese Gaul per tornare, nel 1957, appannaggio ancora di un italiano, Gastone Nencini. Milan, Fiorentina e ancora Milan vincono, in ordine, lo scudetto di quegli anni.

Fra il 1950 e il 1961 la casa automobilistica torinese quadruplica la produzione coprendo il 90 per cento della domanda di auto. Nello stesso periodo, la produttività aumenta del 126 per cento. I governi appoggiano questa tendenza. Il prezzo della benzina, in quegli anni, si mantiene basso e la tassa di circolazione delle auto utilitarie anche. È inventato, invece, un balzello per le auto superiori di una certa lunghezza. In particolare si colpisce il "Maggiolino" della tedesca Volkswagen.

Il trasporto pubblico non è incrementato. Si comincia, invece, a costruire una rete autostradale fra le più importanti d'Europa e del mondo. Il primo piano autostradale, il cosiddetto piano Romita, è del 1955. Nel 1956 s'iniziano i lavori dell'Autostrada del Sole.

La sera del primo febbraio del 1957 i bambini sotto tutti davanti alla televisione: comincia una delle trasmissioni più fortunate, *"Carosello"*. Per anni le madri italiane useranno tutte la stessa frase: *"Dopo Carosello a letto!"*. E a Roma, proprio in quell'anno, è aperto il primo negozio "Servitevi da soli". Le case costano 60/70 mila lire al metro quadro, la carne bovina 1.050 lire il chilo.

3 – Desio in lotta

Sindaco e Prefetto

È in questo clima che nasce l'Autobianchi. Desio, allora, ha 18.426 abitanti. C'è l'Edoardo Bianchi che costruisce parti di camion e biciclette, ci sono la Tilane, la Gavazzi, la Sis, la Longoni, il calzaturificio Brugora, la Zanetti, la De Ponti, la Saom, la Gerardini, Gas, Gubra, Aliprandi, Sibi, Omega, Zorloni.

L'Amministrazione comunale è in mano alla Dc. Sindaco, nel 1955, è il cavalier Carlo Rivolta fratello dell'industriale Rivolta che a Bresso ha una fabbrica di moto, la Iso e che in seguito produrrà anche un'utilitaria, la Isetta, dalla strana forma dove per entrare nell'abitacolo era necessario aprire una portiera posta sul davanti, al posto del cofano. In Giunta siedono il vicesindaco cavalier Attilio Schiatti, l'avvocato Sandro Ziglioli, il cavalier Edoardo Manzotti, Gino Arosio, il dottor Angelo Cremonini e il geometra Natale Bianchi.

Secondo un'inchiesta fatta quell'anno dal Comitato provinciale di Milano per il piano territoriale della regione lombarda, a Desio, gli occupati nell'industria sono 6.232 persone, 700 sono i desiani che lavorano fuori Desio, sempre nel settore industria, mentre venticinque quelli che provengono da altri Comuni. Ci sono anche 2.000 pensionati, 650 inabili, trentacinque possidenti, 831 giovani in attesa di prima occupazione e 2.200 *"in condizione non professionale"*. Nel 1955 a Desio non c'è nessuno straniero, ma 3 provengono dalle ex colonie italiane, 85 dal Piemonte, 10 dalla Valle d'Aosta, 28 dal Trentino, 890 dalla Venezia Giulia, 40 dalla Liguria, 95 dall'Emilia, 26 dalla Toscana, 23 dall'Umbria, 17 dalle Marche, 30 dal Lazio, 7 dall'Abruzzo, 62 dalla Campania, 93 dalle Puglie, 25 dalla Basilicata, 14 dalla Calabria, 349 dalla Sicilia, 8 dalla Sardegna.

Il 31 maggio 1954 il segretario della Cgil di Desio, Danilo Rota, scrive al sindaco informandolo delle vertenze andate a buon fine alla ditta Zorloni (8.000 lire una tantum), alla Sibi (lire 7,50 di aumento per gli specializzati), all'Omega (9 lire di aumento). Ma, nello stesso tempo, invita il sindaco a convocare alcune aziende desiane dove sono ancora aperte vertenze e, fra queste, la Bianchi e la Saom. È un periodo in cui c'è stato anche lo sciopero nazionale dei metalmeccanici e il sindaco invita anche la Edoardo Bianchi a un incontro *"per trovare una via di accordo coi propri dipendenti"*. L'11 giugno 1954 la Edoardo Bianchi risponde, per lettera, al sindaco di Desio rilevando che lo sciopero dell'8 giugno era stato promosso dalla Fiom e riguardava l'intero settore *"auto moto cicli e trattori della provincia"*:

> *I problemi alla base di tale agitazione – che rientra nell'orbita delle manifestazioni che in questa settimana sono in atto in ogni provincia – avendo carattere nazionale non potevano né possono essere risolti singolarmente dalla nostra azienda sia per il predetto loro carattere di generalità, sia perché tali problemi sono già all'esame dei competenti organismi confederali ed anzi hanno già trovato la loro legale soluzione.*

Il sindaco è sollecitato a intervenire anche da tre consiglieri del Pci – Erminia Sala, Enrico Novati, Erino Mariani – i quali chiedono anche un Consiglio comunale che *"esamini l'opportunità di dare, con un suo voto unanime di appoggio all'azione già iniziata dal sindaco, maggiore importanza e valore all'azione stessa"*. E non c'è, come visto, solo il problema della Edoardo Bianchi e Saom. In alcuni volantini conservati nell'archivio comunale, si può leggere come alla Targetti i lavoratori protestano *"per la mancata convocazione della ditta Targetti in Comune, per discutere sul premio di produzione, sull'aumento dello sfruttamento, sulla disciplina insopportabile instaurata in fabbrica"*; alla Sibi si protesta *"per il mancato rispetto delle decisioni prese del Consiglio comunale"*; alla

Zorloni ci si chiede *"per quale motivo il signor sindaco non ha mantenuto l'impegno di convocare tutti gli industriali per discutere le situazioni aziendali"*.

Il cavaliere Rivolta è contestato anche due anni dopo, nel 1956. Il 2 marzo il Consiglio comunale ha un punto all'oggetto della discussione che recita: "Esame della grave situazione determinatasi nell'economia cittadina in conseguenza di continue chiusure di fabbriche, riduzione di personale, sospensioni, licenziamenti, riduzione di orario di lavoro; ultimi in ordine i 98 licenziamenti della Gavazzi e le sospensioni della Sis".Il sindaco Rivolta informa di essersi fatto promotore di un incontro con la Gavazzi e sembrava possibile un accordo quando a quell'incontro *"ne seguì un altro che, però, capovolse completamente la situazione per via di un irrigidimento, non molto giustificato, della ditta stessa"*. Al dibattito che segue l'esposizione del sindaco, intervengono soprattutto le opposizioni – Erminia Sala, Achille Fagnani, Ovidio Creatini, Angelo Mascheroni, Mauro Morra – mentre l'ex sindaco Enrico Novati *"espone i dati relativi ai disoccupati, deplora l'irrigidimento della ditta Gavazzi ed i sistemi che vengono usati, nelle fabbriche di Desio e italiane, nei confronti dei lavoratori e, in modo particolare, dei componenti delle Commissioni interne"*. Alla fine il consigliere Luigi Galimberti propone un ordine del giorno che è votato dai 23 consiglieri presenti in quel momento dove, fra altro, si propone la creazione di un assessorato al Lavoro. Ma le cose, si sa, sono sempre lente e così appare per le vie di Desio un manifesto. Titolo: "Dov'è il sindaco?".L'accusa è che i propositi del Consiglio comunale sono stati vanificati, la commissione consiliare proposta non si è mai riunita *"e il sindaco è introvabile"*.

Non solo i lavoratori accusano. Anche al Prefetto di Milano non va bene che il sindaco e il Consiglio comunale prendano posizione sulle vertenze sindacali. Sentite che linguaggio burocratico-borbonico usa il prefetto, il 9 marzo 1956, in una lettera inviata al sindaco di Desio:

> *Risulta che il Consiglio comunale ha stabilito di nominare un Comitato il quale prenda contatti con gli industriali locali per discutere il problema dei*

> *licenziamenti... Si rammenta al riguardo che i compiti del Consiglio comunale sono quelli stabiliti in via principale dalla Legge Comunale e Provinciale, e che né questa né altre disposizioni di legge prevedono la facoltà del Comune in materia di rapporti di lavoro e di vertenze sindacali, la cui trattazione è deferita a specifici organi e uffici... Rientra, invece, nei compiti istituzionali del Comune l'erogazione di sussidi e l'assistenza nei casi di povertà.*

Chiaro che un simile ultimatum non può essere accettato dall'Amministrazione comunale. Il 17 marzo, il sindaco Rivolta risponde al prefetto riconoscendo che la legge non prevede alcuna disposizione sulle questioni sindacali ma *"è difficile che gli organi comunali restino indifferenti alle sciagure che colpiscono le proprie popolazioni"*:

> *Devo altresì far rispettosamente presente a V.S. che non riterrei neanche giusto che i Comuni riparassero, con assistenze, ecc. i danni procurati da licenziamenti, sospensioni dal lavoro ecc. quando non si è in grado di conoscere a chi siano imputabili i provvedimenti dannosi e da che cosa sono determinati.*

Non sappiamo quanto sia continuato questo carteggio, peraltro molto interessante per capire la mentalità sia degli organi statali sia di quelli locali. Sembra comunque di scorgere, nel finale della lettera del sindaco Rivolta, un pizzico di ironia. Conclude il sindaco: *"Assicuro, comunque, che, nel limite del possibile, terrò presenti le istruzioni di V. S. ILL.ma"*.

La nuova azienda

E sarà proprio il sindaco Carlo Rivolta a ricevere, per primo, la richiesta della società Autobianchi d'insediamento a Desio. La richiesta al sindaco parte, come dice una vecchia delibera del 1956, *"dal dott. Dante*

Brusaferri fu Angelo, nato a Milano e domiciliato a Milano in piazza Duca d'Aosta 4, che dichiara di agire in nome e per conto della soc. Auto Bianchi S.p.A., con sede a Milano, piazza Duca d'Aosta 4".

Dal punto di vista legale, invece, è dell'anno prima la costituzione, davanti al Tribunale di Milano, della nuova società. L'11 gennaio 1955 c'è una riunione a Milano, in viale Abruzzi 16. Partecipano alla riunione il notaio Alessandro Guasti, il dottor Franco Brambilla *"che dichiara di intervenire al presente atto nella sua qualità di Direttore Centrale ed in rappresentanza della PIRELLI Società per Azioni, con sede in Milano e capitale di lire 24.000.000.000"*; il Gr. Uff. Luigi Gajal de La Chenaye, *"dirigente, che dichiara di intervenire al presente atto nella sua qualità di Condirettore Generale, ed in rappresentanza della FIAT Società per Azioni con sede in Torino e col capitale di lire 57.000.000.000"*; il dottor ing. Ferruccio Quintavalle *"dirigente industriale che dichiara di intervenire al presente atto nella sua qualità di Direttore generale e in rappresentanza della Societàper Azioni FABBRICAAUTOMOBILI e VELOCIPEDI EDOARDO BIANCHI con sede in Milano e capitale di lire 2.250.000.000".*

Si costituisce così la nuova società che avrà sede, inizialmente, in viale Abruzzi 16 e si chiamerà Auto Bianchi. Il capitale sociale della nuova società è determinato in 3 milioni di lire diviso in 3.000 azioni da lire 1.000 cadauna. Le tre società sottoscriveranno, ognuna, 1.000 azioni, cioè sottoscriveranno un milione a testa. Nella pratica, così come dice la legge, verseranno solo i primi tre decimi: 900.000 lire *"alla sede di Milano della Banca d'Italia"*. Nell'occasione si forma anche il primo Consiglio di amministrazione che è formato dal commendator Giuseppe Bianchi, dall'ingegner Ferruccio Quintavalle, dal Gran Ufficiale Luigi Gajal de La Chenaye, dal dottor Corrado Ciuti, dal dottor Franco Brambilla, dal dottor Emanuele Dubini. Sindaci effettivi sono nominati i ragionieri Alessandro Sabbione (che è anche presidente del collegio sindacale), Manlio Gebbia, Silvano Civili. I supplenti: il ragioniere Alberto Pasquinoli e l'avvocato Pierluigi Martinelli. I sindaci effettivi saranno retribuiti con 50 mila lire annuali.

Presidente della nuova società è nominato il commendator Giuseppe Bianchi mentre l'ingegner Ferruccio Quintavalle è nominato consigliere delegato al quale viene

> *affidata la gestione della Società per tutti gli affari di ordinaria amministrazione, ivi comprese le compere e le vendite di ogni cosa mobile, le ordinarie operazioni finanziarie e cambiarie, gli atti e le operazioni presso gli Uffici del Debito Pubblico, della Cassa Depositi e Prestiti, quelli postali, doganali, ferroviari e delle imprese di trasporto ed in genere presso gli Uffici pubblici e privati con facoltà di esigere e ritirare valori, pieghi, lettere anche raccomandate ed assicurate, acconsentire vincoli e svincoli, rilasciare quietanze, inoltrare ricorsi e reclami alle Autorità amministrative e finanziarie, promuovere azioni ed istanze giudiziarie anche per giudizi di revocazione e cassazione, nominare avvocati e procuratori alle liti, nonché procuratori ad negotia per determinati atti o categorie di atti.*

Come si può notare dovrebbe fare tante cose ma subito dopo aver citato tutto ciò, lo stesso documento si affretta a dire che *"le suddette facoltà sono esemplificative e non tassative, intendendosi essere il nominato mandatario alter ego del Consiglio per tutti gli affari di ordinaria amministrazione"*. Gli scopi della nuova società sono definiti dall'art. 2 dello Statuto:

> a) *la fabbricazione, il commercio e la manutenzione di autoveicoli di qualsiasi tipo e sistema ed altri mezzi di loco-mozione terrestre, acquea ed aerea; costruzioni meccaniche in genere; parti separate, parti di ricambio, accessori per detti.*

> b) *l'acquisto, l'esercizio e la vendita o concessione di brevetti connessi direttamente od indirettamente agli scopi di cui al punto a).*

Se il sindaco Rivolta è il primo ad avere contatti con i dirigenti della nuova azienda, sarà poi Pierino Lissoni, eletto sindaco il 27 giugno 1956 (lo resterà sino al 1967), a portare avanti i rapporti con l'Autobianchi. Grazie alla preziosa collaborazione del dottor Ettore Cappellini, attuale archivista del Comune e di Roberto Santambrogio, dell'Ufficio stampa, sono riuscito a trovare una delibera del 4 luglio 1957 sulla "Variante al progetto di fognatura dello stabilimento Auto-Bianchi". Interessante è leggere il dibattito che è seguito a questa proposta:

> *Il presidente, ricordato che il progetto approvato con la convenzione 10 aprile 1956 n. 71 bis, dev'essere variato perché il passaggio attraverso il sottopasso della ferrovia è inibito, dà la parola al consigliere Cav. Uff. Carlo Rivolta... Il dott. Morra domanda perché detta deliberazione non venne ratificata dal Consiglio. Si chiarisce che gli impegni assunti dal Comune con detta convenzione erano irrisori in quanto l'onere della costruzione ricadeva quasi per intero sulla società e pertanto gli impegni ricadevano nella competenza della Giunta... Il consigliere Novati riconosce che più volte se n'era parlato ma ufficiosamente: riconosce che la convenzione era ed è conveniente per il Comune e che l'opera era ed è urgente.*

Alla fine la delibera è approvata all'unanimità. C'è da ricordare che i consiglieri Morra e Novati sono comunisti. Il primo, medico all'ospedale di Mombello, il secondo primo sindaco di Desio, il sindaco della Liberazione. Le spese per il nuovo allacciamento sono ripartite fra Comune e Fiat. Il costo complessivo è fissato in 23 milioni di lire. Il Comune contribuisce con 1.200.000 lire e un rimborso all'Autobianchi di

375.000 lire *"perla fornitura e posa in opera di 1.50 sghembi per eventuali allacciamenti secondari"*. I versamenti a favore dell'Auto Bianchi *"dovranno essere effettuati dal Comune di Desio entro trenta giorni dalla data del verbale di consegna dell'opera. L'Auto Bianchi S.p.A. verrà esonerata dal pagamento di canoni annui o contributi presenti e futuri di qualsiasi genere attinenti il servizio di fognatura per un periodo di dieci anni"*.

La Bianchi

La Bianchi viene fondata nel 1855 da Edoardo Bianchi e comincia a costruire "bicicli" (come si usava dire allora) per arrivare, alla fine del secolo scorso, alla costruzione delle prime automobili. La prima è del 1899. Continuerà a costruirne fino al 1939, quando decide di dedicarsi esclusivamente alla costruzione di camion militari. L'intenzione era, terminata la guerra, di riprendere la costruzione di automobili e in particolare Edoardo Bianchi aveva nel cassetto un progetto per la costruzione di un'automobile media. Progetto non realizzato per i bombardamenti alleati del 1943-'44 che distrussero i capannoni.

A Desio la Bianchi occupa una piccola parte di quella che in seguito diventerà l'Autobianchi. In effetti, lo spazio è diviso con la Saom (Società anonima officine metallurgiche) che costruisce accessori per biciclette. C'è la forgia, il reparto macchine automatiche, la fonderia. In fondo, entrando da via Alessandro Volta, c'è un capannone per la lavorazione di testate e cilindri dei camion per l'Edoardo Bianchi e il laboratorio chimico che ha il compito delle analisi dei metalli impiegati. Un'azienda, dal punto di vista tecnologico, avanzata. La fonderia di Desio, ad esempio, è rinomata, a quel tempo, in tutta Italia.

Il 28 aprile 1958, con atto presentato in Tribunale il 22 maggio 1958, l'Auto Bianchi Spa decide un aumento di capitale, da 4,5 a 6 miliardi di lire mediante emissione di n. 1.500.000 azioni nuove da lire 1.000 ciascuno e la Edoardo Bianchi abbandona la società. La Pirelli continuerà, invece, a gestire l'impresa con la Fiat sino al 1967-'68. Da quel momento l'azienda desiana diventa completamente di proprietà Fiat.

Quando si forma l'Autobianchi, i primi dirigenti ad arrivare sono il ragionier Riccardo Brigliadori (padre della nota attrice Eleonora) in rappresentanza della Pirelli e il ragionier Mauro Bucalossi, uomo Fiat.

Dal notaio

Riccardo Brigliadori è un personaggio famosissimo all'Autobianchi. Nel bene e nel male ha rappresentato l'azienda per tanti anni. Di lui parleremo più avanti, nel capitolo dedicato ai "Protagonisti". Per ora diciamo solo che il 18 febbraio 1966 si presenta a Milano, in via Fabio Filzi 24. Con lui ci sono il notaio Alessandro Guasti e l'ing. Nello Vallecchi, *"direttore generale e legale rappresentante della Auto Bianchi – Società per azioni con sede a Milano con il capitale di L. 6.500.000.000"*. Così almeno è quanto si legge in un documento presentato al Tribunale di Milano il 24 febbraio 1966. Perché questa riunione davanti al notaio? Lasciamo parlare il notaio Guasti attraverso 1'atto presentato in Tribunale che riferendosi all'ingegnere Vallecchi scrive:

> *Detto signore, della cui identità personale io Notaio sono certo, fatta espressa rinuncia, meco d'accordo, all'assistenza dei testimoni al presente atto, dichiara di conferire, come conferisce, Mandato Speciale con rappresentanza al Rag. RICCARDO BRIGLIADORI, nato a Milano il 17 aprile 1924 in qualità di Capo Servizio del Personale, con i seguenti poteri da esercitare con firma singola preceduta dalla denominazione sociale:*
> * *assumere personale operaio;*
> * *rappresentare la Società nei suoi rapporti con le Amministrazioni dello Stato, le Pubbliche Amministrazioni,*
> *le Organizzazioni Sindacali, gli Istituti Previdenziali e*
> *Assicurativi;*

> - *rappresentare la Società in tutte le controversie del lavoro in sede amministrativa;*
> - *firmare la corrispondenza ordinaria.*
>
> *Il presente atto viene pubblicato mediante lettura da me datane al Comparente che, approvandolo e confermandolo, lo firma con me Notaio. Consta di un foglio scritto per tre facciate meno sette righe da persone di mia fiducia. Firmato: Nello Vallecchi, Alessandro Guasti Notaio.*

Le maiuscole sono, naturalmente, del notaio Guasti che ha lo studio in piazza Paolo Ferrari ma che, per l'occasione, si sposta in via Fabio Filzi 24, abitazione dell'ingegnere Nello Vallecchi. Il ragioniere Brigliadori, dunque, legalizza il suo mandato davanti ad un notaio per tutta una serie di compiti che vanno dall'assumere personale alla firma della *"corrispondenza ordinaria"*. E Riccardo Brigliadori nei 25 anni che resterà nell'azienda di Desio farà tutto ciò e, forse, anche qualcosa di più: in più ci metterà lo zelo, indispensabile per applicare le direttive Fiat.

La Bianchina a Pio XII

Nel 1955 l'area produttiva occupa 130 mila metri quadri (di cui 50.000 coperti). Col tempo si arriverà aun'estensione di 300.000 metri quadri di cui 125.000 coperti. La prima auto prodotta è dunque la Bianchina, innovativa sotto diversi punti di vista. Se ne producono 50 al giorno ed è una coupé a due posti che dà il senso della sportività, ma è anche rifinita, per quell'epoca, attentamente. La prima auto che esce dalla catena di Desio, così dicono le testimonianze, è regalata a Pio XII e portata a Roma, si dice, in elicottero, *"dalla città di Papa Ratti a Pio XII"*. Sul fatto che sia stata portata in elicottero le testimonianze discordano. Una cosa certa, invece, è che un centinaio di desiani, sindaco Pierino Lissoni in testa, seguono in treno la Bianchina. Sono ricevuti nella sala papale e qua c'è un intoppo: la Bianchina non passa dalla porta. Momenti di panico. Poi tutto si risolve grazie all'intervento di alcuni operai brianzoli che papa Ratti aveva portato a Roma per le manutenzioni. Smontano velocemente gli stipiti e riescono a farla entrare nella grande sala delle udienze. Non c'è Agnelli all'incontro con Pio XII. LaFiat, per l'occasione, è rappresentata da un dirigente.

Dopo la Bianchina – che costa 360.000 lire – partono tutta una serie di modelli: un anno dopo, nel 1958, la fonderia è chiusa e si comincia a produrre la Special, nel 1959 la Cabriolet, nel 1960 la Panoramica con il motore a "sogliola" della 500, per occupare meno spazio e il modello Furgoncino. Nel 1962 altra variazione: nasce la Bianchina 4 posti (515.000 lire di listino), una familiare in due versioni, la Normale e la Special (575.000 lire). Nel 1964 nasce la Primula (950.000 lire) prima vettura di serie di progettazione italiana a trazione anteriore e motore trasversale.

Viene fatto anche un prototipo, la Stellina, con fiancate di plastica, ma resterà, appunto, solo un prototipo. Questa macchina è costruita nei locali vicini all'attrezzeria, nel reparto "Esperienze" dove è costruita in piccole serie, forse solo una dozzina di esemplari. È chiamata "Stellina" perché l'ingegnere Nello Vallecchi, classe 1908, direttore generale dell'Autobianchi, romano di nascita, era molto legato all'istituzione milanese dei Martinitt e delle Stelline. Da qui il nome. Sulla scelta del nome fu fatto anche un concorso fra i dipendenti ma nessuno degli intervistati ricorda come andò a finire.

Nel 1968, alla Panoramica si affianca la Giardiniera mentre l'anno seguente, nel 1969, lo stabilimento è potenziato e sono presentati al pubblico due nuovi modelli, la A111 e la A112. Quest'ultima incontra il favore dell'acquirente. Ne sono prodotti 1.204.000 esemplari. Nascono così la A 112 Elegant, la Junior e il tipo Abarth con motore maggiorato.

Nel 1979 comincia la produzione della Panda ed è in quel periodo il maggior sviluppo dell'azienda desiana. I lavoratori raggiungono il numero di 4.975 e producono dalle 730 alle 760 macchine al giorno. Una produzione, questa, che continuerà anche nel 1985 mentre i lavoratori diminuiscono a 2.250-2.400 unità. La dimostrazione lampante che dopo la marcia dei 40 mila capi a Torino e la vittoria antisindacale di Agnelli e

Romiti, la produttività aumenta contemporaneamente alla diminuzione del personale occupato.

Incrementare la produttività

Ma torniamo agli anni dell'insediamento della Fiat a Desio. Sono anni duri ma nello stesso tempo di forte espansione, un'espansione che per la Fiat è cominciata ai primi anni '50, dopo il viaggio americano di Agnelli e Valletta negli Stati Uniti che aveva portato alla scelta di intensificare la produttività attraverso una riorganizzazione aziendale. In Italia il mercato auto era pressoché vergine: un'auto ogni 94 abitanti (in Inghilterra 1 ogni 20, in Francia 1 ogni 25, in Svizzera 1 ogni 28). Secondo alcuni studi si prevedeva un incremento futuro tra il 10 e il 14 per cento, mentre per il decennio successivo si prevedeva un fabbisogno automobilistico di 2 milioni di automobili.

L'auto come bene di consumo, al punto che Vittorio Valletta disegna così il futuro aziendale:

> *L'incremento della produttività presuppone pure un incremento di mercato perché sviluppando la produzione (e i moderni mezzi tecnici sono capaci di darle sviluppi vertiginosi) i mercati normali sono presto saturi e occorre crearne dei nuovi, suscitare continuamente nuovi e più vasti strati di consumatori. Dove? Dal profondo delle masse popolari e dalle popolazioni di regioni e continenti arretrati. Come? Aumentando il potere d'acquisto di quelle masse, di quelle popolazioni, così che i consumi si estendano.*

Per fare questo, però, Valletta ha bisogno di una fabbrica docile e flessibile, ha bisogno di bloccare il sindacato, le avanguardie operaie che in fabbrica rappresentano il Partito comunista. Dopo lo sciopero del 22 gennaio 1953 contro la "legge truffa", 55 operai comunisti sono licenziati dalla Fiat a Torino. In quegli anni la Fiom ha un crollo alle elezioni per la Commissione interna. I vecchi operai chiamavano la Fiat *"la feroce"* ma nessuno poteva immaginare il livello di repressione attuato dalla Fiat in quegli anni. Anche i più professionalizzati sono licenziati: 1400 sono i licenziamenti collettivi. E le cose vanno talmente bene per Valletta che proprio nel 1956, quando forma la società con Pirelli e Edoardo Bianchi che porterà alla nascita dell'Autobianchi, agli azionisti potrà dire:

> *Non più, dal 1955, alcuno sciopero, nemmeno un'ora, né agitazioni a fini politici di partito. Con le Commissioni interne, costituite prevalentemente da esponenti dei Sindacati liberi democratici (Cisl e Uil) e solidali con l'Azienda nell'indirizzo di sviluppare sempre più il lavoro, le discussioni sono franche, costruttivi gli accordi.*

E tutto questo Valletta l'aveva compiuto, in concreto, senza aumentare il personale ma triplicando il volume produttivo. Nel 1952, la Fiat aveva 57.000 operai, nel '58 erano 61.512. Gli assunti in quegli anni sono soprattutto i "generici", poco sindacalizzati, facili da controllare. Se nel 1947 rappresentavano il 37 per cento, nel 1957 raggiungeva il 47,6 per cento.

Dei "generici", di questi operai poco specializzati mi parleranno in molti. Luigi Cazzaniga oggi è presidente della cooperativa "La Spiga" di Desio che assiste a domicilio gli anziani. Dall'Autobianchi è uscito nel 1983. C'è restato 27 anni, da quel lontano ottobre 1956 quando è entrato. Prima come capo reparto poi come capo officina.

> *Arrivava di tutto all'Autobianchi. Negozianti, piccoli imprenditori, artigiani* – racconta Cazzaniga – *spesso preferivano il posto che in quel tempo era considerato "sicuro" piuttosto che quello incerto. Inoltre la paga era senza dubbio migliore di tante altre aziende. Andavano a lavorare in verniciatura, alla catena, disposti a fare i turni così da poter fare anche qualche*

> *ora nella vecchia officina o nella falegnameria di provenienza.*

Eppure fino alla metà degli anni'60, secondo Cazzaniga, la fabbrica era vivibile. I rapporti fino al 1960 erano molto diretti, gran parte delle persone si conosceva da tempo perché provenienti dall'Edoardo Bianchi. Nel 1964 lo stabilimento di Desio è ampliato con la nuova verniciatura eil cambiamento nei rapporti arriva proprio con l'ampliamento. Nei primi anni '70 allo stabilimento di Desio ci lavorano più di 3.000 persone. Arrivano dal meridione, dal Veneto, dalle valli bergamasche attirate dal posto "sicuro". I ritmi sono sempre più incalzanti, le catene devono girare sempre più velocemente. Ed è in questi anni che Luigi Cazzaniga, consigliere comunale per 30 anni della Democrazia cristiana, nota un cambiamento:

> *L'aspetto umano non era più considerato. La professionalità appiattita. Chi lavorava in catena era un automa. Con quei metodi era difficile interessarsi dei problemi umani. La direzione aveva una sua logica: la produttività e questa non si poteva sposare facilmente con l'aspetto umano. Non credo sia possibile conciliare l'umanità con la produttività. A meno di creare un modo di lavorare diverso, dove il lavoratore possa vedere il suo prodotto finito, sentirsi protagonista del processo produttivo.*

Questo è il pensiero di un cattolico che ha avuto responsabilità direzionali all'Autobianchi. Il solidarismo cattolico non ha nulla a che vedere con gli Agnelli. Una tesi, quella di Cazzaniga, abbastanza simile a quella della marxista Rossana Rossanda quando sostiene che il lavoratore, in pratica, non solo non ha proprietà del pezzo che manipola, ma non ha conoscenza di dove viene e dove finirà, ignora il ciclo produttivo e i suoi esiti sul mercato. Fra il 1962 e il 1967 c'è il grande balzo. Dopo l'officina meccanica di Mirafiori Sud (220.000 mq coperti) si ampliano la Mirafiori Presse (20.000 mq) e la Mirafiori centro (25.000 mq), lo stabilimento di Rivalta (300.000 mq e 18.000 dipendenti).

A Desio, nel 1956 vi lavorano 300 persone. Entrano da via Alessandro Volta, divisi fra operai e impiegati. All'entrata si firma un registro, in seguito saranno posti i cartellini da timbrare. Poco prima sono state espropriate cinque villette in via Tarra per far posto al nuovo insediamento industriale. In fondo ci sono ancora i resti della cava, del campo sportivo e della colonia elioterapica. Anche i Vigili del fuoco hanno avuto sede in questa zona. Man mano che erano smantellate le produzioni dell'Edoardo Bianchi, le aree erano occupate dalle nuove produzioni. In seguito, dall'unico capannone sarà spostata la verniciatura e collocata verso San Giuseppe con un altro capannone con le presse e la lastro ferratura.

La vecchia palazzina, che oggi si vede da viale Lombardia, è di proprietà prima della famiglia Cremonini, poi della famiglia Giussani, proprietari della Sis, un'azienda di serrature che in seguito subirà una scissione da parte direzionale. Un familiare andrà a Nova Milanese e fonderà la Meroni Serrature.

4 – Premio qualità

Un po' di numeri

Nell'aprile del 1970 l'Autobianchi di Desio ha 3.952 dipendenti. Nel reparto stampaggio, 15.840 metri quadrati, ci sono sette presse da 650 a 1150 tonnellate che convogliano, automaticamente, gli sfridi di lamiera a un'impacchettatrice automatica della capacità di 10 mila chili ogni ora. Secondo una pubblicazione della stessa Fiat che valorizza, in quel momento, l'Autobianchi di Desio, nel reparto stampaggio ci sono anche *"altre 39 presse a semplice effetto da 150 a 600 tonnellate, due snervatrici – spazzolatrici per la preparazione e sei cesoie per 'spezzonatura' della lamiera"*. In lastratura, 30.600 metri quadri, le lavorazioni sono effettuate mediante *"620 saldatrici elettriche a punti"*.

La verniciatura occupa 10.800 metri quadrati ed è collegata alla lastratura con un tunnel aereo lungo 37 metri. *"Una nuova centrale vernici – recita sempre l'opuscolo Fiat – la prima del genere in Italia, elimina interamente le manipolazioni: le vernici vengono, infatti, direttamente stoccate in serbatoi di grande capacità e da qui, sempre automaticamente, vengono 'corrette' per la spruzzatura a mezzo di solventi anch'essi stoccati in cisterne sotterranee da 20 mila litri. In tal modo il lavoratore non vien mai in contatto con la vernice"*.

In realtà, ancora, nel 1980 il Consiglio di Fabbrica dell'Autobianchi sarà costretto ad aprire una vertenza sulle condizioni ambientali nelle cabine di spruzzatura dell'olio ceroso (crylagard), vertenza che si protrarrà per parecchie settimane con scioperi articolati e che alla fine vedrà una vittoria del CdF (Consiglio di fabbrica) con la conquista della parziale automazione dell'impianto e il potenziamento dell'organico relativo.

Ritorniamo ai numeri dell'Autobianchi. La selleria, 5.400 metri quadrati, si occupa delle lavorazioni di taglio e cucito *"dei rivestimenti interni vettura, eseguite su linee in parte meccanizzate e su speciali macchine cucitrici e di saldatura dielettrica"*. Infine, l'officina di montaggio, la più grande di Desio. Occupa un'area di 40.800 metri quadri e le lavorazioni di montaggio avvengono su tre linee a trazione meccanica.

A tutto ciò si deve aggiungere il settore degli impianti generali. Qua c'è di tutto: una sottostazione di trasformazione elettrica alimentata da due linee di 70 mila volt a loro volta collegate con sette cabine che trasformano l'energia elettrica alla tensione di utilizzo di 380 volt; una centrale termica formata da 5 caldaie alimentate a olio denso e metano per una produzione di 80 tonnellate l'ora di vapore e di 700 mila litri all'ora di acqua riscaldata per uso tecnologico e di riscaldamento; un impianto per l'autoalimentazione dello stabilimento di acqua a uso industriale, costituito da tre pozzi collegati fra loro di una profondità fra i 130 e i 170 metri, in grado di erogare complessivamente 600 mila litri l'ora; un impianto per l'alimentazione a metano con centrale di decompressione; un impianto per la produzione e distribuzione dell'aria compressa.

Questo il "mostro" Autobianchi, così come lo descrive, enfaticamente, il dépliant Fiat. Certo nulla a che vedere con Mirafiori ma che comunque in Brianza rappresenta un fatto unico. Che cosa sia, invece, Mirafiori lo descrive bene Loris Campetti su *il manifesto* del 26 febbraio 1986:

> *Quasi 3 milioni di metri quadrati, per metà coperti, 37 porte d'accesso, distribuite lungo un perimetro di oltre 10 chilometri, una popolazione dai 30 ai 60 mila uomini, secondo i tempi, con una rete stradale interna di 22 chilometri e una ferroviaria di 40. Otto locomotori, 130 vagoni in uscita giornaliera e altrettanti in entrata. Quasi 40 chilometri di catene di montaggio, 223 chilometri di convogliatori aerei, 13*

chilometri di galleria sotterranee, 13.000 macchine utensili. Una rete telefonica pari a quella di una città come Ivrea con 10.000 apparecchi e 667 chilometri di cavi; una capacità di autoproduzione elettrica tale da coprire il 50 per cento del fabbisogno energetico – l'equivalente di un milione di lampadine o, se si preferisce, il consumo globale di una città come Trieste. Una quantità di carburante bruciato annualmente capace di riscaldare 22.000 alloggi.

Negli anni '70 l'Autobianchi è comunque una realtà industriale importante, tecnicamente importante al punto che riceve il "Premio Qualità" come sezione distintasi per serietà e profitto.

Lotte per la salute

Attorno alla metà degli anni '60 si comincia a discutere di salute in fabbrica. Uno slogan sopra tutti gli altri: "*La salute non si vende*" a significare come la salute sia un bene supremo e che non è possibile monetizzare il rischio. È necessario, invece, bonificare le fabbriche, fino a quel momento – come dice un documento dell'Autobianchi del 1970 –"*fucine di malati*" e trasformarli "*in ambienti in cui si possa produrre senza rischio*". Iniziative di lotta partono da tutte le fabbriche del nostro Paese supportate, dal punto di vista "tecnico", da diversi studiosi che daranno un contributo notevole e, prima di tutti, il compianto professor Giulio Maccacaro con la collana da lui diretta che non a caso si chiama "*Medicina e potere*". Le lotte sfoceranno nell'art. 9 dello Statuto dei lavoratori dove si sancisce il diritto di creare in fabbrica organismi per la difesa della salute. A Desio nel 1971 nasce il Comitato ambiente che individua in alcuni reparti dell'Autobianchi le cause di probabili malattie. Ci sono problemi di rumorosità nel reparto stampaggio e nelle presse, fumi in lastroferratura, solventi e polveri nel reparto verniciatura, vapori in selleria, gas di scarico nel reparto montaggio.

Il Comitato lavora con uno strumento nuovo previsto dalla legge, lo Smal (Servizio medicina ambienti lavoro). Per prima cosa Consiglio di fabbrica e Smal procedono a una mappatura e a una raccolta dei dati ambientali della fabbrica poi, in seguito, il CdF chiede alla direzione la rimozione delle cause di rischio. Non è stato facile arrivare a questo: ci sono voluti 11 mesi di lotta per avere il Comitato ambiente. Come sempre, però, la Direzione su questi problemi non ci sente e spesso è necessario fermarsi, scioperare per vedere applicare una garanzia costituzionale. Seguire le lotte di quegli anni non è agevole ma è come leggere un bollettino: nel luglio 1975 nel reparto verniciatura, gli spruzzatori dicono "basta" alle condizioni di lavoro cui sono sottoposti e riescono a coinvolgere nella vertenza tutta l'Autobianchi. Nel 1977 c'è, su questo tema, un primo accordo: la Fiat riconosce la possibilità dei lavoratori di far ricorso in alcuni casi a un Ente pubblico. Nel marzo 1979 un lavoratore si reca nell'infermeria dell'Autobianchi. Non sta bene, sente dei dolori strani al braccio. È rimandato in reparto a lavorare e muore per infarto. Scende in sciopero l'intera fabbrica e si apre un dibattito sul ruolo del presidio sanitario in fabbrica. Nel settembre dello stesso anno la Fiat si rifiuta di far entrare all'Autobianchi lo Smal.

Nel maggio del 1980 comunicazioni giudiziarie sono consegnate al capo del personale Autobianchi Riccardo Brigliadori e al collocatore di Desio (in seguito saranno condannati) per irregolarità nelle assunzioni e per uso discriminatorio e selettivo delle visite mediche. Nello stesso mese un centinaio di lavoratrici della selleria hanno irritazioni cutanee. La colpa è di una sostanza, la Formaldeide, usata nella preparazione dei tessuti. C'è un lungo braccio di ferro fra CdF e Direzione. Alla fine una grande vittoria per i lavoratori: per la prima volta in una fabbrica Fiat entrano i medici dello Smal. Uno di questi è Tullio Quaianni che ancora oggi lavora a Desio.

Ma non si deve credere che da quel momento in poi le cose funzionino meglio. Nel febbraio 1981 un gruppo di lavoratori addetti a una cabina di spruzzatura dell'olio ceroso anticorrosivo (crylagard), chiedono la bonifica della loro lavorazione. È una lavorazione altamente tossica, sempre in mezzo a fumi, vernici, odori che mozzano il respiro. La Fiat è comunque intransigente. In un documento della Direzione sulla "Giornata Qualità di Desio" fra molte amenità – *"Criticata l'abitudine a sedersi sugli scatoloni contenenti materiali di produzione;* "*Il filmato 'Nuove Tecnologie' è stato interpretato come una minaccia tipo 'Se non fate bene si va verso la fabbrica automatica' ";* esigenza degli operai di *"Visitare gli stabilimenti Fiat (anche fuori orario)";"Desiderio di conoscere le motivazioni dei giapponesi"* – si parla anche di crylagard. E come si esprime la Direzione? Dice: *"Il 10.2.81 inizia la Guerra del Crylagard".* Proprio così! Anche le maiuscole: Guerra. Per la Fiat è una guerra, anzi una Guerra!

Ha vinto da poco un'altra "Guerra", quella dei 35 giorni a Torino e si sente forte. Si deve scioperare. Risultato: una vertenza che dura ben tre mesi, 3.000 vetture perse per gli scioperi, 130 ore di multa e sei giorni di sospensione ai delegati del CdF. Sarà una vittoria non completa peri lavoratori: una parziale automazione dell'impianto e il potenziamento dell'organico relativo. In compenso la Fiat procederà al cambio dei manager Autobianchi: alcuni verranno prepensionati, altri, come sempre avviene in questi casi, promossi. Saranno sostituiti da dirigenti torinesi.

L'Autobianchi in Irpinia

Il 23 novembre 1980, domenica, è un giorno come tanti altri. Per le popolazioni dell'Irpinia, invece, è un giorno di tragedia. Di dimensioni gigantesche. Alle 19,35 un sisma terribile sconvolge l'intera regione. I pennini dei sismografi segnano il 10° grado della scala Mercalli, il massimo. Le prime cifre del ministero dell'Interno parlano di 1.056 morti (poi, purtroppo, saliranno) e migliaia di feriti. Interi paesi sono rasi al suolo. Le province di Salerno, Napoli, Avellino e Potenza sono sconvolte: oltre 15.400 chilometri quadrati, 5 milioni di abitanti e 46 comuni sono colpiti. In totale il disastro è ancora più ampio: ben 26.000 chilometri quadrati sono interessati dal terremoto, dal Tirreno all'Adriatico. Si calcola che dall'epicentro del terremoto si è liberata una quantità di energia pari allo scoppio di trentacinquemilioni di tonnellate di esplosivo.

Subito parte la solidarietà ma non si sa cosa fare. Non c'è coordinamento. Le strade sono intasate da veicoli che scappano dalle zone terremotate e anche i primi soccorritori non riescono a raggiungere le zone del sisma per aiutare le popolazioni. A questo si aggiunge il ritardo con cui la Protezione civile arriva in quei paesi o almeno in quello che resta dei paesi. Spesso ci arrivano prima i giovani, spesso si scava con le mani fra le macerie nel tentativo di salvare qualche vita. Chi ne fa le spese della rabbia di quelle popolazioni è uno dei personaggi più amati dai cittadini, Sandro Pertini, il presidente, l'uomo onesto, il partigiano.

Pertini arriva nella zona a bordo di un elicottero che atterra nel campo sportivo di Laviano. Il giorno prima lo aspettavano, l'elicottero, per portare via i feriti ma non era arrivato. Quando scende Pertini è accolto da frasi di rabbia. Un giovane gli dice: "*Delinquenti! Colombo ha portato i soccorsi a Potenza, e a noi ci avete dimenticati!*". Colombo è quell'Emilio Colombo ministro nel governo Amato con base elettorale a Potenza. Pertini cerca di parlare ma non è facile neppure per lui, pur con tutta l'autorità e il prestigio che derivano da una vita passata a difendere gli umili. Pertini sale su una macchina e si avvia mentre i carabinieri tengono a bada la gente che continua a lamentarsi di non avere neppure le pale per scavare. Attorno, un cimitero: odore di gas e cadaveri. Poi raggiunge Lioni (mille morti) e S. Angelo dei Lombardi. Dappertutto la stessa cosa: lo Stato non esiste. Rientrato a Roma, Pertini convoca immediatamente il ministro dell'Interno Virginio Rognoni e rimuove dall'incarico il prefetto di Avellino, poi, in televisione, pronuncia un durissimo atto di accusa. Il ministro Rognoni, a questo punto, non può che rassegnare le dimissioni ma è salvato dal presidente del Consiglio dell'epoca: Arnaldo Forlani.

Quando il lunedì gli operai dell'Autobianchi rientrano in fabbrica, non perdono tempo. Si parla immediatamente di fare qualcosa, di aiutare quelle popolazioni. Scatta, come sempre, la solidarietà della gente comune, degli operai. Il Consiglio di fabbrica chiede alla direzione dell'Autobianchi di "sponsorizzare" un gruppo di lavoratori che intendono partire per l'Irpinia. La proposta trova consenziente la Direzione che, attraverso il capo del personale Riccardo Brigliadori, promette di fornire il gruppo di tende, un camion di viveri e l'autoambulanza di fabbrica. Evidentemente a Torino non sono però di questo parere. Non solo non viene dato nulla ma si fa anche presente che chi abbandonerà il posto di lavoro sarà considerato assente ingiustificato, quindi licenziato. Consiglio di fabbrica e Flm(Federazione lavoratori metalmeccanici) della zona di Desio, distribuiscono subito un volantino a tutti i lavoratori, dove si dice:

> *Nonostante il CdF avesse dichiarato all'azienda la propria disponibilità ad avere permessi personali anche non retribuiti peri lavoratori volontari, e avesse inoltre garantito i livelli produttivi per tutto il periodo di assenza dalla fabbrica, per l'assurda opposizione della Direzione aziendale (che ha negato i permessi personali ed ha inoltre rifiutato il proprio apporto al completamento della necessaria dotazione che consentisse al gruppo di essere attrezzato ed autosufficiente), si è invece dovuto ritardare la partenza per Avellino. A seguito della cinica ed incomprensibile presa di posizione della Direzione, il CdF, oltre a stigmatizzare il comportamento della Fiat-Autobianchi in una situazione che richiede il massimo di energie e di tempismo negli aiuti, ripropone la propria iniziativa, chiedendo il massimo appoggio a tutti i lavoratori, alle forze politiche democratiche e all'Ente locale.*

È, questo, un momento drammatico. Il CdF telefona anche a Pertini e dal Quirinale rispondono di partire. Frattanto il Comune di Desio offre tende, pale e altro materiale tecnico. Si decide di partire ugualmente. Con un pullman ne partono 30 dell'Autobianchi più un'infermiera dell'ospedale di Desio e un medico dello Smal, la dottoressa Gabriella Tosolini che, purtroppo, dopo poco tempo per una malattia, morirà. Agli operai di Desio è assegnato di lavorare a Pescopagano. Sul posto c'è già, che li attende impaziente, Ottorino Fornaro del CdF dell'Autobianchi. A Pescopagano ci restano 10 giorni. Organizzano un campo di roulotte, gli allacciamenti elettrici, il riscaldamento, si montano i primi servizi igienici. Un tecnico Autobianchi, Carlo Farina, riesce, dopo molti sforzi, a trovare l'acqua e si ripristina l'acqua potabile. Per questo impegno riceveranno, in data 6 dicembre 1980, una menzione dal Commissario straordinario, il vice Prefetto Bruno Pastore:

> *Si attesta che il gruppo formato dai lavoratori dell'Autobianchi e della zona di Desio ha prestato la propria opera per i soccorsi alle popolazioni terremotate di questo comune. In particolare è stato impiegato dallo scrivente per l'organizzazione di uno degli accampamenti di roulotte, adibito al ricovero di circa 500 persone, e per l'allestimento delle infrastrutture e dei servizi igienico-sanitari.*
>
> *A tale riguardo, lo scrivente sottolinea che ha personalmente insistito perché il gruppo in questione restasse almeno il tempo necessario per completare l'impianto ed il primo avvio dell'accampamento predetto, stante l'estrema positività dell'azione di soccorso svolta dal gruppo, che ha espresso una eccezionale operatività ed una straordinaria capacità di lavoro organizzato. Si dichiara inoltre che è assolutamente indispensabile che i responsabili del gruppo restino in alternanza in questa località per un ulteriore periodo di tempo (che sarà contenuto nei limiti dello stretto necessario) e che il gruppo in questione abbia un minimo di ricambio con altro personale, in modo da garantire il completamento delle strutture del campo e la continuità dei relativi servizi.*

In totale, gli operai dell'Autobianchi, resteranno a Pescopagano due anni. Ogni due settimane, 4/5 persone lavoreranno con le popolazioni dell'Irpinia. Due lavoratori, Giuliano Santelli e Francesco Sironi, ci resteranno per un periodo più lungo: 2 anni il primo, 1 anno il secondo. Per la Direzione dell'Autobianchi sono *"assenti ingiustificati"*. In realtà, non ci saranno licenziamenti, solo la contestazione dell'assenza e una multa simbolica.

Il taglio dei tempi

La mattina del 28 settembre 1983, alle 9, si apre presso la sezione penale del Tribunale di Monza il processo contro 15 lavoratori dell'Autobianchi. Sono Renato Barbieri, Ciro Albano, Biagio Maggiore, Natale Petrò, Leonardo Grieco, Costantino Ruggiero, Antonella Rizzo, Giovanni Volpe, Domenico Carbone, Salvatore Pappalardo, Alberto Bonfanti, Francesco Russo, Giuseppe Marchisello, Egidio Bottan, Antonio Santambrogio. Difesi dall'avvocato Nerio Diodà, sono imputati di tutta una serie di reati. Leggere il capo di accusa è impressionante: si va dalle offese ai capi (*"cornuti, servi del padrone"*) al fatto che *"costringevano gli stessi a tollerare le loro urla e i fortissimi sibili che i due altoparlanti a tromba, che essi si erano nel frattempo procurati, emettevano"*. Ma ci sono anche *"fischi, urla, schiamazzi, percussione di strumenti metallici ecc., grida amplificate da un apposito sistema di applicazione con carrello ed altoparlanti, disturbavano l'occupazione di tutti coloro (dirigenti e quadri intermedi) che non avevano aderito agli scioperi settoriali ed estemporanei indetti dagli operai dell'Autobianchi nella fabbrica di Desio il 4/5/1982 e che avrebbero voluto continuare a svolgere le rispettive attività lavorative"*.

I capi d'accusa continuano *"per aver costretto Leonardi Silvio ad allontanarsi dalla zona di rilevazione dei tempi nella fabbrica dell'Autobianchi di Desio... percuotendolo con pugni e calci, lesioni personali lievissime"*. Altri pugni, sempre secondo l'accusa, sono dati ad altri capi. Alcuni operai sono accusati *"per avere ingiustamente minacciato a Pinamonti Giorgio di mangiargli il fegato e di ammazzarlo"*.

Certo la forma lessicale del cancelliere fa desiderare ma operai cannibali non ne avevamo ancora trovato. E poi notate l'accusa: *ingiustamente minacciato di mangiargli il fegato*. Ci sarebbe da ridere ma al processo la Fiat presenta ben 29 testi e in più anche il maresciallo dei carabinieri Emidio Fabiani per gli episodi esterni alla fabbrica. Alla fine il magistrato manderà tutti assolti.

Questo processo fa parte di una vicenda cominciata nell'aprile del 1982. In azienda, come abbiamo visto, sono arrivati "i torinesi". Cambiano le relazioni industriali, non sono più fornite al CdF le informazioni sulla situazione degli organici, i passaggi di categoria, il monte ore sindacale. È un cambiamento, questo, che parte da lontano, dai famosi 35 giorni della Fiat. Una vicenda che descriveremo più avanti e che vede la vittoria di Cesare Romiti, la marcia dei 40 mila capi, la capitolazione del sindacato: 23 mila operai in cassa integrazione, repressione in fabbrica. È con questa mentalità che arrivano a Desio i nuovi manager. Sanno che quello è il momento per battere il ferro, per riconquistare quel "potere" che in fabbrica, negli ultimi anni, hanno perso.

È con grande baldanza e sicurezza di sé, dunque, che si presentano nei reparti, il 16 aprile, per eseguire rilevazioni cronometriche sui tempi di lavoro, da tempo assestati. Degli accordi sindacali precedentemente assunti non ne vogliono tener conto: per loro è carta straccia. Non gli importa nulla se non sono state effettuate modificazioni impiantistiche o di lavorazioni. L'unica cosa certa per l'azienda è che i tempi devono essere tagliati. Davanti ad un aut-aut di questo tipo, è chiaro che il Consiglio di fabbrica non può restare fermo. Cominciano così i 32 giorni: ogni qual volta un "tempista" si presenta con il cronometro in mano per rilevare i tempi di lavorazione, scatta l'astensione di tutti i lavoratori impedendo così, di fatto, una rilevazione che sindacati e lavoratori definiscono illegittima.

La Fiat ha fatto tesoro dell'esperienza torinese dei 35 giorni. Sa che per vincere è necessario provocare lo scontro frontale, sa che deve cercare di dividere i lavoratori, appellarsi all'esigenza che hanno molti di lavorare. Sa che deve portare fuori dalla fabbrica la lotta così da convincere una parte dell'opinione pubblica (aiutata da giornali asserviti) che la fabbrica è ormai ingovernabile e violenta, che non si può lavorare per una minoranza di facinorosi che vogliono distruggere il lavoro di tanti. E così il 5 maggio 1982 sono consegnate nei reparti di lavoro, pubblicamente, alcune lettere di licenziamento a operai e delegati sindacali. La reazione operaia non si fa attendere e viene subito strumentalizzata dalla Fiat spostando così l'attenzione da una vertenza tipicamente sindacale su campi a lei più congeniali di ordine pubblico. La magistratura farà rientrare in fabbrica i lavoratori licenziati (molti, però di quel gruppo preferirà col tempo licenziarsi). Questa vicenda segnerà moltissimo i lavoratori. Forse per la prima volta a Desio è la magistratura a riportare in fabbrica i licenziati. Non il sindacato.

5 – Altre lotte

Vertenze e tessere

Non è semplice cercare di fare la storia delle vertenze all'Autobianchi. Ciò che soprattutto manca è quella che si chiama "memoria storica", cioè quel supporto indispensabile di volantini, manifesti, fotografie, nastri registrati che diventano indispensabili per studiare la fabbrica. Pochi hanno conservato questo materiale e anche il sindacato non ha molto. Il tempo o i traslochi hanno fatto il resto. Un aiuto importante ci viene però da Laura Lippi che ha scritto un capitolo di 78 pagine sull'Autobianchi nel volume a cura di Alessandro Pizzorno "Lotte operaie e sindacato in Italia (1968-1972)". Partendo da quella data, la ricercatrice, ha riportato tutte quelle vertenze andate a buon fine che hanno interessato la fabbrica di Desio. Nell'aprile 1968, sessanta ore di sciopero sono compiute per la parificazione con il trattamento Fiat; in giugno, 8 ore di sciopero per la revisione delle tariffe di cottimo. Nel 1969 c'è un solo accordo, quello del 12 maggio in cui con circa 30 ore di sciopero, i lavoratori hanno conquistato un adeguamento Fiat dell'indennità di mensa, nuove tabelle per cottimo e premio di produzione, passaggio in 3/a categoria per le donne di 4/a con ciclo completo, l'uso degli amplificatori in mensa per le assemblee, l'istituzione di un comitato di linea e antinfortunistico, una modifica del trattamento malattia e infortunio.

Con scioperi a scacchiera, nel luglio 1970, all'Unione industriali di Torino si firma un accordo che aumenta il premio di produzione e istituisce la 14/a mensilità. Un momento di conflittualità molto elevato avviene nel 1971. La vertenza va avanti per circa un anno con 100 ore di sciopero. La direzione risponde con una serrata e deve intervenire anche il ministero del Lavoro. Gli scioperi avvengono a scacchiera, si sperimenta il salto della scocca, il blocco delle merci, la tenda in piazza. Alla fine, il 5 settembre, presso il ministero del Lavoro, si firma un accordo: per tutti c'è un aumento di 30 lire orarie, l'abolizione della 5/a categoria, il passaggio in 3/a dopo 18 mesi di permanenza in 4/a e il passaggio in 2/a previa valorizzazione di capacità professionali. Se non si riesce ad arrivare al superamento del cottimo, si riesce, però, ad ottenere una garanzia di un guadagno di cottimo minimo corrispondente a un livello di rendimento 127. Sembra una grande conquista ma per molti, come vedremo, non lo è per niente così come non lo è la conquista del Comitato cottimo, qualifiche e ambiente che la direzione tecnicizzerà a tal punto da svuotarlo di contenuti.

Addentrandoci maggiormente sul sistema di relazioni industriali – aiutato sempre dal prezioso volume di Laura Lippi – possiamo dire con certezza che la capacità di mobilitazione e di lotta dei lavoratori dell'Autobianchi è all'altezza della situazione e aumenta progressivamente ogni qualvolta la scelta della lotta è decisa dalle stesse maestranze di Desio. Quando, invece, sia la decisione di lottare, sia i metodi vengono "imposti" dal sindacato torinese, a Desio si sciopera di malavoglia. Sino al 1960 la direzione aziendale riesce a condizionare, con forme paternalistiche, i lavoratori e i pochi attivisti sindacali. Non c'è una grande tradizione di lotta e la Commissione interna non riesce ad avere un rapporto organico con i lavoratori. Questo porta la direzione ad avere "mano libera" sulle scelte all'interno dell'azienda e anche i rapporti fra i membri della Commissione interna non sono molto conflittuali. Lo diventano soltanto per questioni di carattere generale ma, raramente, per questioni inerenti alla fabbrica. Spesso all'interno della Fiom i membri che si rifanno al Psi, si trovano in accordo più con la Fim e anche con la Uilm che con i comunisti. Racconta un socialista a quell'epoca membro della Commissione interna dell'Autobianchi:

> *Noi del Psi si portava avanti una linea che sembrava moderata, ma era di ricucimento per presentare la C.I. unita di fronte al padrone, anche a costo di sacrificare un po' qualche cosa di quello che sarebbe*

> *stata la Fiom. Noi, non ci distinguevamo molto dalla Fim con cui avevamo trovato un'intesa e anche con la stessa Uilm, sebbene fosse molto moderata, si cercava di andare d'accordo. Avevamo magari alcuni elementi del Pci e del Psiup che volevano lo scontro frontale con la direzione, ma tante volte non conveniva.*

Come si vede è una dichiarazione "moderata" anche se si usa una fraseologia che, con gli anni, i socialisti non useranno più. Una testimonianza raccolta nel 1972 e anche i socialisti, a quel tempo, chiamavano "padroni" la controparte. Ma se è una dichiarazione "moderata", questo non significa che non ci sia rivalità. Anzi. L'unica volta che si nota un certo movimento è in occasione del rinnovo della Commissione interna ma consimile impostazione è difficile uscire da un discorso che non sia prettamente aziendalistico. D'altra parte anche gli operai che si rivolgono alla Commissione interna, lo fanno per motivi personali, per cambiare posto di lavoro o per ottenere qualche prestito dall'azienda. Se devono chiedere un aumento, preferiscono rivolgersi al capo: sarà questa figura, infatti, a diventare arbitro della situazione.

Anche con il sindacato esterno non ci sono molti rapporti. Saranno maggiori quando nasce la zona Fim a Carate Brianza e si comincia a vedere qualche sindacalista "di professione" fuori dai cancelli dell'Autobianchi e come avviene attorno al 1966-'67 quando, per la prima volta, fuori dalla fabbrica si terrà un'assemblea generale per discutere dei problemi aziendali. In quegli anni la Fim perde un centinaio di vecchi iscritti e ne acquista altrettanti. Sono tutti giovani attorno ai 25-30 anni che vedono nel Psi una forza di cambiamento. Questo l'andamento sindacale all'Autobianchi:

	FIOM	FIM	UILM
1958	30	-	-
1959	21	-	-
1960	35	-	-
1961	40	-	-
1962	182	-	-
1963	387	303	65
1964	244	202	70
1965	170	161	-
1966	186	169	-
1967	221	145	-
1968	338	308	-
1069	930	602	-
1970	1.315	985	-
1971	1.64	819	158
1972	-	859	-

Paternalismo

Per tornare all'inizio degli anni '60 c'è da rilevare che il paternalismo della direzione arriva al punto che Riccardo Brigliadori, capo del personale, ai nuovi assunti, consiglia loro di iscriversi a un'organizzazione sindacale. Un episodio, questo, che lui stesso mi confermerà e che ha un duplice scopo: da una parte dimostrare la sua "democraticità" e dall'altra la sicurezza di poter controllare anche il sindacato, in particolare la Fim-Cisl. Una strategia che abbandonerà poco dopo poiché a un maggior numero d'iscritti non corrisponderà una maggiore presenza di quest'organizzazione all'interno della Commissione interna. Gli impiegati, invece, s'iscrivono alla Uilm. Dal 1964 al 1970, nella Commissione interna, ci saranno sempre due impiegati Uilm. Se la direzione non riesce a condizionare le scelte sindacali, riesce benissimo – con il vecchio sistema del bastone e della carota – a portare la Commissione interna a discussioni su problemi che non incidono sull'organizzazione del lavoro della fabbrica di Desio. In quegli anni con la direzione si parla di ampliare il deposito delle biciclette o di concedere le tute ad alcuni operai. In una situazione così poco conflittuale è naturale che la direzione si possa permettere anche qualche concessione: 5-6 lire di aumento orario, la visita medica periodica per chi lavora in ambienti nocivi, la possibilità per la Commissione interna di riunirsi almeno una volta la settimana. Racconta, sempre nel libro della Lippi, un operaio attrezzista iscritto alla Fiom:

> *Dal punto di vista organizzativo non abbiamo trovato un terreno proprio completamente chiuso, anzi possiamo dire al limite che abbiamo avuto una certa collaborazione, a mio giudizio motivata dal fatto che vi era poca preparazione, cioè praticamente non rischiavano niente, anzi avevano la possibilità di dire: ecco, avete visto che la direzione vi viene incontro su determinate cose!*

Nell'azione della direzione c'è, però, anche il bastone. Se da una parte finge di essere disponibile con la Commissione interna, dall'altra perpetua una politica discriminante. I passaggi di qualifica sono appannaggio dei capi mentre i nuovi assunti sono attentamente controllati. Nel frattempo cerca di isolare le "teste calde", i sindacalisti, i comunisti. Se a Torino ci sono i "reparti confino", a Desio c'è la "fossa dei leoni" o il reparto 00. È lì che sono mandati gli attivisti o gli operai che non accettano queste cose. Sono "a disposizione" e sono utilizzati per tagliare l'erba, pulire i vetri e aprire le porte al passaggio dei carrelli e la minaccia di mandare tutti in verniciatura, uno dei reparti più duri sotto l'aspetto della nocività. È talmente "disponibile" la direzione, che nel 1964 ci vogliono ben 17 incontri all'Assolombarda per ottenere un aumento di 4 lire l'ora. Per la direzione il paternalismo resta, comunque, l'arma vincente. Si promettono aumenti *ad personam* e si attuano favoritismi fatti apposta per dividere i lavoratori. È in questa fase che c'è uno scontro direzionale fra il responsabile del personale e il capo della manodopera che cercano di aumentare il loro personale potere appunto con i favoritismi. Di questo scontro la Commissione interna non sa o non può approfittarne perché resta legata a rivendicazioni di piccolo cabotaggio.

100 ore di sciopero

Se nel 1956 i lavoratori dell'Autobianchi si mobilitano per la difesa del posto di lavoro, si dovrà aspettare il 1962 per vedere una mobilitazione che coinvolgerà l'intera fabbrica. È una lotta che costa agli operai 100 ore di sciopero e che ha momenti di tensione notevole. Uno di questi è quando la direzione rifiuta di dare la busta paga perché giorno di sciopero. Gli operai buttano giù i cancelli, entrano di forza e ottengono gli stipendi.

In questa vicenda s'inserisce anche il *provocatore di professione* Luigi Cavallo, che abbiamo già conosciuto nelle pagine precedenti di questo libro. Il 25 marzo 1962 esce *L'Ordine Nuovo*, docici pagine formato quotidiano stampato alla tipografia Same di Milano. L'unica firma è quella del direttore, appunto Luigi Cavallo. La testata ricalca quella di Gramsci del 1920. Sono dodici pagine di farneticanti provocazioni contro il Pci e il sindacato che il libro di Alberto Papuzzi riporta fedelmente. Sotto il titolo "Da due mesi 1.500 lavoratori dell'Auto-Bianchi pagano per gli errori della Fiom e della Cisl" si può leggere:

> *Siamo ormai giunti al secondo mese di scioperi dell'Auto-Bianchi e lo spettro di un salario ridotto al lumicino sta assillando le menti degli operai e tormentando i loro familiari... L'apparato dei dirigenti sindacali ha la direttiva dall'alto di rinviare di volta in volta la conclusione delle trattative, interrompendole e inventando sempre nuovi pretesti.*

L'accordo firmato scontenta gli operai e secondo molti è proprio per questo che sino al 1967 non ci sono grandi momenti di lotta. Anche il rinnovo del contratto del 1966 non vede una grande mobilitazione. Il crumiraggio è molto alto e solo nell'ultima parte della lotta si nota maggiore partecipazione allo sciopero. Il 1968 comincia all'Autobianchi un anno prima. È, infatti, nel 1967 che gli operai abbandonano la deferenza nei confronti di capi e capetti ed è in questo anno che c'è una battaglia molto qualificante che alla fine permetterà l'entrata in fabbrica di numerosi giovani. È una lotta per l'orario di lavoro: all'Autobianchi, infatti, la giornata lavorativa è di mezz'ora più lunga di tutte le altre fabbriche del settore. L'intervallo della mensa non è pagato e il 2/o turno, che termina alle ventitré, è particolarmente pesante.

La forma scelta di lotta è quella meno indolore possibile. In pratica è l'uscita anticipata. La direzione corre ai ripari mettendo i capi accanto agli orologi dove si timbra il cartellino per intimidire coloro che vogliono lasciare la fabbrica. E ci sono altri motivi per cui gli operai sono determinati a continuare a lottare. E prima di tutto i ritmi di lavoro, in particolare alle catene, dove si continua ad aumentare la velocità della stessa e quindi a fare più macchine. Poi c'è il problema dei prezzi della mensa che sono troppo alti, il problema delle qualifiche, gli infortuni alle presse.

Arriva la Fiat

È proprio su questi temi che la Commissione interna non riesce a elaborare una piattaforma unitaria di lotta. Ci vorrà un avvenimento esterno per estendere la lotta. E 1'avvenimento esterno riguarda il fatto che su alcuni giornali si parli del passaggio dell'Autobianchi completamente alla Fiat. Il 13 novembre 1967 si presenta una piattaforma rivendicativa all'Assolombarda per parificare il trattamento Fiat anche all'Autobianchi (durata ferie, premi aziendali ecc.). La prima convocazione avviene tre mesi dopo: nel febbraio 1968. Le speranze iniziali dei sindacalisti sono, però, subito raffreddate. La controparte si limita a dichiarare che non esiste nessun articolo del Codice civile per il quale un'azienda assorbita da un'altra debba avere lo stesso trattamento dell'azienda madre. La delusione è forte. Il 20 febbraio 1968 si attua il primo sciopero. I carabinieri sollevano di peso chi fa i picchetti per impedire agli impiegati di entrare. Essi tentato anche di forzare il blocco con le automobili, e qualcuna è rovesciata dagli operai arrabbiati dalla non risposta della direzione.

Dopo circa un mese c'è uno sciopero improvviso. I picchetti sono duri e si assiste anche a imprese che potrebbero essere definite "fantozziane" se non fossero tragiche allo stesso tempo: impiegati che arrivano davanti ai cancelli all'alba e ci restano tutto il giorno nella speranza di poter entrare e altri che tentano di scavalcare le mura. Due auto sono bruciate. A fine marzo la direzione attua la serrata della fabbrica. I lavoratori forzano 1'entrata e il picchetto lo fanno davanti agli uffici della direzione. Alla fine della giornata, un comunicato della direzione afferma di essere disposta a trattare.

Ma è solo un escamotage per bloccare la lotta. Infatti, all'incontro all'Assolombarda, la direzione si limita a chiedere l'elenco dei punti prioritari senza impegnarsi a discuterli. È, quindi, di nuovo sciopero e continuerà ancora per qualche giorno fin quando il sindaco di Desio, Domenico Riva, convoca le organizzazioni sindacali per comunicare che la direzione è disposta a chiudere la vertenza. L'incontro avverrà il 10 aprile e si firmerà la parificazione con la Fiat. E malgrado ci siano, nell'accordo, clausole che ritardano, di fatto, l'applicazione di alcune disposizioni, è comunque una grande vittoria per gli operai dell'Autobianchi. Ma è anche una vittoria sindacale perché grazie a questa lotta, la fabbrica desiana è uscita dall'isolamento e ha messo in luce tutta una serie di lavoratori che guideranno le prossime lotte. Per la prima volta è sconfitto il paternalismo della direzione, i metodi discriminanti non hanno fatto breccia e, sostanzialmente, hanno visto tutta la fabbrica unita.

Resta il problema degli impiegati. Essi non hanno partecipato alla lotta, hanno tentato di forzare i picchetti, si sono visti bruciare alcune auto, invadere gli uffici, qualche scrivania è stata sfasciata e come dice un membro dell'Esecutivo Fim *"anche il capo del personale è stato portato giù in mezzo al prato ed è rimasto per due ore sotto la pioggia, fra gli operai a subire insulti e sputi addosso, che era una cosa incredibile".*

Alla testa di questa lotta ci sono gli operai della preparazione (presse, lastratura) quasi tutti brianzoli o veneti. Al montaggio, invece, in maggioranza sono meridionali così come in verniciatura. Dopo questa lotta c'è un periodo di stasi. Nel maggio 1968 si apre una vertenza a Torino per il cottimo. Una lotta portata dall'esterno che non trova, come dicevamo, grande interesse fra gli operai Autobianchi. Gli altri scioperi sono di piccola entità e riguardano problemi interni. Sugli scioperi politici – pensioni, gabbie salariali, Battipaglia – la fabbrica esce compatta e partecipa alle manifestazioni. La direzione, nonostante gli accordi del 1968, tenta di frenare l'attività della Commissione interna. Il *Bollettino Fim* nell'ottobre 1968 commenta questo aspetto affermando che *"si direbbe che la direzione si voglia rifare, a spese della C.I. degli smacchi subiti nella primavera del 1968"*.

Nella primavera del 1969 il sindacato Fiat apre una vertenza di Gruppo. Come l'anno precedente non c'è molta partecipazione, anche se il risultato della lotta è giudicato positivo dai lavoratori. Fra le cose conquistate, anche un Comitato linee formato da tre membri della Commissione interna che possono sceglersi anche un "esperto" fra gli operai. Il loro compito dovrebbe essere quello di controllo e conoscenza delle lavorazioni. In realtà la direzione lo tecnicizza subito, fornendogli essa stessa le indicazioni su cui lavorare. Il Comitato è così svuotato di contenuti e non può meravigliare se gli operai non si fidano di questo organismo che non ha nessun potere reale, ma si limita a concordare la riduzione della produzione. Se ne accorgono gli stessi membri del Comitato tanto è vero che uno di loro dichiarerà a Laura Lippi:

> *I cronometristi raramente sbagliano a prendere un tempo. Non è il tempo che è sbagliato, ma è la ripetitività del lavoro che porta l'operaio a non farcela più. Capitava al limite che il Comitato andava lì con il cronometro e che l'operaio aveva un tempo di un minuto, ma faceva il lavoro in 50 secondi e allora che cosa gli si doveva dire: – Guarda che fai 10 secondi in meno?*

Se la direzione tenta di svuotare di contenuti questo organismo, nello stesso tempo lascia ai membri una certa libertà di movimento provocando così scontento fra gli operai che accusano il Comitato di essere dalla parte dei capi. Il rinnovo, nell'autunno del 1969, del contratto di lavoro dei metalmeccanici non trova l'Autobianchi impreparata. La lotta del 1967, e le successive, hanno formato una nuova leva di operai che sono più disponibili alla lotta. Spesso le manifestazioni sono spontanee e senza coordinamento. Si esce dalla fabbrica e si va sulla Valassina a fermare il traffico o il tram davanti al Comune. Anche il treno è fermato più volte, ma quest'ultimo atto provoca una frattura fra gli operai: non tutti sono d'accordo con questi metodi. In prima fila ci sono *i nuovi operai,* gli immigrati arrivati dal Sud che in numero alto sono stati assunti negli ultimi tempi.

Ed è in questo clima che nascono i delegati e nascono per un'esigenza sentita dalla Commissione interna di avere una rete di attivisti per meglio organizzare gli scioperi. In quel momento la Commissione interna è formata da Aldo Ferracioli (Fim), Pellegrino Vallillo (Fiom), Aurelio Corneo (Fim), Renzo Galbiati (Fim), Sandro Frigerio (Fiom), Marco Mariani (Fiom), Antonio Acquati (Uilm), Ottone Paglialonga (Fiom), Ercole Santelli (Fiom), Cesare Piva (Fiom). I primi delegati eletti sono più di 100. Sembrano lontani i tempi quando non si riusciva a trovare gente disposta a mettersi in prima fila. Ora, invece, si fanno avanti in tanti. Sono per lo più giovani, tantissimi non sono neppure iscritti ai sindacati, anche se poi i sindacati riceveranno, proprio in questi anni, il massimo di proselitismo mentre fuori dai cancelli, sempre più spesso si fanno notare i gruppi della sinistra extraparlamentare.

Il Consiglio di fabbrica è eletto nella primavera del 1970 e ogni organizzazione nomina i membri previsti del contratto che faranno parte delle Rsa, le Rappresentanze sindacali aziendali. Dovrebbero essere tredici per organizzazione ma la Uil, per mancanza di numero sufficiente, ne nomina otto e tre la Fim. La direzione, però, non vede di buon occhio questi nuovi organismi. Continuerà a riconoscere la Commissione interna e interesserà le Rsa solo marginalmente. Non c'è reazione da parte degli operai a questo metodo e anche la lotta del gruppo Fiat del 1970, come sempre, vedrà l'Autobianchi un po' defilata.

E sarà proprio il 1970 a produrre una nuova impennata. Il costo del contratto nazionale di lavoro per la Fiat deve essere recuperato con un aumento dei ritmi di lavoro. È sempre la solita storia: con una mano si è costretti a dare e con l'altra si tende a recuperare. Alla linea di montaggio della A112 cominciano le fermate autonome seguite poi dalla 500. La Fiom propone un questionario-referendum fra i lavoratori e le risposte sono inequivocabili: tempi e qualifiche sono i problemi più sentiti dai lavoratori. In base alle risposte si costruisce una piattaforma – presentata alla direzione a fine maggio – dove i punti qualificanti sono il superamento del cottimo, lo scatto automatico di categoria, il riconoscimento dei delegati. Il 15 luglio 1970 la Fiat firma con i sindacati la chiusura della vertenza del gruppo con una clausola che annulla la contrattazione all'Autobianchi. In pratica con la firma s'intendono definite tutte le vertenze aziendali. Solo la chiusura per ferie riesce a bloccare la rabbia degli operai. Quando si riprende, la Fiat ripresenta la domanda di deroga dell'orario di lavoro, che a Torino è già stata concessa. È fissato un incontro per i primi d'ottobre ma due giorni prima la Fiat disdice l'incontro. La rabbia esplode ma non è generalizzata. Sempre secondo le testimonianze raccolte da Laura Lippi, in quel primo momento di lotta le posizioni all'interno del Consiglio di fabbrica non sono univoche. Qualcuno cerca di raccogliere addirittura firme a sostegno della deroga, ma i risultati sono scarsi. I più anziani hanno paura di imbarcarsi in una lotta senza uscita e, di fatto, si mettono in disparte.

Salto della scocca

Un aiuto insperato, per decidere cosa fare, viene proprio dalla direzione che decide di sostituire gli operai della A 112 che si fermano con quelli della A 111 e le donne della selleria. I lavoratori spostati sperimentano loro stessi i ritmi insostenibili della A 112 e quindi la decisione da che parte stare è semplice. I più decisi, ancora una volta, sono i giovani che inventano come forma di lotta il *salto della scocca* cioè su 5 o 6 macchine che passano, una scocca (l'intelaiatura) è saltata. Per l'azienda è una forma di lotta che la danneggia molto. Tenta di correre ai riparti mettendo sulle linee capi e operatori ma gli operai li allontanano. Si tenta anche con la provocazione utilizzando anche qualcuno della Cisnal, il sindacato fascista, ma i risultati sono pessimi. Il rendimento scende da 133 a 117-115 poi, dopo dicembre, addirittura a 106. Nei reparti di preparazione per uniformarsi al salto della scocca si salta un'ora di produzione. È un tipo di lotta, quella sperimentata all'Autobianchi, che non trova consenzienti neppure il Coordinamento Fiat che sostiene vertenze di Gruppo e non aziendali.

Il CdF di Desio si reca a Torino per incontrarsi con i Consigli di fabbrica del Gruppo ma senza risultato mentre a febbraio si cerca di portare la lotta fuori dai cancelli dell'Autobianchi. In piazza sono poste due tende per tre giorni e tre notti, dove centinaia di lavoratori sostano e spiegano ai cittadini le motivazioni della lotta mentre membri del CdF vanno a tenere assemblee nelle piccole aziende della zona. La reazione della direzione è dura: chiama i carabinieri per sbloccare le uscite dove gli operai con i picchetti impediscono l'uscita delle merci e infligge multe a tutto spiano. Le multe sono inviate anche a casa nella speranza che incidano psicologicamente sulle famiglie degli operai. I dirigenti sanno bene che stanno giocando una partita importantissima: se dovessero cedere all'Autobianchi, sarebbero in seguito costretti a cedere in tutto il Gruppo.

6 – Il convegno

Lotta dura

È una lotta dura. E duri sono anche i picchetti che si scontrano anche con il capo del personale. È il 10 marzo 1971. La direzione trova lo spiraglio che aspetta da molto. È la serrata. Il sindaco di Desio, Gino Meda, convoca una seduta straordinaria del Consiglio comunale mentre il sindacato chiede la mediazione del sottosegretario Toros. Così la tensione diminuisce. Gli stabilimenti riaprono dopo 35 ore di serrata, si toglie il blocco ai cancelli per le merci e i dirigenti aziendali si rendono disponibili a discutere. E mentre si discute, il salto della scocca continua così come continuano le multe e le sospensioni. Racconta un delegato presente alla trattativa:

> *Fin dal primo incontro ci hanno detto che la Fiat sarebbe stata disposta a trattare, però che questo sarebbe stato un accordo che poi andava allargato a tutti. Avrebbe cioè risolto delle situazioni che potevano nascere nelle altre aziende del Gruppo in merito agli stessi punti. I sindacati non potevano vincolare altri 180.000 lavoratori a questo, per cui si è invece deciso di allargare l'iniziativa dell'Autobianchi a tutto il Gruppo.*

In effetti, il Coordinamento Fiat – sulla base della piattaforma Autobianchi – presenta una propria piattaforma, dove sono corrette alcune richieste desiane. È un primo segnale per gli operai della chiusura della vertenza. Di pari passo anche i funzionari sindacali sono meno presenti all'Autobianchi. Rimangono, invece, i sindacalisti di zona molto legati a questa fabbrica. L'inserimento nella vertenza del Gruppo provoca malumori in fabbrica. Ci sono anche critiche nei confronti del CdF ma si arriva, abbastanza uniti, verso la metà di aprile alle prime trattative a Torino. Poi passano a Roma e sempre con un atteggiamento della Fiat di completa chiusura. Per la fine di giugno è previsto uno sciopero generale di categoria che non è effettuato poiché nel frattempo si è raggiunta, molto faticosamente, un'ipotesi di accordo da discutere nelle assemblee. All'Autobianchi, pur accettando l'accordo, continuano la lotta. Aperte, sono rimaste diverse questioni e fra queste, quella dei ritmi e delle pause. Dopo l'accordo di giugno, l'Autobianchi aveva ottenuto che i punti riguardanti ritmi e rimpiazzi fossero applicati subito. Ma al momento dell'applicazione, la direzione tenta di tagliare i tempi per cercare di recuperare metà dei 40 minuti di pausa concessi, sostenendo che si debba assorbire un precedente accordo del 1969 che prevedeva 20 minuti di pausa. È l'inasprimento del braccio di ferro. Ogni qual volta s'inizia a saltare la scocca, la direzione manda tutti a casa. Una serrata con una perdita enorme da parte degli operai perché in pratica lavorano solo 10 minuti al giorno. E mentre le trattative continuano a Torino e poi di nuovo a Roma, il sindacato nazionale e torinese teme che l'inasprimento della lotta all'Autobianchi rischi di compromettere tutto. La Fiat continua a riproporre la non disponibilità a firmare accordi se a Desio non si smette con il salto della scocca. Nella vicenda s'introducono anche elementi che nulla hanno a che fare con la vertenza come la legge per la casa, ma che sono forme di pressione politica per chiudere la vicenda. Alla fine di luglio si arriva a un compromesso: 20 minuti di pausa individuali con rimpiazzi in un primo tempo e un secondo tempo con 40 minuti riducendo però del 4 per cento i tempi di lavorazione, salvo verifica della loro sostenibilità. Lo scontro, in pratica, è rimandato. L'accordo è discusso nelle assemblee e accettato di malavoglia. Parecchi sono i delusi e gli scontenti. In particolare coloro che hanno puntato tutto sul superamento del cottimo e le qualifiche. Il livello di rendimento cottimo è fissato a 127 e su questo punto molti delegati sono contrari. Infatti, in questo modo si garantisce che mai si scenderà sotto questo livello. Anche per le qualifiche la delusione è enorme. Per 18 mesi, in pratica, non ci dovranno essere più lotte per le qualifiche e anche il

Comitato qualifiche non sembra ricevere molti sostegni. È la direzione che li ha voluti (non c'erano nella piattaforma) perché sicura di poterli tecnicizzare e quindi esautorarli dalle loro funzioni iniziali. Si chiedeva la trasformazione della 3/a categoria e l'automaticità dei passaggi in 2/a. Cosa che l'accordo non prevede. Se la maggior parte degli scontenti è in buona fede, secondo alcune testimonianze, nel malcontento s'inseriscono anche elementi legati alla destra che incitano gli operai a staccarsi dai sindacati e "dai comunisti".

Critiche alla Commissione

Nell'autunno del 1971, in preparazione anche del rinnovo contrattuale del 1972, si elegge il nuovo CdF. Sono meno che nel passato, 78 persone. Di questi, 58 sono eletti dai lavoratori e 20 dal Consiglio di Fabbrica in base alle proposte dell'Esecutivo e dei sindacalisti esterni. La direzione, come il solito, continua a riconoscere solo parzialmente i rappresentanti sindacali. In molti casi tratta solo con la Commissione Interna che usufruisce ancora di un proprio monte ore e tutto ciò non fa che procurare conflitti di competenza fra i due organismi. Di questo conflitto Laura Lippi racconta un episodio avvenuto nella primavera 1972 *"allorché un membro della Uilm di CI*[Commissione interna - Ndr]*, della filiale di Milano, propone a nome di operai e impiegati, un giorno di ponte. La proposta viene disconosciuta dall'Esecutivo che rivendica il diritto di trattarne con la direzione. Ma quest'ultima rifiuta ritenendo la CI l'organismo con cui discutere questo tema. Il ponte quindi non si fa".*

In questo modo si va avanti per parecchio tempo. I metodi della Direzione sono quelli in auge in tutte le Direzioni, compresa la promessa dei passaggi di categoria. Soprattutto nei confronti dei delegati più inesperti la pressione è alta mentre nei confronti dei vari Comitati usa la tecnica della "comprensione". Gli operai non possono non vedere tutto questo e il divario, soprattutto nei confronti dei Comitati, si fa sempre più profondo. Sono accusati di stare *"dalla parte del padrone"* anzi di comportarsi come se fossero loro *"i padroni"* portando avanti questioni individuali e non di gruppo. Già molti anni prima Giuseppe Di Vittorio si era interessato di questo problema:

> *In alcune aziende i membri della Commissione interna dopo che sono stati eletti non lavorano più e in alcuni casi vanno addirittura nell'azienda con la borsa anziché con gli strumenti di lavoro. Alcune aziende tollerano questo metodo per due ragioni: una per tentare di creare condizioni di possibile corruttibilità, l'altra per cercare di screditare i migliori militanti delle Commissioni interne nei confronti della massa... Vorrei dare un consiglio, non lasciatevi sedurre da questi sistemi.*

Anche sindacato esterno e Consiglio di fabbrica vedono il divario aumentare ed è per questo che nel maggio 1972 decidono di sostituire alcuni membri dei Comitati. Anche nei confronti dei delegati la Direzione tenta un "avvicinamento". Spesso sono chiamati individualmente per contrattare oppure gli assumono la moglie e tenta di metterli, di fatto, uno contro l'altro. È una strategia, questa, di corto respiro che non può durare nel tempo ma che per la Direzione vale tentare anche perché in qualche caso questa strategia sembra la vincente. Tipico l'esempio della lotta che i carrellisti cominciano nella primavera del 1972. In pratica vogliono aumenti salariali legati al cottimo perché lavorano collegati alle linee di montaggio. Gli scioperi – 8 ore – sono decisi dal delegato che non interpella il CdF che, anzi, giudica corporativa la lotta. Si cerca nelle assemblee di reimpostare, da parte del CdF, la vertenza sull'aumento degli organici e sulla revisione dei livelli retributivi. È tutto inutile. La Direzione strumentalmente stipula accordi personali con i carrellisti.

Tutti questi episodi non fanno che aumentare la tensione in fabbrica. Molti operai si lamentano che numerosi delegati utilizzino per motivi personali i permessi sindacali e che in occasione di due scioperi di solidarietà (per i braccianti e l'Alfa Romeo) solo tre delegati hanno partecipato agli scioperi. Di fatto, in questo periodo, c'è un calo dell'attività del CdF che non riesce a uscire dalle secche della contrapposizione personale. Sarà solo nell'ottobre 1972 che è eletto un nuovo CdF con un metodo diverso di elezioni: non più per gruppi omogenei ma riunendo insieme alcuni reparti legati fra loro. Dicono alcuni membri dell'Esecutivo a Laura Lippi che questo metodo

> *viene adottato per ovviare alle tendenze corporative dimostrate da alcuni rappresentanti sindacali, perché il delegato non deve limitarsi ad essere il portatore degli interessi specifici del suo reparto, ma deve coordinarli con quelli degli altri gruppi di lavoratori e deve portare avanti azioni e linee politiche comuni alla fabbrica e al movimento operaio.*

Se gli obiettivi delle lotte dell'Autobianchi sono soprattutto di carattere salariale, interessante è soffermarci sulle forme delle lotte che nella fabbrica di Desio spesso fanno da prologo alle lotte delle altre fabbriche, in particolare quelle del Gruppo Fiat. Di queste forme di lotte – dall'invasione degli uffici al salto della scocca – abbiamo già parlato ma altrettanto interessante è vedere che nesso intercorre fra lotte e rapporti con il CdF e con i delegati. Punto centrale per i lavoratori in lotta rimane il CdF. Quando, però, i momenti di lotta mancano o rifluiscono, quest'organismo non sempre si mostra all'altezza della situazione, non riesce a dirigere la vita sindacale in fabbrica e spesso è l'Esecutivo che scavalca il CdF. E qualche volta – ricordiamo la lotta dei carrellisti – è addirittura il singolo delegato ad attuare questo scavalcamento. Nel libro della Lippi si parla diffusamente di questo aspetto e quanto il CdF sia slegato, in quegli anni (dopo il 1971), con il sindacato territoriale o provinciale. Ricorda un funzionario sindacale della Fim:

> *Durante la lotta, l'Autobianchi ha espresso molte avanguardie di lotta e poche politiche, gente che tirava di brutto quando c'era da fare picchetti, ma che,*

> *portata ad un lavoro più politico, andare sulle linee a discutere continuamente con gli operai, nei momenti in cui la situazione è sfavorevole perché non hai la lotta, non aveva la preparazione politica sufficiente.*

E più volte avvengono rotture fra CdF e lavoratori poco propensi ad accettare modifiche di accordi precedentemente sottoscritti o modifiche di diritti già acquisiti. Racconta, sempre a Laura Lippi, un delegato Fim della linea di montaggio:

> *Quando ci hanno spostato ad una nuova linea, il primo giorno per un'ora e mezza siamo stati fermi e poi la linea andava molto lenta per dare agli operai il tempo di imparare. Siccome ogni due ore ci spettano 10 minuti di cambio, io ho chiesto al capo se non era ora di darci il cambio, però in pratica era 10–20 minuti che si lavorava. Il capo si è messo a ridere: "Ma come, vuoi il cambio? Se hai appena iniziato a lavorare, e poi non vedi che la linea va piano?". Insomma non voleva darcelo, allora io sono andato dal delegato e gli ho chiesto come mai non ci davano il cambio; e lui mi fa: "Ma oggi faremo 30-40 macchine al massimo, quindi...". Io allora mi sono incazzato e l'ho mandato al diavolo. Ho parlato con gli operai e ci siamo messi d'accordo, così abbiamo fermato la linea e ci siamo fatti i 10 minuti di cambio. È venuto il capo e ha riattaccato la linea, poi è venuto il delegato e ha detto: "Beh, ogni due ore facciamo i 10 minuti di cambio". Se non c'era questa spinta, però il delegato era propenso a lasciar andare.*

Complessivamente, però, nei momenti di tensione, la fabbrica è abbastanza unita col Consiglio di fabbrica che si riappropria della capacità di direzione delle lotte portate avanti unitariamente. Forse la spaccatura più evidente è ai giorni nostri, quando si tratterà di chiudere lo stabilimento. In quegli anni, invece, il CdF riesce a essere punto di coagulo per l'intera fabbrica e lo sarà anche nel 1984 quando ci si comincia a preoccupare della vita futura dello stabilimento di Desio e proprio per questo è indetto un convegno.

Quale futuro?

La mattina del 9 giugno 1984, un sabato, c'è tanta gente che sosta nei pressi del Centro parrocchiale di Desio. Sono i lavoratori della fabbrica Fiat di Desio che attendono 1'inizio del convegno sull'Autobianchi: "*Quale futuro produttivo ed occupazionale per gli anni '80*". Questo il tema del convegno quanto mai attuale e opportuno per quegli anni. Il sindacato vuole fare il punto della situazione. Ha alle spalle la vicenda dei tagli dei tempi ma anche, come abbiamo visto, la lotta per la salute nonché alcune importanti conquiste come la mezz'ora di mensa pagata (1978) che ha cambiato l'orario di lavoro per i turnisti. Sembra, anche questa, una piccola cosa ma le conquiste dei lavoratori sono fatte, appunto, di piccole cose. Con questa conquista, ad esempio, i turni di lavoro si accorciano di mezz'ora ciascuno, permettendo l'uscita dalla fabbrica alle 22 invece che alle 23 e favorendo, di fatto, le assunzioni fino a quel momento bloccate. Ci sono, però, anche parecchi punti falliti: l'arricchimento professionale attraverso corsi non ha trovato la direzione Autobianchi disponibile. E questa della professionalità è un punto di enorme importanza per sindacalisti e lavoratori: sanno benissimo che il tentativo della Fiat è di esautorare continuamente le professionalità di Desio così da dimostrare (e poi avverrà proprio così) che l'Autobianchi sia solo una "fabbrica-cacciavite".

Fino al 1976 lo stabilimento di Desio ha una propria autonomia. Volendo potrebbe benissimo progettare un'auto. Ha uffici e reparti specializzati. In quell'anno esistono ancora l'ufficio progettazione (in seguito eliminato) e una "Sala Sperimentazione". Ci lavorano operai altamente specializzati che in collaborazione con la progettazione costruiscono prototipi e modelli in legno.

Quando inizia il convegno, tutto ciò non esiste più come non esiste più l'ufficio acquisti, prima qualificato e autonomo sulle scelte di mercato, e in seguito completamente dipendente dalle scelte di corso Marconi. È anche per questo che si organizza il convegno per fare il punto su questo svuotamento continuo della capacità tecnica di Desio che ha fatto perdere terreno alla fabbrica desiana rispetto alle nuove tecnologie e ai sistemi in continua evoluzione. Al convegno, organizzato dal Consiglio di fabbrica dell'Autobianchi, dalle strutture sindacali comprensoriali Flm e da Cgil, Cisl, Uil, partecipano anche – come vedremo – alcuni parlamentari, sindaci, il coordinamento nazionale Fiat, la Flm nazionale, i partiti politici.

La relazione introduttiva èdi Benito Bergamin del Consiglio di fabbrica di Desio. È una relazione che va subito al nocciolo del problema; una relazione che parte dalla crisi energetica per arrivare ai "numeri", alla *"entità del dramma occupazionale che il caso Fiat continua a rappresentare nella storia industriale, sindacale e sociale del Paese"*.

I numeri sono anche rappresentati dalla quota di mercato che il marchio Fiat detiene: se la quota in Italia – dice Bergamin – nel 1967 era del 79 per cento, nel '77 era scesa al 54 per cento. A livello europeo – continua il relatore – la quota Fiat è passata dal 7 per cento del 1977 al 5,3 del 1979. Perché avviene tutto questo? Per Bergamin

> *questo calo generalizzato non può certamente essere spiegato (come da più parti si è tentato di fare) con l'avvento dell'apertura delle frontiere, ma più seriamente e realisticamente va ricercato nelle scelte e negli errori derivanti da una concezione statica del livello di monopolio raggiunto dalla Fiat e nella quale per troppo tempo si era adagiata, quasi fosse un'acquisizione non più modificabile. È opportuno, a questo punto, richiamare per una analisi più compiuta i dati annui dal 1980 della produzione del gruppo auto.*

E quali sono questi dati? Nel 1980 in Italia sono prodotte 1.300.000 auto Fiat; nel 1981 e nel 1982, 1.200.000 vetture; nel 1983, 1.170.000 vetture. Di pari passo sono colpiti i livelli occupazionali facendo emergere *"sempre più una pericolosa volontà di disimpegno Fiat nella nostra regione"*. È proprio ciò che avverrà a fine luglio 1992 ma in quel momento, durante il convegno, né Bergamin né altri lo possono sapere. Una cosa però è chiara per il Consiglio di Fabbrica: la produzione nella fabbrica Fiat di Desio aumenta e di pari passo diminuiscono gli occupati. Non lo dicono solo in modo generale ma danno, ancora una volta, i "numeri":

    31-1-1980: addetti 4.572; prod./giorno 560 vetture
    30-6-1980: addetti 4.982; prod./giorno 680 vetture
    31-1-1981: addetti 4.853; prod./giorno 690 vetture
    28-2-1983: addetti 4.110; prod./giorno 728 vetture
    09-5-1984: addetti 3.492; prod./giorno 734 vetture

7 – Il dibattito

Fattori di crisi

Se da una parte questi numeri dimostrano l'alto livello produttivo e professionale dell'azienda, dall'altra è innegabile che il maggior sforzo dell'aumento della produttività cade sui lavoratori addetti al montaggio e su tutti quelli che operano con lavorazioni sottoposte a controllo cronometrico. La relazione di Benito Bergamin pone anche un problema legato indissolubilmente a questo: quello delle informazioni dei dati da parte dell'azienda. Di fatto sono bloccate da quando la Fiat, all'indomani della lotta dei 35 giorni torinesi, ha vinto e imposto un metodo nuovo di relazioni sindacali. La preoccupazione del Consiglio di fabbrica di Desio parte da una constatazione ovvia: da più di 10 anni, dicono, facciamo la A112. Quale futuro ci può essere per l'azienda di Desio se non ci mettiamo a produrre nuovi modelli?

L'esigenza dei lavoratori e del sindacato di ottenere informazioni certe sulla prospettiva produttiva di Desio, è dettata da diversi fattori:

> 1) *l'aggravarsi della situazione occupazionale del gruppo Fiat col permanere e l'estendersi della Cassa integrazione a zero ore, nonché il collocamento in mobilità di migliaia di lavoratori con improbabile reimpiego produttivo;*
> 2) *il concretizzarsi della "rivoluzione tecnologica" in tutto il settore auto, con l'introduzione di linee completamente automatizzate (Robots, Robogates, Informatica, ecc.) che determina per l'Autobianchi un ritardo tecnologico (e quindi produttivo e professionale) difficilmente colmabile se non con un*

> *tempestivo intervento di ammodernamento impiantistico;*
>
> *3) la situazione di contrazione produttiva del modello Panda e la presenza del modello A112 con 15 anni di vita produttiva, la cui sostituzione (al di là della sua tenuta sul mercato) era già stata progettata, decisa e comunicata alle organizzazioni sindacali;*
>
> *4) l'accordo commerciale con la Seat che vincola fino a fine commessa (inizio 1986) la Fiat ad importare vetture Panda prodotte in Spagna (circa 30-40 mila/anno) che ha pesantemente penalizzato non solo la produzione di Desio (12 settimane in Cig nei primi 4 mesi del 1984 per circa 1.600 addetti con una perdita di circa 18-20 mila vetture) ma anche quella di Termini Imerese (4 settimane di Cig pari a circa 15.000 vetture perse). È significativo rilevare che è un dato, questo, presente già dal 1981 nella Fiat Gruppo Auto e che in termini di vetture complessive perse per effetto della Cig ha le seguenti valenze numeriche: 1981: 200.000 vetture; 1982: 180.000 vetture; 1983: 180.000 vetture; 1984: 80.000 vetture solo nei primi 4 mesi dell'anno;*
>
> *5) il perdurare dello stato di crisi di settore con le continue contrazioni produttive con l'utilizzo non sempre corretto della Cig e con l'accentuarsi della manovra sui prepensionamenti e le dimissioni incentivate.*

Come si può notare, questi punti sono gli stessi che circa 10 anni dopo riempiranno le pagine dei giornali. Sono i problemi di sempre, con una direzione Fiat chiusa a ogni possibilità di dialogo non *"codeterminato"*. E c'è, fin dal 1984, una presa di posizione critica su cassa integrazione, prepensionamenti e dimissioni incentivate. L'utilizzo della cassa integrazione, a Desio, avviene in modo massiccio. Al momento del convegno la produzione della Y10 non è ancora iniziata e l'accordo con la spagnola Seat, che durerà sino al 1986, per la produzione ed esportazione della Panda si fa sentire. Nel 1983 la Cassa integrazione ha interessato 3 mila addetti per 8 settimane per un totale di un milione di ore. Nel 1984 la situazione è ancora peggiore: nei primi 5 mesi 1.500 lavoratori della Panda sono stati messi in cassa integrazione per un totale di 700 mila ore.

Certamente i lavoratori non possono puntare sulla A112 che ha già quindici anni di vita e pur con modifiche e abbellimenti è una vettura destinata ad andare presto fuori produzione. Questa la vera preoccupazione dei lavoratori di Desio. Non si vedono prospettive future per l'Autobianchi mentre di pari passo c'è un'inevitabile decurtazione salariale per chi lavora alla Panda: perdita di giornate festive, di ratei della 13/a mensilità, di ferie e del premio annuale. È a questo punto che il CdF lancia una proposta alla direzione: che la cassa integrazione sia a rotazione per tutti i lavoratori. La Fiat respinge la proposta *"con motivazioni generiche ed evasive che tendono a estromettere il CdF dal confronto e lasciano i lavoratori tutti in un clima ormai insopportabile di incertezza"*. Come si sa quella *"incertezza"* durerà, fra alti e bassi, sino al luglio 1992 quando la Fiat chiuderà la fabbrica di Desio. Non si creda, però, che in quel convegno si sia parlato solo dei problemi delle tute blu, degli operai. Come abbiamo visto l'azienda ha snaturato anche il lavoro degli uffici facendoli dipendere sempre più dalla casa madre di Torino:

> *Il settore amministrativo ha subìto negli anni una lenta ma continua ristrutturazione in termini di parziale automazione. L'obiettivo perseguito e quello di razionalizzare le fasi di lavoro. Questa logica aziendale ha avuto l'effetto di parcellizzare il lavoro degli impiegati che molto spesso hanno compiti di mera esecuzione manuale, ed ha portato a un significativo ridimensionamento, degli organici di questo settore. Ad una capacità professionale potenzialmente presente, fa riscontro un non utilizzo da parte dell'azienda di queste risorse ed un*

> *riconoscimento categoriale inadeguato. Il ridimensionamento generale della fabbrica avvenuto in questi ultimi anni ha inoltre limitato le possibilità di sbocchi professionali e di arricchimento delle proprie mansioni e compiti.*

D'altronde la strategia di snaturamento di Desio è generalizzata. La si può notare anche nell'impiantistica dello stabilimento, obsoleta, che richiede continui interventi di riparazione e di modifica sia degli stampi sia delle attrezzature (cabine di verniciatura, saldatrici, mascherone, ecc.). Per far ciò è necessario possedere capacità lavorative e teoriche che vanno dal disegno, all'elettronica, alla pneumatica. Gli interventi sono compiuti dagli operai della manutenzione che hanno queste conoscenze, ma stranamente la Direzione ostacola l'acquisizione dei livelli categoriali corrispondenti. Infatti, sempre secondo il CdF, in manutenzione ci sono operai inquadrati al 3/o livello e non esistono inquadramenti oltre il 5/o livello. Anche in altri settori della fabbrica, i lavoratori non hanno la possibilità di avere il corrispondente livello rispetto alle loro capacità tecniche. Un blocco, questo, iniziato dopo il 1980 che ha inserito in catena di montaggio, al 2/o e 3/o livello (pochissimi sono al 4/o a seguito dell'accordo del 1977), operai con notevole capacità professionali come meccanici, carrozzieri, elettrauti, saldatori. Si rivendica un organico progetto di ammodernamento dello stabilimento, quindi, ma per fare questo, ieri come oggi, è necessario *"un vasto fronte di alleanze"*. Bergamin, dopo aver rilevato come in Brianza, in special modo il comprensorio di Desio, con i casi Acna e Snia, esista una grave crisi pronuncia una frase che, a distanza di circa dieci anni, è quanto mai attuale:

> *Le forze politiche, sociali ed istituzionali, comunque interessate e coinvolte in questo problema, devono rafforzare in un ruolo attivo la loro attenzione attorno ai destini dello stabilimento di Desio, in quanto un tracollo di questa fabbrica scaricherebbe su un'area*

> *socio-industriale già devastata dalla crisi, conseguenze i cui guasti sociali sarebbero sicuramente drammatici.*

Come risaputo, i *"destini dello stabilimento di Desio"* finiranno nel 1992 mentre l'appello alle *"forze politiche, sociali ed istituzionali"* non sarà pienamente raccolto. Ma nel 1984 sono in tanti in passerella al Centro parrocchiale, qualcuno convinto delle cose che dice, altri "perché devono esserci".

Incertezze e timori

Senza fare gli operaisti a tutti i costi, dobbiamo dire che gli interventi più concreti li fanno, come sempre, gli operai. Gli altri, in particolare i politici, sono in genere interventi rimasticati, buoni per ogni fabbrica, per ogni occasione. Fra loro c'è anche l'onorevole Oreste Lodigiani del Psi. E che dice Lodigiani? Dice che bisogna incalzare la Fiat con un fronte unitario che comprenda il Consiglio di fabbrica e le istituzioni, dal Comune al Parlamento. Poi tuona contro un'eventuale *"guerra fra poveri"* che potrebbe svilupparsi con le popolazioni del Sud *"senza essere frainteso con atteggiamenti antimeridionalistici o corporativi"*, cosciente

> *che in questa nostra regione si giocano in campo economico, destini di portata nazionale. Tutto ciò, lo ribadisco, non vuole e non deve essere inteso in forma campanilistica o localistica, ma neppure essere pericolosamente sottovalutato o, peggio, ignorato. Per finire, e tornando al caso specifico dell'Autobianchi, nel corso dei prossimi giorni, probabilmente la prossima settimana, e non soltanto per mia iniziativa ma anche per iniziativa di altri autorevoli miei colleghi, il gruppo socialista presenterà una iniziativa socialista.*

Non sappiamo se *"gli autorevoli colleghi"* di Lodigiani si siano mossi. Ciò che è certo è che Lodigiani sarà uno degli inquisiti di Tangentopoli. Il 29 giugno 1992, Lodigiani, segretario amministrativo del Psi, sarà messo agli arresti domiciliari.

Uno dei primi a intervenire nel dibattito sarà un tecnico, Carlo Farina. Il tecnico, dopo i ringraziamenti di rito, chiede *"chiarezza e non parole"* sulla sorte dell'Autobianchi. Quello di Farina è un intervento pacato ma nello stesso tempo lucido, perché sa perfettamente che una lotta riesce solo se c'è l'unità di tutti coloro che lavorano nell'azienda. Da qui il richiamo al Coordinamento dei quadri Fiat che non hanno partecipato al convegno ma che avrebbero dovuto farlo perché si tratta di *"una iniziativa che interessa il posto di lavoro di tutti noi, compresi quadri e dirigenti"*. Certo, dice Farina riferendosi sempre ai quadri Fiat, c'è da parte loro

> *un risentimento verso il movimento sindacale che anni addietro non ha capito la funzione di questi lavoratori, ma vi è anche, specialmente oggi, un timore ed una paura verso la Fiat che non guarda in faccia nessuno. Inconsciamente si sono fatti strumentalizzare con la marcia dei 40 mila e molti di loro lo hanno capito, forse anche subìto quel giorno. Sicuramente lo capiscono ora che non vengono considerati, come prometteva loro la direzione della Fiat, lo capiscono ancora di più coloro i quali vengono allontanati dal loro posto di lavoro per motivi di efficienza e vengono relegati a lavori dequalificanti o a "trasferte di lavoro", tra virgolette però! Sono convinto che anch'essi concordano nelle nostre critiche alla Direzione, ecco perché a loro chiedo coerenza e solidarietà! Voglio che mi credano e che capiscano questo mio intervento come mezzo di chiarimento non solo con loro, ma anche con quei lavoratori che ingiustamente li considerano e li collocano in una*

> *sponda del fiume opposta alla nostra. Non dobbiamo considerarli contro i lavoratori, dobbiamo chiamarli lavoratori! Per quanto riguarda poi il nostro stabilimento e ciò che sta accadendo penso che tutti noi ne siamo a conoscenza, e sappiamo quindi quale incertezza e timore in ognuno di noi c'è.*

Incertezza e timore sono sentimenti che si tagliano a fette nel convegno di Desio e sono determinati, come dice Carlo Farina, dai progetti della Fiat, progetti che passano anche sopra la testa della Direzione di Desio. Se è vero, conclude Farina, che siamo in un Paese democratico, allora dimostriamola questa democrazia. Non lasciamo, dice, che pochi decidano sulla sorte di 3.500 famiglie. Incertezza e timore ma anche preoccupazioni quotidiane. Se ne rende interprete, nel suo intervento, Aldo Ferracioli, un operaio che da lungo tempo lavora all'Autobianchi. Ferracioli racconta all'assemblea un problema visibilissimo nell'azienda: quello delle dimissioni. Un mio compagno, dice Ferracioli, è stato intimidito dalla Direzione per convincerlo a licenziarsi. A forza di usare questi metodi, rileva l'operaio, da 5.000 dipendenti ci siamo ridotti a meno di 3.500 e questo non vale soltanto per i dipendenti Fiat ma anche perle imprese esterne che lavorano nello stabilimento di Desio (pulizie, mense ecc.). E dopo aver analizzato cassa integrazione e promesse della Direzione, afferma:

> *Se questa è la situazione, io credo che non solo le forze sindacali ma anche le forze politiche e sociali del Paese e dei comuni del circondario debbano prendersi l'impegno di contribuire a garantire il futuro dell'Autobianchi. E se questo futuro non c'è, cosa bisogna fare?*

Già, che fare? Una domanda cui è difficile rispondere ma che lo stesso Ferracioli, alla fine, indicherà: per continuare a garantire il futuro di questa fabbrica – dice – tutte le forze sociali presenti sul territorio devono intervenire insieme al sindacato e ai lavoratori dell'Autobianchi.

Sono gli stessi termini che ascolteremo anche nel '92. Ma attorno alla fabbrica desiana non ci sarà quella mobilitazione che Ferracioli auspica ancora nel 1984. E nell'anno del convegno di Desio esiste ancora la Flm, la Federazione lavoratori metalmeccanici, e per questa organizzazione unitaria interviene il segretario regionale, Vito Milano. Dipendente anch'egli della Fiat, Vito Milano pronuncia un lungo intervento ricco di dati ma anche qualche episodio che suscita l'ilarità dell'intero convegno come quando racconta un episodio *"che la dice lunga sulla Fiat"*:

> *Vorrei partire da una considerazione che ha fatto il sindaco di Desio portando il saluto a questa nostra iniziativa, quando ha detto che probabilmente gli addetti ai lavori e quindi i sindacalisti ne sanno un po' di più di quanto ne può sapere un amministratore locale. Questo mi ha fatto ricordare una lettera che il coordinamento nazionale Fiat, la Flm nazionale e la Flm di Torino, hanno ricevuto un anno fa dalla Amministrazione locale di un comune chiamato Villar Perosa dove il sindaco onorario chiedeva al sindacato qualche informazione in più sulle intenzioni della Fiat per lo stabilimento di Villar Perosa! Lo stabilimento è, come certamente noto, stato ridimensionato con un trasferimento di lavoratori da Villar Perosa a Rivalta. Ma la cosa veramente curiosa di questo episodio è il fatto che il sindaco onorario chiedeva al sindacato e non al sindaco ufficiale di Villar Perosa cioè l'avvocato Agnelli o alla proprietà Fiat.*

Vito Milano deve però dire anche le cose che ridicole non sono per niente. Dopo aver parlato del duo Agnelli-Romiti che *"infallibili non sono di certo"*, considerato gli errori compiuti nelle valutazioni che dicevano certe sulla produttività mondiale delle auto e al non aver considerato i 23 mila in cassa integrazione sarebbero diventati 34 mila, visto il rientro di molti malati, si sofferma sulla situazione di Desio:

> *Non possiamo accettare che lo stabilimento di Desio imbocchi una inesorabile discesa che possa portare alla chiusura. L'Autobianchi tra l'altro, ha le caratteristiche che da molto tempo tutti spiegano essere ottimali nel ciclo della produzione automobilistica, perché vi si svolge l'ultima parte: cioè assemblaggio, verniciatura, montaggio finale, Questo stabilimento ha tuttora una validità produttiva e dobbiamo chiedere che esso mantenga tale sua funzione.*

E come giocheranno le innovazioni tecnologiche in una fabbrica come quella di Desio? Milano non sorvola sulla domanda anzi ci si cala dentro e sembra quasi preoccupato da queste innovazioni. Pur prevedendo – afferma Milano – che lo stabilimento di Desio abbia gli opportuni interventi per mantenerlo al passo con i tempi, dovremmo essere un po' *moderati* nella richiesta d'innovazione. Che cosa significa essere *moderati sulle* innovazioni? Per Milano è necessario mantenere le caratteristiche di questo stabilimento e che le innovazioni siano compatibili con il mantenimento di un certo livello occupazionale. Chiarisce Milano:

> *Fino ad oggi la Fiat ha introdotto l'innovazione tecnologica sul processo, sul modo di costruire un'automobile nella preparazione del prodotto, ma non l'ha ancora introdotto nei montaggi finali che è l'area di maggior intensità di manodopera. Già fin d'ora possiamo dire che, coni prossimi modelli produttivi dal 1987-88 in poi, sicuramente la Fiat entrerà in questo settore. Sarà un disastro sul piano occupazionale perché colpirà l'area che a tutt'oggi necessita della maggior concentrazione di lavoratori per la trasformazione del prodotto. Secondo me lo stabilimento di Desio, può essere attrezzato per un*

> *livello di produzione che non richiederà, anche per il prossimo modello, un forte intervento di innovazione tecnologica, perché non giustificato da esigenze di ottenere produzione di 300.000 vetture rispetto alla odierna produzione di 70 mila o quanto può essere... Chiediamo che oltre alla necessità di prevedere l'introduzione del nuovo modello, si affianchi una valutazione attenta della innovazione possibile da introdurre nello stabilimento, insieme ad un compatibile mantenimento della occupazione attuale.*

Attenzione afferma ancora Milano. Attenzione alla guerra fra poveri, anzi fra *"miserabili"*. Il futuro dell'Autobianchi deve essere visto dentro una prospettiva che non faccia scattare meccanismi di contrapposizione fra stabilimenti del tipo: *"Caspita qui ci hanno fregato, la Y10 invece che a Desio la fanno a Torino"*.

I politici

William Mariot ha lavorato per 18 anni all'Innocenti quindi conosce bene i meccanismi della fabbrica. Interviene a nome della segreteria Cgil–Cisl–Uil della Brianza e il suo è un intervento che tiene conto della realtà di questa zona con tassi di disoccupazione alti e crisi nelle fabbriche chimiche, meccaniche e tessili. D'altronde anche il mito del "signor Brambilla" comincia a incrinarsi né il pubblico impiego o l'artigianato sono scelte valide. Ecco perché Mariot non crede nei processi di mobilità. Più serio, dice, è il mantenimento delle strutture produttive. Chiediamo per l'Autobianchi – dice Mariot – investimenti in nuovi modelli:

> *Due anni or sono la Fiat e la Peugeot avevano concordato di produrre un nuovo modello, la Y10 Lancia. La Fiat ha presentato in Regione Lombardia una richiesta di finanziamento pubblico per l'intero progetto, quindi anche per il pezzo riguardante Desio. Ma la scelta, come è noto, è poi cambiata. Ci*

domandiamo perché. Solo perché la A 112 ha dimostrato una longevità fino ad ora inaspettata? Perché la situazione occupazione di Torino esplosiva sembrava – in confronto a quella di altri territori e quindi agli occhi della Fiat, dello stesso sindacato e delle forze politiche – ha prevalso questa scelta? O, insieme a questo, si sono aggiunte per la Fiat il fatto che qui a Desio le relazioni industriali in questi ultimi anni sono cambiate?

In parte, a queste domande risponderà lo stesso Mariot che però molto sottilmente polemizza anche con un certo rituale in voga nei dibattiti sindacali e con non meglio precisate forze politiche. William Mariot termina il proprio intervento dopo aver auspicato il coinvolgimento attivo delle forze politiche, i parlamentari, le istituzioni pubbliche:

Con loro noi chiediamo, inoltre, un incontro complessivo sul problema occupazionale prescindendo dall'aspetto specifico Autobianchi. Tuttavia, in un ragionamento più complessivo, trovo strano che tra noi ci si debba reciprocamente ringraziare per questa iniziativa o per quelle che seguiranno perché questo rientra nel nostro mestiere, nel nostro dovere, verso i lavoratori. Ed infine concludo dicendo che referenti particolari di carattere soprattutto politico, per ipotesi particolari, non saranno d'aiuto per uno sbocco positivo di questa vicenda che si preannuncia, noi crediamo, forse più delicata oltre che, come sempre, più difficile.

Di qualche politico, il socialista Lodigiani, abbiamo già parlato. Il convegno è seguito, ovviamente, anche da altri politici. Uno di questi è alto, massiccio. Una grande barba gli incornicia il viso. È Luigi Cipriani, in quel momento segretario nazionale di Democrazia proletaria. Ex dipendente della Pirelli, diventerà deputato prima di Democrazia proletaria e poi, allo scioglimento, di Rifondazione comunista. Sarà uno dei protagonisti della Commissione parlamentare sulle stragi e lavorerà soprattutto per far luce sul caso Moro. Morirà, purtroppo, nel 1992 per una grave malattia. "Cipì"– così era chiamato confidenzialmente Cipriani – al convegno di Desio tenta nel suo intervento di spostare l'attenzione anche alle altre fabbriche e anche a un *"nuovo modello di produzione"*. Afferma Cipriani:

> *La mia prima considerazione nel merito delle questioni dell'Autobianchi è che insieme alle molte analisi e ai molti ragionamenti, sia necessario accentrare 1'attenzione "sul che fare". Ci sono e dobbiamo porci due tipi di obiettivi, alcuni di raggio più immediato e altri di lungo periodo. Ho fatto due calcoli, avrò sbagliato qualche decimale, ma dai dati che sono forniti, la produzione e la produttività hanno raggiunto all'Autobianchi livelli giapponesi, anche e soprattutto per il particolare tipo di struttura della fabbrica. Quindi i problemi non rientrano più unicamente nell'ambito delle cosiddette "leggi di mercato". Se dovessimo sollevare su questo piano i problemi dell'Autobianchi, credo che sbaglieremmo l'orientamento. Perché sul tappeto ci sono, molto probabilmente, ben altre questioni, e secondo me molto simili a quelle che stanno avvenendo in altre parti: per esempio il tentativo di chiudere la "Bicocca"a Milano, il tentativo di smobilitare le aree di Sesto San Giovanni, prima quella meccanica, poi la siderurgica. E pertanto siamo portati a confermare che sono in atto operazioni speculative-finanziarie, che puntano a recuperare a breve termine sulle aree*

> *industriali, miliardi che vengono destinati per diverse utilizzazioni personali.*

Molte di queste cose che Cipriani afferma nel 1984, negli anni a venire si attueranno. Cipriani si meraviglia anche che le lotte avvengano come se fossero slegate fra loro. Basta fare – dice – un piccolo elenco di quello che ci sta succedendo attorno: gli 8 mila posti di lavoro in diminuzione all'Alfa Romeo, la vertenza Innocenti, simile a quella dell'Autobianchi, il problema Pirelli. E allora? Allora

> *credo che dobbiamo inserirci nell'ottica di passare allo scontro puramente politico. Prima occorre preoccuparci di vincere la battaglia sul terreno del rapporto di forza secondo l'antico detto che "l'unità fa la forza" dopodiché potremo porci la questione di arginare questa offensiva che sta venendo avanti fabbrica per fabbrica come la politica del "carciofo".*

Per Luigi Cipriani è arrivato il momento di accelerare le lotte, ad esempio quella sull'orario di lavoro, *"come terreno unificante di una solidarietà reale (e non fittizia o fatta con i telegrammi e i quarti d'ora di sciopero che non servono a niente)"*. È necessario, per Cipriani, arrivare alle 35 ore e arrivarci con un coordinamento internazionale, come offensiva per la difesa dell'occupazione. Se, però, orario e conseguente difesa del salario sono prioritari, c'è per Cipriani una terza questione che non è meno importante. Le città, dice Cipriani, sono ormai vicine al collasso per l'inquinamento causato dalle automobili. Afferma che i lavoratori del settore auto debbano portare avanti

> *una grossa battaglia sulla questione della benzina, per utilizzare altri prodotti che non comportino inquinamento e deficit della bilancia commerciale, e quindi cominciamo a fare una battaglia per l'utilizzo del metanolo e di altre fonti energetiche rinnovabili.*

Anche il senatore del Pci Andrea Margheri – che ritroveremo sul palco a parlare dei problemi dell'Autobianchi anche nel 1991 – si sofferma, nel suo intervento, sul problema dell'*ammodernamento*, uno dei grandi quesiti della società italiana. La straordinaria trasformazione produttiva dell'era scientifica – dice Margheri – è in atto e le forze che non vogliono essere all'avanguardia di questi processi, sono forze evidentemente che non vogliono incidere nell'epoca in cui viviamo e si mettono ai margini della realtà. Da qui, per il senatore comunista, l'esigenza di capire questo "*ammodernamento*" in atto. Dice Margheri:

> *Coloro che non capiscono il legame tra modificazioni sociali, civilizzazione umana, progresso tecnologico e progresso economico, in realtà poi non riescono ad incidere sulle cose che avvengono. Non riescono a contrastare la disoccupazione, ad assicurare una qualità dello sviluppo. Per cui siamo convinti che l'ammodernamento sia un processo che occorre comprendere e favorire.*

Margheri è consapevole dei rischi di una simile tesi. E si affretta, giustamente, a considerare anche "*un'altra strada*" oltre all'ammodernamento. Se questo è fatto dalle forze speculative, la conseguenza è una lacerazione sociale che va a deteriorare il tessuto produttivo. Com'è avvenuto in Usa e in Giappone. E riferendosi in particolare al settore auto, Margheri nota un arretramento

> *non soltanto per quanto riguarda la ricerca, l'assistenza tecnica, cioè quello che è chiamato terziario avanzato e che avrebbe dovuto rappresentare 1'attività post industriale. Di fatto emerge che se non c'è la difesa del tessuto produttivo non esiste possibilità di sviluppo dello stesso terziario avanzato. Purtroppo la logica della macchia di*

> *leopardo e della speculazione finanziaria è quella che è stata scelta in Italia.*

Si noti che queste frasi Margheri le pronuncia nel 1984. Siamo in pieni anni '80, quel decennio che tanti danni ha procurato a tutti noi. Va tanto di moda, in quel tempo, parlare positivamente del *"terziario avanzato"*. Margheri, invece, va contro corrente e mette in guardia anche dalle facili illusioni. Inoltre, per Margheri, la Lombardia perde sempre più le grandi aziende elettromeccaniche, dell'acciaio, chimiche. La Montedison addirittura, dice Margheri, chiude non soltanto una delle sue attività produttive ma la stessa attività di ricerca. In compenso si specula sulle aree e sono speculazioni di carattere finanziario che spesso sfruttano ingenti fondi pubblici che sono messi a disposizione per i processi di ristrutturazione:

> *In questa logica ricadono le scelte della stessa Fiat. I risultati reali di tale processo sono evidenti a tutti: disoccupazione, inflazione, deterioramento del tessuto produttivo... La Fiat non può certo sostenere di avere difficoltà finanziarie. Proprio sull'ex progetto Autobianchi, ha ottenuto l'approvazione in sede regionale e nazionale con la conseguente destinazione dei fondi della Comunità Europea. Va chiarito che anche se la Comunità Europea in questo momento ha bloccato i versamenti, la Fiat li ha, di fatto, già incassati tramite anticipi delle banche. Tutto questo ci dà il diritto di chiedere alla Fiat di mettere tutte le carte sul tavolo, aprendo un confronto col sindacato sulla strategia industriale per questo stabilimento di Desio e per l'insieme della presenza della Fiat in Lombardia... Laddove maggiormente esistono insediamenti colpiti dalle ristrutturazioni, i Comuni e la Regione dovrebbero prodursi con maggior impegno, insieme alle forze politiche nazionali, per colmare*

> *l'assenza di programmazione del governo e per chiedere l'applicazione di norme e leggi che sono state finora sabotate dalla stessa pubblica amministrazione.*

Al dibattito interviene anche Sergio Cazzaniga, democristiano, corrente andreottiana, consigliere regionale e membro della Commissione Regionale del Lavoro. Ha 37 anni e a 22 anni si è fatto le ossa nel Consiglio comunale del suo paese natale, Cesano Maderno. Nel 1980 è eletto consigliere regionale e ha un sacco di cariche. Nell'84 è un politico in ascesa, "moderno" e rampante. E inizia subito polemizzando con Margheri. Non è vero, dice, che la Dc non ha affrontato con durezza e fermezza il confronto con il governo centrale per impedire che la Lombardia sia la regione che più paga, che più ha pagato e che pagherà questo ridimensionamento occupazionale dovuto all'introduzione dell'innovazione nei sistemi produttivi. Quello che Cazzaniga cerca di salvare è il lavoro fatto dalla sua commissione regionale, la 5/a. Poi il solito pistolotto finale che non serve a nulla:

> *Colgo l'occasione per annunciare a nome dell'Ufficio Lavoro della Dc di Milano che s'intende al più presto convocare un primo convegno sull'argomento... Per concludere queste mie riflessioni, portate qui come testimonianza di attenzione al vostro problema, esprimo chiaramente anche una seria disponibilità a portare avanti tutte le iniziative atte al fine di concorrere alla soluzione positiva dei problemi dei lavoratori occupati presso l'Autobianchi e per la costruzione di una soluzione produttiva e di una prospettiva futura per lo stabilimento di Desio.*

Conclusioni

Quando il segretario dell'allora Flm settore Auto, Angelo Airoldi si avvicina al microfono per le conclusioni, in sala c'è estrema attenzione.

Airoldi sa, per esperienza, che agli operai non si possono raccontare "balle". Il suo è un intervento fatto con passione che va subito al sodo. La questione centrale dice – che si propone è il modo, il sistema e su quali obiettivi riaprire un confronto a tutto campo con la Fiat. La terminologia ("*a tutto campo*") è quella che usano sindacalisti e politici di professione ma il senso è chiarissimo. Come riconosce lo stesso Airoldi, la questione non è semplice:

> *Bisogna misurare la strategia della Fiat e bisogna misurare anche quanto la Fiat è cambiata e come, e con quale qualità si sta muovendo in questa fase. Riaprire un confronto con la Fiat è una questione unitaria in termini sindacali, ma per le sue caratteristiche generali di cui è stato detto, per i partiti, per le forze politiche, per lo Stato, riaprire un confronto significa anche affrontare e tentare di risolvere i nodi che si sono costruiti, su cui la Fiat ha fondato il suo processo di ristrutturazione e su cui oggi ha costruito un rapporto rilevante di forza sociale e politica.*

Parole lucide e preveggenti. I "*nodi*", infatti, nel 1992 verranno tutti al pettine ma non ci sarà Stato, partiti, forze politiche che riusciranno a bloccare il "*processo di ristrutturazione*" della Fiat. Airoldi parla anche di innovazioni che bisogna governare

> *siccome l'ipotesi di una ulteriore automatizzazione del prodotto e d'informatizzazione delle altre fabbriche va avanti, alla lunga questo differenziale tecnologico rappresenta un elemento estremamente negativo per i rapporti interni di produttività. Infatti, questa è un'azienda che utilizza come unico criterio di scelta non quello sociale o quello occupazionale, ma il criterio dell'utilità e nel momento in cui le auto*

> *vengono costruite con qualche principio diverso o con qualche strumentazione tecnologica diversa, lo stabilimento rischia di diventare meno significativo nella strategia della Fiat. Questo non significa automaticamente che l'azienda ha in mente di chiudere, perché io credo che per adesso non abbia in mente di chiudere alcun stabilimento significativo, ma viene certamente ad essere modificata la natura ed il significato della presenza di questo stabilimento con tutti i problemi e le tensioni che ne derivano.*

Per Airoldi si pone il problema della costruzione di una linea articolata sulle condizioni di lavoro, sulla domanda di occupazione e con un intervento che tolga alla Fiat le ragioni dell'utilizzo, del tutto ormai incontrollato, della cassa integrazione, puntando alla ricerca di nuovi obiettivi. La Fiat – dice – è diventata molto forte nel momento in cui ha sottratto ai lavoratori il controllo sulle proprie condizioni. Non si può non essere d'accordo con Airoldi. Semmai c'è da domandarsi il perché dell'abbandono di questo controllo da parte sindacale. Airoldi conclude il suo intervento con una nota di speranza:

> *C'è l'automazione delle tecniche gestionali e la modificazione radicale delle condizioni di lavoro che comportano per noi l'esigenza di ritornare al gusto della ricerca, della ricostruzione delle analisi, delle proposte rivendicative per una grande stagione, di iniziativa articolata quale punto fondamentale del nostro ruolo.*

Il convegno termina con un ordine del giorno che è inviato un po' a tutti, dal presidente della Regione a quello della Provincia ai gruppi parlamentari Pci, Dc, Psi, Dp, alle segreterie nazionali e territoriali di Cgil-Cisl-Uil. Due sono i punti prioritari che appaiono nell'ordine del giorno: il ripristino di un corretto rapporto d'informazioni con la Fiat e una definizione del progetto produttivo e tecnologico *"che sviluppi un piano di ristrutturazione e di riconversione del prodotto e del processo produttivo quale garanzia di un futuro per lo stabilimento di Desio"*. In altri termini s'individua nella Regione Lombardia il tavolo naturale delle trattative:

> *Siamo infatti convinti, che la Regione Lombardia vanti un ruolo specifico in tale vicenda, proprio a partire dal precedente rapporto che col vecchio progetto Y10 e Super Panda, la Fiat stessa aveva instaurato con tale amministrazione. Noi pensiamo che il "ritirarsi" della Fiat (modello Y10 spostato a Torino) non chiuda tale rapporto ma anzi lo renda ancor più necessario ed incalzante.*

Marcia per il lavoro

Com'è risaputo, poi, la Y10 sarà portata nella fabbrica di Desio. Un anno dopo questo convegno, l'8 dicembre 1985, il sindacato, preoccupato dalla situazione occupazionale del comprensorio e da nuove voci di chiusura dell'Autobianchi, organizzerà la "Marcia del lavoro" da Cesano Maderno a Desio. Alla marcia partecipano migliaia di persone e i gonfaloni dei Comuni. Nei sei comuni del comprensorio, 12 mila persone sono iscritte alle liste di collocamento di Desio. Anche nei comuni vicini la situazione non è rosea. A Nova, per esempio, sono in 700 che cercano un'occupazione e il 60% di questi, sono giovani in cerca di un primo lavoro.

Nella zona, oltre all'Autobianchi, ci sono preoccupazioni per la chiusura dell'Acna e della Snia e preoccupazioni ci sono anche per i 2.000 lavoratori che in quel momento lavorano nell'indotto Autobianchi. Per tutto ciò i Consigli di fabbrica dell'Autobianchi e della Snia hanno organizzato la manifestazione preparata con una serie d'incontri di sensibilizzazione al problema nei vari comuni interessati. Venti Amministrazioni comunali partecipano con i loro gonfaloni e Consigli comunali aperti sono fatti un po' in tutti i paesi con la partecipazione e gli interventi dei sindacalisti della fabbrica desiana. La marcia si conclude – con il comizio di Alessandro Beretta (Fiom) – nella piazza di Desio, luogo deputato ai grandi incontri democratici. Oltre ai lavoratori, ai sindacalisti, agli amministratori, in piazza ci sono anche i gruppi della Pastorale del lavoro, i partiti, alcuni parlamentari della zona, associazioni culturali e sportive, radio private e giornali locali. In tutti, la preoccupazione per il futuro, la voglia di gridare "no" allo strapotere della Fiat, di battersi per tenere aperto un polo produttivo indispensabile per l'economia di tutta la Brianza. La preoccupazione è anche – come diceva Airoldi un anno prima – perché con la strategia della Fiat viene *"a essere modificata la natura e il significato della presenza di questo stabilimento con tutti i problemi e le tensioni che ne derivano"*. Commentando la gravità del momento monsignor Piero Galli, prevosto di Desio, afferma:

> *Rischiamo di trovarci a vivere in una società sempre più ingiusta, disarmonica e assediata dalle plaghe della povertà, dell'emarginazione e della miseria.*

Non sono certamente frasi fatte. Monsignor Galli, che per tanti anni ha fatto parte della Pastorale del lavoro, sa benissimo che senza il lavoro non c'è progresso ma anche il senso religioso si allontana. Un tema, questo, su cui anni dopo monsignor Carlo Maria Martini insisterà particolarmente. Senza lavoro c'è solo disperazione, emarginazione, miseria.

8 – La Fiat

Picchetti e suicidi

Nel 1981 la Fiat presenta il primo bilancio consolidato a seguito della legge 7 giugno 1974, n. 216 istitutiva della Consob che prevede la possibilità che la stessa commissione prescriva, alle società con azioni quotate in Borsa, la redazione di bilanci consolidati di gruppo. In questo modo si comincia a conoscere l'entità reale di questo gruppo che ha sempre cercato di non apparire molto. In quell'anno la Fiat possiede ben 432 società controllate e 125 collegate, dislocate in 60 Paesi. Sono società di automobili, veicoli industriali, trattori agricoli, macchine movimento terra, prodotti metallurgici, componenti, mezzi e sistemi di produzione, ingegneria civile, prodotti e sistemi ferroviari, aviazione, termomeccanica, telecomunicazioni, bioingegneria, editoria, turismo e trasporti, servizi finanziari.

Come si vede c'è un po' di tutto ed è il risultato del decentramento che la società ha avviato anni prima. Nel 1977 il gruppo registra pesanti perdite. Interessante è seguire la progressione dei passivi Fiat. Nel 1980 ha 422 miliardi di lire di passivo. L'anno successivo, nel 1981, c'è già però un utile di 187 miliardi che diventano 261 miliardi nel 1982. Poi è un crescendo di utili: 376 miliardi nel 1983, 870 miliardi nel 1984, 1.682 miliardi nel 1985, 3.220 miliardi nel 1987. L'1 dicembre 1976 la Fiat cede alla Libia il 9,1 per cento delle azioni ordinarie per 415 milioni di dollari, 350 miliardi di lire. Non tutti vedono bene quest'operazione. Cesare Merzagora dichiarerà a *Panorama*:

> *Gheddafi avrebbe dovuto mettere in galera i negoziatori libici, visto che avevano accettato di pagare .6000 lire le azioni Fiat che in Borsa erano quotate appena un terzo di quel valore...*

Comunque sia è l'operazione libica che aiuterà la Fiat a uscire dalle stecche della crisi e "promuoverà" Cesare Romiti ai massimi vertici di corso Marconi. Romano di nascita, classe 1923, Romiti entra alla Fiat il 18 ottobre 1974. Diventerà amministratore delegato unico il 31 luglio 1980. Entra a un anno di distanza dalla crisi petrolifera del 1973. In conseguenza della guerra arabo-israeliana del Kippur, c'è una contrazione delle vendite automobilistiche. La crisi petrolifera porta le domeniche a piedi e il governo Rumor nonché un'inflazione a due cifre.

La crisi energetica colpisce duramente la Fiat. In campo mondiale, tra il 1974 e il 1975 c'era stato un crollo di 4 milioni di vetture in meno. In Italia la flessione, nel secondo semestre del 1974, era stata del 40 per cento. Alla fine del 1975 la quota interna Fiat sarà di appena il 56,5 per cento contro il 74,9 per cento del 1968. Un anno dopo l'entrata di Romiti alla Fiat, nel 1975, Gianni Agnelli, presidente in quel momento della Confindustria, firma con Luciano Lama, segretario Cgil, l'accordo sul punto unico di contingenza. In quell'anno in tante città le sinistre conquistano le amministrazioni locali. A Torino, sede della Fiat, diventa sindaco il comunista Diego Novelli. Sabato 21 giugno 1980 *la Repubblica* pubblica un'intervista di Giuseppe Turani a Umberto Agnelli a quell'epoca vice presidente e amministratore delegato. Oltre alla richiesta di svalutare la lira, Umberto Agnelli chiede anche la libertà di licenziare:

> [la Fiat]*chiede di poter operare come operano i concorrenti. Nessuno quindi, qui in corso Marconi, pensa di tornare agli anni Cinquanta. Questo i sindacati lo debbono sapere. Abbiamo mano d'opera in più. Dobbiamo trovare il modo di ridurla ma siamo pronti a discutere... Si possono fare tante cose. Ma dobbiamo essere onesti con noi e con il paese: ci vuole meno gente nelle fabbriche. Le aziende devono alleggerire i propri costi per poter tornare a programmare lo sviluppo. Io sono convinto, ad esempio, che se la Fiat potesse avere meno dipendenti nell'area di Torino, fra qualche anno sarebbe in*

condizioni di assumere altra gente al Sud. Ciò che abbiamo da offrire ai lavoratori è appunto questo: un sacrificio subito, in cambio di una maggior occupazione, e distribuita meglio, fra qualche anno.

Se questo è il clima di quegli anni, quale la personalità di Cesare Romiti? Un falco? Certamente uno abituato ad andare dritto, al fondo dei problemi sapendo di essere, comunque, il più forte. Quando nel 1980 manda in cassa integrazione 23.000 persone, a seguito di un accordo sindacale, alle contestazioni che la Fiat s'è risanata a spese del contribuente, risponderà:

La cassa integrazione non è un rimborso alle imprese, ma il sostituto dell'indennità di disoccupazione.

C'è sempre un grande disprezzo nelle risposte dell'amministratore delegato della Fiat quando parla dei lavoratori, quelli naturalmente che non abbassano la testa ma nello stesso tempo è molto affezionato alle parole *"etica"*, *"morale"*, *"moralità"*. Marco Revelli, un ricercatore torinese che ha scritto "Lavorare in Fiat" ha contato per venti volte queste parole in un capitolo di appena ventidue pagine. Il libro cui si riferisce Revelli è "Questi anni alla Fiat" una lunga intervista fatta da Giampaolo Pansa a Cesare Romiti. Il 31 luglio 1980 Romiti diventa amministratore delegato unico della Fiat. Poco dopo, il 1° settembre, la Fiat chiede 14.469 licenziamenti. Cominciano i famosi "35 giorni". Parlando con Pansa dei picchetti, Romiti così si esprime:

Vedevo che quei picchetti erano fatti di gente allegra, che si divertiva. Cantavano. Giocavano a carte. C'erano delle ragazze. Non mi sembravano persone alle prese con un dramma. Anzi mi sembravano tipi che non gli importava niente della fabbrica chiusa, dei tanti giorni di vertenza, dell'incertezza dell'avvenire, delle migliaia di operai che stavano per esser messi

> *fuori. O almeno, era questa l'impressione di quella sera...".*

Eppure fra quei *"tipi"*, come li chiama Romiti, ben cento si toglieranno la vita. Secondo l'avvocato Francesco Caterina, tra l'ottobre 1980 e l'aprile 1984 sono stati censiti 149 suicidi tra i cassintegrati Fiat e dell'indotto a Torino. Un dramma nel dramma. Il 2 ottobre 1980, i sindacati proclamano uno sciopero generale di 4 ore e alcuni giorni prima, il 26 settembre, il segretario del Pci Enrico Berlinguer si presenta davanti ai cancelli Fiat accompagnato dal sindaco Diego Novelli. Porta la solidarietà dei comunisti agli operai in lotta e nel comizio affermerà, scandendo bene, con la sua tipica espressione sarda:

> *Se si arriverà all'occupazione della Fiat, noi metteremo al servizio della classe operaia il nostro impegno politico, organizzativo e di idee.*

Il giorno dopo questa presa di posizione del segretario comunista, il presidente del Consiglio, Francesco Cossiga, rassegna le dimissioni. La Fiat sospende i licenziamenti sostituendoli con la richiesta di 23 mila cassintegrati a zero ore. In soldoni, significano 500 miliardi l'anno di risparmio per la Fiat. La lista di chi dovrà stare a casa è un piccolo capolavoro di cattiveria: invalidi, quadri attivi del sindacato, tante donne. Se la battaglia sui 14.000 licenziamenti unificava la lotta, i cassintegrati rappresentano la divisione. Piccole meschinerie vengono alla luce. Poi la pennellata finale: il sindacato chiama alla lotta– dopo che ha firmato – i *privilegiati,* quelli che sono rimasti dentro, contro l'espulsione dei 23 mila. Un paradosso perché nella realtà questi perderebbero ore di paga mentre i cassintegrati manterrebbero, quasi intatta la paga. Non c'è da meravigliarsi se in una situazione simile gli scioperi non riescono. Paura e diffidenza fanno il resto. La firma sindacale ha significato abbassare la testa e perdere la dignità. Con la dignità, però, non si mangia e non tutti sono come Robi Sibona un operaio che nell'81 racconterà a Guido Viale autore di un'inchiesta sulla cassa integrazione:

Della mia esperienza in fabbrica non ho nessun rimpianto. Ho incontrato un mondo nuovo che non conoscevo e sono contento. Adesso ho 39 anni. La vita vale molto di più se fai qualcosa che ti piace. Magari l'ideale è solo un'illusione come lo è Dio per i cristiani, e come lo è sempre di più il socialismo per noi. Ma è una cosa bella lo stesso. Invece, se vivi in funzione di avere, non realizzi niente e sei sempre povero. Guarda, un bel corteo riuscito con tanti operai dentro la Fiat, realizza una cosa materiale perché viene dal di dentro. Sono cose che raggiungi tu. Invece i soldi o te le dà la fortuna oli prendi a un altro, non vengono mai da te. L'ideale, invece, non te lo può prendere nessuno.

I 40 mila

Lo sciopero generale, dopo lunghe discussioni con il ministro del Lavoro Franco Foschi, è revocato. Ma i picchetti continuano. Nella notte fra il 7 e l'8 ottobre gruppi di capi Fiat tentano di sfondare i picchetti, la mattina del 9 li sfondano. Il 14 ottobre al Teatro Nuovo di Torino si riuniscono i capi Fiat sotto la presidenza di uno di loro che in seguito diventerà deputato, Luigi Arisio. C'è una manifestazione e la Fiat – ma naturalmente Romiti nega – paga loro la giornata, la mensa e intima ai quadri intermedi di partecipare. Il sindaco Novelli, assieme al presidente della Regione Enrietti e a quello della Provincia Maccari è, quel giorno, a Roma, chiamato da Sandro Pertini per riferire sulla vicenda Fiat. Sui cartelli dei manifestanti si legge: *"Novelli, fai aprire i cancelli"*. Sarà chiamata la *"marcia dei 40 mila"*. In effetti, molti testimoni diranno, in seguito, che i partecipanti alla manifestazione non superavano le 12 mila persone e fra essi non ci sono solo capi Fiat ma anche molti bottegai, commercianti. Secondo il *Telegiornale* sono 15 mila, *La Stampa* dice 30 mila, *la Repubblica* 40 mila. (Il 27 febbraio 1993, il movimento dei Consigli porterà a Roma, a manifestare contro le scelte del governo Amato, ben 300 mila persone. Eppure i mass-media, nei loro resoconti, si concentreranno più sui politici che partecipano al corteo piuttosto di parlare delle motivazioni dei lavoratori. E spesso 300 mila non fanno notizia se è vero com'è vero che al *TG1* questa notizia occuperà solo l'ottavo posto della scaletta degli avvenimenti di quel giorno). Sono comunque tanti, quelli di Torino, e quando si riversano nelle strade, camminano muti e compatti. Non un grido, uno slogan. Solo cartelli tutti uguali che dicono: *"Il lavoro si difende lavorando"*, *"Diritto al lavoro"*. Dichiara Luigi Arisio con fare altezzoso:

> *Non siamo il partito dei capi. Siamo il ben più grande partito della voglia di lavorare, di produrre, di competere con la concorrenza...Ho una sensazione di grande pena nel vedere un impianto così perfezionato in tutte le sue parti, immobile per colpa di quella gente.*

"Quella gente" sono gli operai che fanno i picchetti per l'ultima notte. Ormai è finita. Alle 5 del mattino del 15 ottobre i sindacati e Romiti firmano l'accordo dopo 35 giorni di vertenza. Lama, Carniti e Benvenuto vanno alla Fiat per spiegare l'accordo firmato. Sono contestati dagli operaie devono essere protetti dalla gente infuriata. Non è certo la prima volta, nella storia del movimento operaio, che si fanno brutti accordi. Anche nel passato è accaduto. Ed è capitato anche a Peppino Di Vittorio. Scrive Davide Lagolo nel volume "Di Vittorio, il volto umano di un rivoluzionario":

> *In due occasioni gli accadde di trattare e di firmare contratti e intese che poi non furono approvati dai lavoratori. Né in un caso, né nell'altro cercò scusanti dicendo che i lavoratori non vedevano al di là del loro naso, che si facevano illusioni, che non avevano capito il momento in cui si era dovuto firmare. Ambedue le volte andò a confrontare le sue opinioni con quelle dei lavoratori. Avevano ragione loro: o a non aver capito*

> *perché erano state accettate quelle condizioni, o per motivi di fatto; ed egli non esitò a darne atto, non solo, ma a presentarsi a ritirare la propria firma dal contratto e rifirmarlo soltanto dopo che l'ulteriore lotta dei lavoratori l'aveva modificato. Anche in questo suo modo di comportarsi pesava il suo rispetto per l'uomo.*

Repressione e tangenti

Altri tempi. Il 31 luglio 1992 i segretari nazionali di Cgil-Cisl-Uil firmano, alle 18,30 di una giornata in cui quasi tutte le fabbriche sono chiuse per ferie, un accordo con il governo che, di fatto, taglia le buste paga dei lavoratori. Lo fanno senza sentire nessuno. Nel più totale sprezzo della democrazia.

Tornando al 1980, c'è da rilevare che l'accordo è pessimo in tutti i sensi anzi peggiore di quello proposto inizialmente da Cesare Annibaldi il 4 settembre e rifiutato dal sindacato. Annibaldi prevedeva, per un periodo di 18 mesi, la cassa integrazione per 24.000 lavoratori. Alla fine di questo periodo una metà circa sarebbe ritornata in fabbrica mentre con gli altri si sarebbero concordati meccanismi di mobilità esterna. Nel nuovo accordo i mesi diventano 36 e mancano del tutto le garanzie del rientro.

Dirà, sette anni dopo, Luciano Lama a Giampaolo Pansa, ricordando la giornata della contestazione:

> *Pioveva, c'era una massa di gente infuriata, una tensione senza sbocco... Sì, un brutto giorno... Orrendo... Ad ogni modo, inutile truccare le carte: la sconfitta c'è stata.*

Per Cesare Romiti, invece, è il giorno del trionfo. Ha messo in ginocchio, senza costi, il sindacato e si appresta a riscuotere. Per vincere ha dovuto umiliare il sindacato sfruttandone gli errori e portando dalla sua parte la quasi totalità della stampa e dell'opinione pubblica. Un giorno orrendo? Dice Romiti:

> *Orrendo per loro, s'intende. Ma lo dico senza iattanza.*
> *Nel lavoro, come nella vita, si può vincere o perdere.*
> *Noi abbiamo vinto nel 1980 perché la ragione era dalla nostra parte.*

La repressione Fiat non si fa attendere. Come negli anni '50 i comunisti sono i primi: dopo i 35 giorni, il 25 per cento dei suoi militanti, cioè 577 tra operai e impiegati, è espulso dalla fabbrica. In compenso aumenta la produzione: nel 1980 alla Fiat lavorano in 350 mila, compreso l'estero. Nell'84 scendono a 230 mila ma con una produzione globale aumentata rispetto al 1980. Come si vede, Romiti è uno con idee e obiettivi molto chiari. Nel novembre 1983, alla scuola per dirigenti Fiat a Marentino, Romiti dice che la prima regola è fare utili, accumulare profitti:

> *Ci sono molti modi per misurare l'efficienza di un'azienda, e quindi degli uomini che la governano. Ma uno vale più di tutti: il profitto. L'efficienza di un gruppo e dei suoi dirigenti si misura sulla capacità di generare profitto. Se non si genera profitto, si può girarla in tutte le maniere, ma la verità vien fuori: quell'azienda e quei dirigenti non sono efficienti.*

Questo il *leitmotiv* dell'amministratore delegato della Fiat. Eppure a distanza di dieci anni sembra rivedere questa posizione e addirittura si reca dal cardinale Carlo Maria Martini a chiedere scusa, anzi dice al plurale *"Ci vergogniamo"*. Siamo in piena epoca Tangentopoli e l'arresto di Enzo Papi, amministratore della Cogefar-Impresit (gruppo Fiat) rende tutti più malleabili. Il 6 maggio 1992, il vice presidente della Fiat Umberto Agnelli dichiara perentorio: *"Non mi risulta che ci siano dirigenti Fiat tra gli inquisiti"*. Il mattino seguente i carabinieri annunciano l'arresto dell'amministratore della Cogefar-Impresit. Resterà a San Vittore fino al 30 giugno difeso dall'avvocato Fiat Vittorio Caissotti di Chiusano. I fatti contestati a Papi riguardano una vera e proprio colletta cui la Fiat avrebbe partecipato, con altri colossi dell'imprenditoria italiana, per pagare le tangenti sugli appalti della linea 3 della Metropolitana milanese. E Papi non è il solo dirigente a finire in galera. Il 22 febbraio 1993, ci finiscono anche il responsabile del settore finanziario Fiat Francesco Paolo Mattioli e Antonio Mosconi oggi amministratore delegato della Toro Assicurazioni e all'epoca anch'esso ai massimi vertici della Cogefar-Impresit. E il 25 febbraio un altro colpo colpisce la Fiat: arresti domiciliari per Giampiero Pesenti presidente della Gemina, la finanziaria Fiat che controlla il gruppo editoriale Rizzoli-Corriere della Sera. Dentro questa finanziaria c'è il gotha del capitalismo italiano: Mediobanca, Gruppo Ferruzzi, Assicurazioni Generali, la Franco Tosi, la Pirelli, la Lucchini. L'accusa dei giudici milanesi è di corruzione per aver pagato 14 miliardi di lire di tangenti per appalti Enel quando Pesenti era vicepresidente della Franco Tosi. La società avrebbe versato le tangenti sia sui conti svizzeri della Dc, sia su quelli del Psi a Singapore.

Per corso Marconi è una frustata. Per anni avevano cercato di creare – aiutati dai massimi organi di stampa – l'immagine della grande azienda efficiente e moderna che si poneva in antitesi con l'industria statale corrotta e inefficiente. E su questa immagine Cesare Romiti aveva costruito tutto il suo attacco ai lavoratori e alle loro conquiste aiutato, duole dirlo, spesso da una sinistra divisa e da un sindacato *codeterminato*. La Fiat non demorde e dichiara che:

> *Appreso con stupore dell'arresto del dottor Francesco Paolo Mattioli e del dottor Antonio Mosconi, esprime loro piena solidarietà e l'assoluta convinzione che i due dirigenti che sempre hanno svolto i loro incarichi con il massimo impegno e correttezza, dimostreranno al più presto la completa estraneità a ogni circostanza che venga loro addebitata.*

Se la Fiat *è sicura* dell'estraneità dei due dirigenti, più preoccupati sono invece un gruppo, non meglio identificato, di dirigenti Fiat che sottoscrivono un documento il 2 marzo 1993 dove si manifesta

> *grande preoccupazione perché simili avvenimenti, venendo a cadere in una situazione di grave crisi politica ed economica del Paese, contribuiscono a compromettere le possibilità di una rapida ripresa dello sviluppo. Il Consiglio esprime preoccupazioni perché queste vicende giudiziarie, anche a causa del ricorso esasperato alla carcerazione preventiva, e della incontrollata divulgazione di notizie riservate danneggiano, prima ancora delle sentenze, la dignità delle persone, l'immagine dell'azienda nel momento in cui questa sta producendo il massimo sforzo per la competitività e l'occupazione, colpendo in definitiva la credibilità del Paese... I dirigenti augurano a Francesco Paolo Mattioli e ad Antonio Mosconi di poter riprendere al più presto la loro opera nell'azienda.*

Chissà perché l'altro dirigente inquisito, Enzo Paci, non è mai nominato. Forse perché ha confessato? E quando si parla di dignità, gli uomini Fiat, dovrebbero sapere che questa non riguarda solo i manager arrestati ma anche le migliaia di lavoratori che la Fiat nel momento in cui sta producendo il massimo sforzo *per la competitività e l'occupazione* ha sbattuto fuori dagli stabilimenti. E il 2 aprile 1993 si costituisce un altro top manager Fiat, Riccardo Ruggeri colpito da un ordine di custodia cautelare il 24 marzo. Ruggeri deve rispondere di quando era direttore delle vendite dell'Iveco per una tangente da un miliardo e 300 milioni pagata per ottenere una fornitura di autobus. Secondo l'accusa i dirigenti Iveco praticavano, oltre al normale sconto, dell'11 per cento, uno supplementare del 4 per cento. Le cifre accumulate finivano alla Banque Union Swisse e da qui raggiungevano i conti svizzeri di Dc e Psi. Ed anche per Cesare Romiti c'è l'onta di essere interrogato dai giudici milanesi per le tangenti. Ci va il 21 aprile in elicottero e poi, in questura, con una Lancia Thema e per tre ore fa la sua deposizione di fronte ai pubblici ministeri Antonio Di Pietro, Piercamillo Davigo e Gherardo Colombo. Qualche giorno prima, il 17 aprile, Giovanni Agnelli di fronte ad una platea d'industriali riuniti a Venezia dice che *"errori ne abbiamo commessi tutti... abbiamo sbagliato, non c'è nessun complotto dei giudici contro di noi"*. È, in pratica, il via libera alla deposizione. E Romiti per tre ore parla cercando di salvarsi, e di salvare la Fiat, dall'accusa di corruzione. Parla di *"vessazioni"* subite. Non riesco proprio a immaginare un Romiti *vessato* dai partiti, ma l'amministratore delegato della Fiat afferma:

> *Anche la Fiat che pure aveva avuto la chiara percezione del degrado e lo aveva denunciato con forza è rimasta stupita di fronte alla constatazione dell'ampiezza e della profondità del fenomeno. Questo vale anche per ciò che è successo all'interno del gruppo, dove in alcune società si sono verificati episodi di interferenza tra la politica e l'economia.*

Cesare Romiti sarà ufficialmente inquisito il 24 maggio 1993. Gli *episodi di interferenza*, come delicatamente li chiama Romiti, sono più semplicemente il pagamento delle tangenti e in quanto alla denuncia *con forza* del degrado non ricordo per nulla che simile denuncia sia avvenuta. Ma Romiti non è nuovo al *pentimento*. Quando Enrico Berlinguer parla a Firenze a un convegno della Confindustria e rileva che il cancro della democrazia è l'eccesso di corruzione, è la mancanza di eticità nella vita dei partiti, riceve tanti applausi, Troppi per Cesare Romiti che si affretta a intervenire perché, come lui stesso ricorda:

> *Temevo che qualcuno pensasse che il partito comunista poteva essere un'alternativa al sistema democratico. Così, quando venne il mio turno, andai*

> *alla tribuna e mi scagliai contro Berlinguer... con la mia solita veemenza, con un impeto di passione molto forte... Poi venne il comizio di Padova, il malore di Berlinguer, quel suo restare tra la vita e la morte, e quindi la fine. In quei giorni parlavo a Rimini, all'Unione Industriali. E lo dissi, mentre Berlinguer stava morendo: non sono comunista e non lo sarò mai... però non posso dimenticare l'ultima battaglia di Berlinguer, quella dell'onestà pubblica, e non posso non apprezzarne il coraggio morale, l'integrità. E conclusi: forse quel giorno a Firenze ho esagerato nell'attaccarlo con quell'asprezza, ho fatto un errore che oggi vorrei non aver commesso.*

Tornando ai problemi di fabbrica, il *pentimento* di Cesare Romiti dura poco poiché nel febbraio di quest'anno, per avere *"più profitti"*, propone per Mirafiori il turno notturno per uscire dalla crisi. Unamistificazione, una bugia enorme come vedremo più avanti. Per ora limitiamoci a definire meglio il ruolo svolto da Cesare Romiti alla Fiat. Tom Dealessandri, segretario piemontese della Cisl nel libro "Contrattare alla Fiat" scrive:

> *Ancora nel 1977, la Fiat era impreparata di fronte all'apertura e all'aumento del mercato. Mentre gli altri produttori europei avevano utilizzato la congiuntura economica e la crisi petrolifera per rinnovare i modelli, la Fiat modificò solo le auto più vecchie, producendo la Ritmo e passando dalla 126 alla Panda, Ma erano operazioni eseguite con la stessa cadenza degli anni precedenti. Non rinnovò, invece, la fascia del mercato medio-alta: la 131 e la 132. Iniziò la produzione della Delta-Lancia al Lingotto, un'azienda che non permetteva alti livelli produttivi, spostandola a Chivasso soltanto nel 1982. Quindi se il mercato*

> *tirava, la Fiat non era in grado di rispondere alla domanda.*

È una contestazione determinata che sminuisce la figura di questo condottiero "senza macchia e paura", preciso ed efficiente come servizi giornalistici-tappetino ci hanno tramandato. A questa contestazione Romiti risponde con fastidio:

> *Questo ritratto, che è diventato un po' un ritornello delle sinistre, prima di tutto non tiene conto della situazione finanziaria nella quale si dibatteva la Fiat. Per progettare nuovi modelli, infatti, occorrono molti, moltissimi soldi... La verità è che erano anni di grande difficoltà per noi. Mi ero dato un obiettivo, che era anche il mio compito principale: per prima cosa dobbiamo rimettere a posto l'azienda; finché non abbiamo pulito l'aia, è molto difficile puntare su nuovi raccolti.*

Come si è visto nel 1980 l'aia viene pulita e i nuovi raccolti cominciano ad arrivare, abbondanti. Eppure ancora nel 1978 la quota di mercato Fiat scende dal 54,7 al 53,9 a vantaggio dell'Alfa Romeo che poi – un'altra bella storia – Agnelli acquisterà. Anche il terrorismo aiuta, di fatto, la Fiat. Dal primo apparire delle Br nel 1972 a Torino, al 1979 è un bollettino di guerra. Ferimenti, auto dei capi date alle fiamme, aggressioni. Il 21 settembre 1979 è ucciso da Prima Linea l'ingegnere Carlo Ghiglieno. Alla Fiat, in quel momento, ci sono stati gli scioperi per le cabine di verniciatura malsane. La Fiat ne approfitta e invia 61 lettere di licenziamento ad altrettanti operai accusati di terrorismo. Racconta Cesare Romiti:

> *Dovevamo scegliere il gruppo dei più violenti, quelli che, negli anni, si erano distinti come tali, e metterli*

> *fuori dalla Fiat, licenziarli... Nel vertice Fiat c'era chi suggeriva di abbassare il tiro. Io sostenevo: no, bisogna andare avanti, siamo appena agli inizi, bisogna arrivare a qualche decisione sui grandi numeri, altrimenti l'azienda non ce la farà a tirarsi su dal pozzo... Mi domandavo: ma vale ancora la pena di trattare con un sindacato del genere? Io cominciavo a dubitante. Così quando nel 1980 aprimmo le trattative prima sui licenziamenti e poi sulla cassa integrazione peri 23 mila, ci dicemmo che qualunque cosa avessimo potuto concedere, era tutta roba sprecata, perché un trauma doveva esserci. Sì, ci doveva essere un trauma. E noi dovevamo fare un altro passo.*

Il passo poi si fece e si presero anche le decisioni sui grandi numeri favoriti da un sindacato diviso e timoroso e da un governo servile. Così descrive il senatore Ugo Pecchioli, del Pci, il ritorno alla "normalità" della Fiat:

> *Condizioni di lavoro e un clima che per molti aspetti richiamano alla memoria gli anni bui di Valletta; taglio dei tempi, ritmi stressanti, aumento degli infortuni gravi, multe, uso spregiudicato della minaccia dei trasferimenti in altre città. E nello stesso tempo ricerca del consenso o della rassegnazione attraverso premi personali, l'uso degli straordinari e perfino attraverso l'offerta del posto di lavoro per i figli dei dipendenti: sono ben 30 mila i lavoratori Fiat che hanno presentato in azienda domande di assunzione per i figli, e sui quali pende ricattatoria la pretesa di "buon comportamento".*

L'affare Alfa Romeo

La Fiat opera in campo automobilistico dal 1899. Nel corso degli anni è diventata sempre più il simbolo e un po' il mito della fabbrica efficiente e moderna. Eppure quando nel 1973 avviene la crisi petrolifera, la Fiat è impreparata. Il mercato richiede vetture che consumano poco e poco inquinanti nonché un rinnovo costante della gamma delle vetture (nel 1980 l'età media delle vetture Fiat era di cinque anni contro i quattro e mezzo della concorrenza). Come osservano Silva, Grillo, Prati, 1982; Comito, 1982; Becchi-Collidà, Negrelli, 1986, questi i principali motivi della crisi Fiat:

- *una specializzazione produttiva squilibrata verso le utilitarie, di fronte a mutamenti della domanda in direzione di vetture di cilindrata e comfort superiori;*
- *una debolezza anche all'interno di ogni singolo segmento di mercato; alla fine del decennio anche in quello delle utilitarie, cioè una ridotta competitività per il modello;*
- *un grave ritardo nel lancio di nuovi modelli (passano 4 anni tra la presentazione della 131 nel 1974 e quella della Ritmo nel 1978 e bisogna attendere il 1980 per la Panda), modelli che peraltro non trovano sul mercato una rispondenza pari alle aspettative (solo con la Uno, nel 1983, si ha la prima vettura di successo).*

Nel 1983, con il lancio della Uno si risollevano le sorti Fiat (quasi tre milioni e mezzo di venduto nel 1987 contro i 520.000 del segmento A cioè delle auto con cilindrata massima di 900 cc). C'è in quegli anni una difesa spasmodica della Fiat nel difendere il mercato interno a scapito di quello estero. Lo fa anche per una mancanza di nuovi modelli (la Tipo entrerà in produzione all'inizio del 1988, mentre quelle sostitutive della Delta, Regata e Prisma vedranno la luce dal 1989). Il mercato interno è più ricettivo anche in mancanza di nuovi modelli. Se colleghiamo questo fatto al rigido contingentamento delle importazioni delle vetture giapponesi (3.000 vetture l'anno) noteremo come la quota Fiat interna non sia erosa e mantenga un miglior controllo dei prezzi. Tutto ciò rappresenta, per la Fiat, anche un limite per lo sviluppo dell'azienda a livello internazionale. Ed è in questo contesto che s'inserisce la vicenda dell'acquisto dell'Alfa Romeo.

Nel 1985 Fiat e Ford cominciano a discutere per un eventuale accordo. Le condizioni Fiat sono chiare: il 51% per cento delle azioni deve essere Fiat e il "capo" deve essere Vittorio Ghidella. A ottobre i contatti saltano. La Ford si ritira. Si comincia a dire che la Ford si è ritirata perché intenzionata ad acquistare tutta l'Alfa Romeo di proprietà Iri. In effetti, questa storia è ancora tutta da scrivere. Particolarmente interessante è, nel 1989, l'allontanamento di Vittorio Ghidella dalla Fiat.

L'uomo che ha "inventato" la Uno è fatto fuori perché, si dice, è rimasto impigliato in strani rapporti con le aziende appaltatrici. In realtà se l'operazione con la Ford riusciva, Ghidella sarebbe diventato più potente di Cesare Romiti.

La casa del biscione ha già un precedente accordo con la giapponese Nissan. Il 20 settembre 1980, infatti, il governo Cossiga aveva autorizzato 1'accordo con la Nissan e il 9 ottobre, a Tokio, si firma 1'accordo commerciale. Si prevede la costruzione di due stabilimenti a Pomigliano d'Arco per 1.500 addetti. Il 18 dicembre si costituisce l'Arna (Alfa Romeo-Nissan Automobili S.p.A.) che sarà anche il nome di una vettura di non troppo successo. Umberto Agnelli, sempre nell'intervista a Giuseppe Turani del 21 giugno 1980, alla domanda se gli Agnelli sono contrari all'accordo fra Alfa e Nissan risponde:

> *Sì. Mi fa paura, per la Fiat e per l'Italia, il fatto che il futuro dell'Alfa Romeo dipenda in una certa misura da un'azienda collocata in un'area, il Giappone, con la quale il resto dell'industria automobilistica mondiale è*

> *destinato a scontrarsi e piuttosto duramente. È una scelta che, prima ancora di non condividere, non capisco.*

Se la Fiat avversa l'accordo, non dello stesso parere sono comunisti, socialisti e sindacati che, invece, guardano con interesse all'accordo. In sintonia con Agnelli, invece, i repubblicani. Aldo Moro pone la prima pietra del nuovo stabilimento a Pomigliano d'Arco il 29 aprile 1968 e nel giugno 1972 si comincia a produrre l'Alfa Sud. Racconta Cesare Romiti:

> *L'Alfa Sud era un bastone gettato dall'Iri e dalla Dc tra le gambe della Fiat, ritenuta poco amica dei democristiani e troppo vicina alle posizioni di Saragat, vecchio amico del professor Valletta. Certo, poi c'erano altri motivi, ad esempio quello di aprire una fabbrica al Sud. Ma la spinta politica era decisiva.*

Le cose cambiano alla fine del 1985 con il nuovo amministratore delegato Alfa, Giuseppe Tramontana. Cominciano i contatti con la Fiat ma la Ford invia un'offerta per l'acquisto. Si va avanti in questo modo per mesi, poi il ministro liberale dell'industria Valerio Zanone (in seguito sindaco di Torino) dichiara ai giornalisti che l'affare Alfa è troppo importante e non è giusto che ci sia un solo protagonista. È bene ci sia un'alternativa alla Ford. Cesare Romiti alla fine del giugno 1986 dichiara di non avere nessuna intenzione di acquistare l'Alfa perché è meglio *"che non vi sia un solo produttore ma almeno due"*. In quel momento presidente del Consiglio è Bettino Craxi e un ruolo importante nella vicenda lo gioca Giuliano Amato, allora sottosegretario socialista alla presidenza del Consiglio. Giovedì 6 novembre 1986 la Fiat si aggiudica l'Alfa Romeo. Il giorno dopo il governo Craxi approva l'acquisto.

Tutti d'accordo all'interno del governo? Sì, tutti. A leggere i nomi di chi approva, alla bulgara, la vendita alla Fiat c'è da rimanere sgomenti: sono, in buona parte, gli stessi che troveremo indiziati di reato nei giorni nostri. Votano a favore Nicolazzi, De Michelis, De Vito, De Lorenzo, Goria,

Zanone, Romita e, naturalmente, Craxi. E chi fa la proposta della Fiat alla Finmeccanica e al governo? Francesco Paolo Mattioli, proprio lui, il numero tre del vertice Fiat anch'esso inquisito per tangenti.

La Ford era disposta a dare, per il 51 per cento dell'Alfa Romeo, 1.400 miliardi di lire in contanti. La Fiat si sacrifica per la collettività e pur di non far cadere l'industria italiana sotto lo straniero, acquista lei l'Alfa Romeo. L'acquisto (di tutta l'Alfa Romeo) costa alla Fiat 1.050 miliardi di lire. L'accordo prevede che i soldi saranno dati– senza interessi– alla Finmeccanica (che aveva appena speso alcune centinaia di milioni per ristrutturare l'Alfa Romeo) in rate annuali di circa 200 miliardi l'una dal quinto anno successivo all'entrata in funzione della nuova società, la quale entra in funzione il 1° gennaio 1987. È, infatti, nel gennaio 1993 che Agnelli comincia a pagare lo Stato per l'Alfa Romeo che nel frattempo ha un crollo sia nell'occupazione sia nella quota di mercato (solo il 4,5 per cento della quota nazionale).

Ed è per queste stranezze dell'acquisto Fiat che un gruppo di lavoratori si rivolge alla magistratura. Chiedono 1'apertura di un'inchiesta per verificare se nella vendita dell'Alfa Romeo *"vi siano gli estremi dei reati di concussione, corruzione, abuso d'ufficio".*

I nuovi operai

Spesso nello scrivere questo libro mi è incontrato con ex operai Autobianchi, oggi in pensione, e con ex dirigenti che tendono sempre a suddividere il periodo di lavoro in due fasi distinte: quella con al centro l'operaio professionalizzato, attaccato alla fabbrica, che possiede il valore del lavoro e il periodo dell'operaio massa, non professionalizzato che vede la fabbrica solo ed esclusivamente come momento di alienazione.

Credo sia giusto, proprio per capire meglio la nostra storia, seguire brevemente questa fase. Senza scomodare Marx possiamo dire che i partiti di sinistra, fin dalla nascita del partito socialista, hanno racchiuso 1'operaio in un'iconografia dove sobrietà e laboriosità sono preminenti. Negli anni '50, con l'occupazione delle terre e la conseguente semi sconfitta, inizia il lungo cammino dei contadini meridionali verso le città, verso il Nord. Sono la prima immigrazione. Gente che vuole integrarsi con i modelli di vita della città. Se all'operaio anziano dell'epoca bruciano ancora le sconfitte sindacali, il giovane immigrato è vergine, sindacalmente pronto per un sindacato "aggressivo", disposto a lavorare ma per il miglior offerente. In quel momento, infatti, l'economia tira, si ricostruisce, il lavoro non manca.

Con la fabbrica c'è un rapporto di forte identificazione. Sentite come descrive quei tempi Giovanni Longo, classe 1923, operaio specializzato, tra gli organizzatori degli scioperi del 1943, comandante partigiano, membro della Commissione interna in Fiat dal 1945 al '58 con anni di reparto confino sulle spalle, licenziato per rappresaglia:

> *Il lavoro era l'essenza della vita. E quando il lavoro è l'essenza, alla Fiat, diretta da Valletta e dal suo gruppo dirigente che è il tuo diretto nemico di classe, passando di lì vedi un chiodo arrugginito per terra, ti chini e lo raccogli, la scopa per pulirti il posto di lavoro non la butti, la posi; ecco che la vita per il lavoro con queste caratteristiche si scontra con il nuovo modello, si è scontrato con questi giovani – voglio sottolineare questa parola: giovani – diciamo proprio questo modo di intendere la vita e la società. Perché noi entravamo all'interno delle fabbriche senza raccomandazioni, ma con capacità lavorative, quindi è vero che lavoravamo 10-11 ore al giorno, è vero tutto quello che vogliamo, però a testa alta, perché "caro padrone se non ti va, arrivederci, io vado a lavorare in un altro posto, giro 1'angolo e il lavoro me lo trovo". Invece questi nuovi giovani in un modo o nell'altro o con il parroco o con il maresciallo dei carabinieri per trovare lavoro hanno dovuto trangugiare amaro, e questa amarezza te la ributtavano addosso.* ("Torino 1945-1983. Memoria Fiom").

Diverso, dunque, l'operaio che negli anni '60 arriva nelle stazioni di Milano e Torino con la valigia di cartone legata con lo spago e la raccomandazione del parroco in tasca. Non ha memoria né delle lotte contadine né di quelle operaie. Non conosce sconfitta perché non ha lottato. Il lavoro non è il fine massimo, il centro della vita. L'azienda, la catena di montaggio è solo alienazione. La giornata di lavoro è piena di fatica e ripetitività. Se pur hanno creduto nel "paradiso Fiat" si sono subito ricreduti. Il trauma delle lacerazioni familiari, del distacco con i propri cari lasciati al paese, pesa terribilmente. Eppure saranno loro a scendere in piazza nel luglio '60 contro il governo Tambroni appoggiato dal Msi. E la cosa si ripeterà nel 1962 a Torino e poi per tutti gli anni '70. L'11 gennaio 1960 il *Financial Times* assegna alla lira italiana, l'Oscar per la moneta più forte. È il cosiddetto boom, il "miracolo economico". Come il solito, la ridistribuzione del reddito non è uniforme. Più che gli studiosi italiani se ne accorgono quelli stranieri. In uno studio fatto dall'economista statunitense Garden Ackley, si dice:

> *Il successo che l'Italia ha registrato nell'aumentare il reddito medio per abitante ha determinato probabilmente un miglioramento scarso o nullo nella distribuzione del reddito; anzi la distribuzione è forse peggiorata. Non solo la quota dei profitti è cresciuta rispetto ai salari ed ai redditi agricoli, ma il sistema fiscale – sia per la sua struttura che per la sua applicazione – ha reso possibile la formazione di grandi ricchezze e potere... Il salario reale dei lavoratori già pienamente occupati ha registrato aumenti modesti. Il guadagno dei lavoratori impiegati in mansioni scarsamente remunerate e in industrie a bassi salari sono stati intaccati specialmente dall'aumento del costo degli alimentari e degli affitti. I maggiori guadagni della classe operaia derivano dalla possibilità per molti di passare dai redditi pietosamente bassi dell'agricoltura ai redditi modesti*

del lavoro industriale... Scarso miglioramento si è visto nei servizi sociali, ospedali, parchi e campi da gioco, scuole e università.

Se fra il 1958 e il 1963 si è avuto il cosiddetto boom, tuttavia in un quinquennio, circa 600 mila lavoratori sono costretti a emigrare all'estero in forma definitiva. In quegli anni c'è uno stacco fra partiti di sinistra e operai. La percentuale degli operai occupati, iscritti al Pci, passa nel corso di 10 anni dal 30,5 per cento all'11,6 e nel 1962 – anno di massima conflittualità nelle fabbriche con 181,3 milioni di ore di sciopero – si ridurrà al 10,3 per cento. Il numero delle cellule comuniste scende a sua volta dalle 11.272 del 1950 alle 5.917 del 1962. Sempre nel '62, l'anno della ripresa delle lotte alla Fiat, la Fiom tocca il minimo storico nelle elezioni di Commissione interna: 27 per cento.

Poi, con le lotte del 1969, ci sarà un recupero. La Fiom di Mirafiori passa
da 539 iscritti a 4.799. Nell'intera Fiat, gli iscritti alla Fiom passano da 1.882 a
11.863. Saranno proprio questi immigrati a lottare in prima fila. Saranno loro a inventarsi modi nuovi di lotta, fino allora sconosciuti ai sindacalisti. Il padronato tenterà, per stroncare la crescente e diffusa rivolta, la riconversione tecnologica. Eppure saranno proprio i "nuovi operai" a individuare e bloccare i punti deboli della produzione paralizzandola. Saranno sempre loro a inventarsi il corteo interno, il "salto della scocca", lo sciopero a "gatto selvaggio".

Il 30 aprile 1970 gli azionisti Fiat sono convocati in assemblea. Gianni Agnelli offre agli azionisti alcune cifre: il fatturato complessivo del 1969, comprese Om e Autobianchi, è di 1.425 miliardi di lire contro i 1.335 miliardi del 1968. Sono state prodotte 1.484.478 autovetture contro le 1.452.297 del 1968. L'Autobianchi ha partecipato al fatturato con 76.000 vetture; il numero dei dipendenti è di 170.883 di cui 138.559 operai e 32.284 impiegati contro i 158.445 a fine 1968. Ciò che però più pesa, dice Agnelli, sono venti milioni di ore lavorative perdute per scioperi. Un azionista, Angiolo Provera, minaccia:

> *In merito ai fatti incivili avvenuti all'interno dell'azienda, i provvedimenti adottati hanno trovato il consenso di tutti i piccoli e medi risparmiatori, i quali chiedono che la giustizia compia interamente il suo dovere. In caso diverso i risparmiatori potrebbero anche ricorrere a quello "sciopero del risparmio" le cui conseguenze sarebbero molto gravi.*

La minaccia ha il suo effetto. Lo *"sciopero del risparmio"* non ci sarà bisogno di attuarlo. I profitti non solo saranno confermati ma aumenteranno con meno persone e più produzione. E mentre Agnelli e gli azionisti parlano, nei cortei operai si vede un cartello con riprodotta una vignetta di Roberto Zamarin, il famoso "Gasparazzo", l'operaio-massa con la tuta da metalmeccanico e la coppola da meridionale che esclama: *"Io sono una forza lavoro variabile, e sono rigido!"*.

In quegli anni anche la grande stampa è "costretta" a interessarsi delle lotte operaie. Lo fa anche il *Corriere della Sera* che registra alcune voci operaie. Una di queste non è riportata sul giornale perché giudicata "impubblicabile". Per fortuna quell'intervista è recuperata da Marco Revelli che la inserisce nel suo libro *"Lavorare in Fiat"*. Afferma Ennio Fuchi operaio dell'officina 13 di Mirafiori:

> *Dicono che con gli scioperi si distrugge ricchezza? Ma quanta ricchezza si distrugge quando milioni di miei compaesani meridionali non possono lavorare? Ma quanta ricchezza si distrugge quando un operaio a 40 anni si sente finito? E questa è ricchezza vera, sono uomini in carne e ossa. Noi lottiamo perché in primo luogo finisca questa distruzione di ricchezza umana. È finito il tempo in cui milioni di schiavi morivano per costruire l'inutile piramide di un faraone. Questa società può apparire a voi bella, buona, grande, colossale. Ma se serve per la potenza di qualche faraone e non per dare dignità, libertà, soddisfazione*

agli uomini allora è proprio come una piramide, una tomba inutile che per la gloria di qualche potente richiede il sacrificio di tanta povera gente.

Parole dure. Ma chiare. Non meraviglia che il *Corriere* non la pubblichi. In quel momento era meglio dipingere i lavoratori come *"ossessi"*, *"fannulloni"*, *"assenteisti"*.I1 che, per l'assenteismo, è anche vero (nel 1972 il tasso di assenteismo raggiunge il 14 per cento, pari a circa 30 milioni di ore perdute). Ciò che *Corriere* e tanti altri fanno è un errore di fondo: quello di individuare nell'assenteismo la causa di tutti i mali e non l'effetto di una fabbrica ancora organizzata con metodi vallettiani, superati dai tempi ma non superati dalla mentalità del management Fiat.

Catalitica? No grazie!

La Fiat ha sempre goduto di una fama "drogata". Dall'applicazione delle tecnologie (robot e Larn) a qualunque altro prodotto o applicazione, l'azienda torinese è sempre stata guardata con occhio di riguardo. Nella realtà, spesso, quando la Fiat decide certi interventi, sono interventi superati o almeno presi in ritardo. Caso tipico sono le marmitte catalitiche da tempo utilizzate negli altri Paesi e stranamente in ritardo nel nostro.

Secondo dati dell'Anfia, l'associazione dei costruttori automobilistici, la caduta che aveva interessato gli ultimi mesi del 1992 si è fermata. È il risultato di quanto deciso dalle aziende costruttrici di immettere sul mercato vetture inquinanti non catalizzate che non avrebbero potuto più essere vendute nel 1993. Se nel novembre '92 la perdita aveva sfiorato il 12 per cento, in dicembre si è dimezzata: meno 6,36 per cento. La Fiat riesce così a rappresentare il 46 per cento del mercato, l'1 per cento in più del dicembre 1991, il 2 per cento in meno dello stesso mese del 1990. E così migliaia di auto non catalizzate si sono riversate sulle nostre strade e le nostre città già inquinate. Una strana sensibilità, quella dimostrata della Fiat. Per un'azienda che si autodefinisce "moderna", l'immettere sul mercato, con sconti, auto inquinanti non è certo un buon servizio all'immagine "immacolata" che i dirigenti di corso Marconi tentano di avvalorare magari utilizzando negli spot come testimonial Alberto Tomba e lo slogan *"Via col verde!"*.

Del resto gli azionisti, si sa, guardano ai risultati. E i risultati a fine 1992 fanno tirare un respiro di sollievo al management Fiat. La Uno è sempre l'auto più venduta. Vanno male, invece, l'Alfa, la Lancia-Autobianchi e la Ferrari (29 auto vendute contro le 97 del dicembre 1991). La Uno, auto più venduta in Italia con 22.259 esemplari, è seguita dalla Panda, dalla Volkswagen Golf, dalla Tipo, dalla Renault Clio, dalla Ford Fiesta, dalla Y10, dalla Polo (Volkswagen), dalla Opel Astra e, al decimo posto, la Cinquecento (5.027 esemplari), la nuova vetturetta della Fiat costruita in Polonia e, spesso, portata a Termini Imerese per sistemazione finale. Eppure, nonostante le "svendite" di auto non catalizzate, il mercato e in crisi. Non così all'estero dove una più attenta e oculata politica ha permesso addirittura di aumentare le vendite. In Germania la crescita, sempre a fine 1992, è del 30,3 per cento, in Francia del 33,2 per cento, in Gran Bretagna del 37,1 per cento, in Spagna del 22,2 per cento. Comunque, nel 1992, in Italia si sono vendute più vetture in assoluto. La cifra record è di 2 milioni, 374.775 auto, 34.000 in più che nel '91 e 12.000 in più rispetto alle vendite già record del 1989.

Ma la notte sì!

Ad Agnelli non basta tutto ciò. Poiché a Melfi si sono fatti accordi con i sindacati, in deroga addirittura alle normative Cee, dove è previsto anche un turno notturno cui lavoreranno anche donne per sei giorni la settimana, ha pensato bene di esportare a Mirafiori questa proposta. In pratica si tratta di lavorare tre turni di lavoro di cui uno notturno dalle 22 alle 6 dal lunedì al venerdì.

La proposta comincia a circolare nel febbraio 1993. E proprio in quel mese la Fiat fa ricorso massiccio alla cassa integrazione guadagni: 66.300 settimane. Alla fine di gennaio a Melfi c'è un convegno della Cgil su Fiat e Mezzogiorno cui partecipano centinaia di quadri sindacali della Calabria,

Puglia, Campania, Basilicata, Molise. Negli interventi dei relatori si auspica *"una stagione di dialogo con la Fiat per concorrere e governare i processi di innovazione nel nuovo sistema di relazioni industriali"*. In pratica siamo ancora alla "codeterminazione". La Fiat ha avuto per Melfi più di 3.000 miliardi dallo Stato. Dai sindacati, la deroga del lavoro notturno e le "gabbie salariali" giacché applicherà il contratto di lavoro ma non l'integrativo Fiat. Maurizio Magnabosco, direttore del personale Fiat Auto ha le idee più chiare dei sindacalisti e presenta lo stabilimento di Melfi

> *come ciò che sorge in un prato verde dal punto di vista delle relazioni industriali e dove cioè i soggetti che entrano in questa fabbrica sono completamente diversi rispetto alla tradizionale classe operaia italiana e perciò privi di pregiudiziali conflitti. In questa fabbrica il conflitto non sarà più un fenomeno ideologico perché i criteri di formazione (quadri, dirigenti, tecnici, operai - Ndr) tendono a costruire il consenso, ottimizzando le energie che nella fabbrica tayloristica venivano polverizzate.*

C'è da rabbrividire sentire questi concetti a un convegno sindacale della Cgil. Eppure questa "linea" non scandalizza i sindacalisti relatori. Solo gli interventi dei sindacalisti di base delle fabbriche di Cassino, Termoli, Pratola Serra e Termini Imerese non sono in sintonia con Magnabosco. Non così l'intervento di Fausto Vigevani, segretario Cgil, il quale afferma:

> *Il successo di questa impresa interessa la Cgil e l'intero movimento sindacale italiano. Per questo oggi, la Cgil accetta la sfida del nuovo, accetta di determinare con la Fiat gli ancora inediti scenari che ci attendono.*

Che cosa sia il nuovo non è dato sapere. Gabbie salariali e terzo turno non sono certo il nuovo e in quanto agli *"inediti scenari"* non c'è da stare troppo allegri. Se ne accorge anche Bruno Trentin nelle conclusioni:

> *Noi della Cgil abbiamo sofferto più di altri, questa scelta, perché sapevamo di dover cedere, e molto, per favorire la più grande fase di industrializzazione del Mezzogiorno che 1'intervento straordinario avrebbe potuto prevedere fino ad oggi. È una scommessa che si può vincere se insediamo qui un equilibrio tra la civiltà contadina e la nascente civiltà industriale. Come tutto ciò sarà possibile, lo vedremo più avanti, quando di fronte al movimento sindacale ci saranno i lavoratori e le lavoratrici.*

Per Melfi la Fiat ha beneficiato solo di 3.000 miliardi di lire? Se lo chiede il sindacato Flm-Uniti che scrive, il 21 dicembre 1992, alla Cee per cercare di capire meglio quello che sta avvenendo a Melfi. E se lo chiedono vari parlamentari europei. Il 16 dicembre 1992 i deputati europei italiani del Pds (Gruppo socialista) Anna Catasta, Rinaldo Bontempi e Roberto Speciale presentano un'interrogazione parlamentare sulla Fiat di Melfi

> *visto che tra le motivazioni dell'autorizzazione parrebbe aver giocato un ruolo fondamentale la previsione di un taglio delle capacità produttive degli stabilimenti del Nord Italia in modo tale da limitare nel complesso l'aumento produttivo del gruppo Fiat al 3 per cento... in base a quali documenti ed impegni programmatici forniti dal gruppo Fiat si sia potuti arrivare a tale previsione?E soprattutto quali sarebbero gli stabilimenti del Nord Italia interessati dai tagli produttivi ed occupazionali e in quale misura?*

In effetti, quali siano gli stabilimenti da chiudere è risaputo e Desio è fra questi. Come risaputo, i tempi parlamentari sono quelli che sono. Un mese dopo, il 15 gennaio 1993, sullo stesso tema anche i Verdi presentano un'interrogazione al Parlamento europeo. L'on. Virginio Bettini (che tra 1'altro è di Nova Milanese, paese direttamente interessato alla chiusura dell'Autobianchi), chiede se la Commissione non ravvisi una violazione delle norme comunitarie in materia di concorrenza considerato che

> *il settore automobilistico è già saturo dal punto di vista del mercato e che questo finanziamento comporterà la chiusura di stabilimenti produttivi del Nord Italia con la conseguente perdita di posti di lavoro per migliaia di persone che il governo dovrà sostenere economicamente (Cassa integrazione).*

Il direttore della Commissione delle Comunità Europee A. Petersen risponde alla Flm-Uniti inviando copia del documento che la stessa Comunità ha inviato al ministro degli Affari Esteri Emilio Colombo il 31 dicembre 1992, dove si evince che i miliardi dati alla Fiat sono 4.884 e non 3 mila come si era sempre detto. Scomponendo la cifra vediamo che 1.469 miliardi sono a fondo perduto, 1.631 per interessi non pagati sui prestiti, 559 per le tasse sugli utili che l'azienda non pagherà nei prossimi 10 anni, 1.184 miliardi per oneri sociali che l'azienda non pagherà nei prossimi 10 anni. Non c'è che dire un bel successo. Quale altra azienda ha mai ricevuto tanto dallo Stato? Nel 1990, la Fiat assicura il governo che le fabbriche del Nord non saranno toccate, ma nel 1992 spiega alla Cee che i programmi Fiat sono cambiati:

> *Il gruppo Fiat intende provvedere alla chiusura irreversibile degli stabilimenti di Desio e Chivasso nell'Italia settentrionale ed ha già dimezzato la capacità dello stabilimento di Lambrate.*

Il governo si affretterà a formalizzare questa decisione Fiat con lettera del 17 novembre 1992 quando l'Autobianchi è già chiusa da tre mesi e mezzo. In effetti, l'accordo di Melfi il sindacato l'ha firmato senza i *"soggetti"* interessati, cioè i lavoratori, mentre ancora ci sono i *"prati verdi"*. Questo è lo scenario in cui si comincia a parlare del terzo turno a Mirafiori. Come sempre avviene nel nostro Paese, ci si divide. Ci sono quelli che sono contro il turno notturno e quelli a favore. I settimanali intervistano personaggi più o meno importanti dello spettacolo, del giornalismo, della politica e chiedono loro cosa ne pensano del lavoro notturno. La maggior parte dice di lavorare bene di notte. Gli operai, invece, non s'intervistano. Ci pensa con molta lucidità Pietro Ingrao in un intervento su *il manifesto* del 9 febbraio 1993. Io stesso – dice Ingrao – per tanti anni ho lavorato di notte quando facevo il giornalista a *l'Unità*. Sono consapevole, continua, che ci sono lavori, come il panettiere, che si devono necessariamente svolgere di notte. Spesso si viaggia di notte, si studia

> *ma studiare di notte è un'altra cosa. O anche stare insonni a letto. O anche svegliarsi e non riaddormentarsi; o leggere un libro di notte. È sempre uno stare con sé: un ritorno dentro di sé. La notte è il sonno, il sogno, il riposo che è anche abbandonarsi al nostro profondo; il fantasticare; il buio accende altre luci: è l'intimità della passione, quando – nel distacco dalla fatica quotidiana – i corpi che si amano possono stringersi l'uno all'altro. La notte è anche veglia.*

Che cosa ha tutto ciò con la veglia, si chiede Ingrao, per costruire la Tipo? E anche la proposta di contrattare la notte con una riduzione d'orario lascia l'anziano leader scettico:

> *Mettiamo pure che vada così, e che la Fiat ci stia. Dubito che questo risarcirà la rottura del ritmo vitale. E soprattutto penso che una sostanziale riduzione*

> *dell'orario di lavoro non sarà raggiunta, se questa rivendicazione non verrà collegata più nettamente ad una esaltazione del valore del tempo di vita, non solo come tempo della cura, ma anche io dico – polemicamente – come ozio, nel significato più intenso di questo termine (non dicevano i poeti che la domenica è fatta per pregare?).*

Ingrao è criticato da più parti. Il segretario generale aggiunto della Cgil, Ottaviano Del Turco è uno di questi. E insorgono anche i tecnocrati: ma come, si dice, *"siamo in crisi, c'è gente che ha bisogno di lavorare, le fabbriche chiudono e Ingrao fa poesia. Ma con la poesia non si riempie la pancia. Produzione e mercato hanno le loro esigenze"*. In questo modo si sposa, acriticamente, la tesi della Fiat: per uscire dalla crisi è necessario il terzo turno di lavoro. Ma stanno proprio così le cose? A contestare questa tesi sono soprattutto due sindacalisti della Fiom, Giorgio Cremaschi e Gianni Pedò, segretario della Camera del Lavoro di Brescia. Cremaschi ricorda che su 50 grandi unità produttive che in Europa realizzano più di 100.000 auto l'anno, solo 6 hanno il terzo turno strutturale sulle catene di montaggio. E in tutti questi stabilimenti l'orario di lavoro per chi fa la notte è inferiore a quello normale. E anche appellarsi al fatto che già a Melfi si è firmato, Cremaschi rileva che

> *Sono accordi fatti senza i lavoratori, sono impegni presi su un "prato verde" In realtà, nessuno sa realmente che cosa faranno i lavoratori nuovi assunti, qualche tempo dopo che avranno subito il peso del turno di notte. Nel turno proposto dalla Fiat si sommano tre diverse cause di nocività. La prima è determinata dal puro e semplice peso del lavoro notturno. La seconda dal fatto che questo è proposto in turni avvicendati rigidi, una settimana di notte ogni tre di lavoro. Vorrei ricordare che tra i diplomatici, i manager, i ricchi, che viaggiano molto, si considera un*

pesante fattore di stress la cosiddetta sindrome da cambiamento di fusi orari. Chi fa i turni avvicendati in fabbrica, vive normalmente questa sindrome. E naturalmente non può permettersi come chi appartiene al jet-set periodi di riposo in luoghi ameni. Infine, la terza causa di nocività è determinata dalla qualità specifica del lavoro alla catena di montaggio. Come si sa molte delle operazioni che si fanno nel montaggio, hanno tempi di un minuto, o anche meno. Durante un turno di otto ore si devono ripetere centinaia di volte... Qui c'è davvero il peggio della cultura burocratica delle classi dominanti italiane, dietro l'immagine patinata del manager spunta la vecchia ottusità dei Cadorna. Insomma noi sappiamo che questo esperimento alla Fiat, costerà tanto ai lavoratori e non risolverà i problemi del gruppo ma la Fiat è questo che ci chiede: di fare finta assieme a lei.

Di parere nettamente contrario sono Cisl e Uil. Inutile ricordare loro che umiliando la soggettività di chi lavora, non solo si distrugge la democrazia, ma neppure si fanno buone macchine. L'entrata in fabbrica alle 22 e l'uscita alle 6, modifica il ciclo biologico dell'uomo e della donna e, per cinque giorni la settimana, mette i lavoratori di fronte all'angoscia di dover andare al lavoro uscendo da casa alle 21. Possibile che per risolvere la crisi basta solo fare il turno notturno? Ed è vero che con il turno notturno ci sono più garanzie per i lavoratori? Da alcuni dati non sembrerebbe proprio: la Tipo B sarà avviata a Mirafiori coinvolgendo circa 4 mila lavoratori. Ma si farà anche a Melfi (7 mila persone) e a Termini Imerese mentre a Mirafiori rimarranno le produzioni della Uno e della Panda. Giacché la Tipo B sostituirà la Uno e la Panda sarà soppiantata dalla Cinquecento che si fa in Polonia, cosa faranno i 6.000 restanti lavoratori? E cosa faranno quelli di Rivalta e Arese, poiché nessun nuovo modello messo in produzione nel '94 e nel '95 sarà destinato a questi stabilimenti? Se lo domanda Ugo Rigoni, responsabile Auto della Fiom piemontese mentre Gianni Pedò presume già come andrà a finire e afferma:

> *Non so cosa decideranno i lavoratori e le lavoratrici interessati, io di certo non firmerei un simile accordo. E comunque se, come par di capire, intesa ci sarà non mi resterà, come sindacalista, che chiedere scusa a quei lavoratori e a quelle lavoratrici per la violenza che sarà loro inflitta.*

Eppure è proprio il terzo turno che rileva quanto la Fiat sia arretrata sulla qualità. Il lavoro notturno comporta uno scarto verso il basso notevole tanto è vero che nessuna azienda estera di automobili utilizza gli impianti 24 ore su 24. La quantità, quindi, alla Fiat predomina sulla qualità. A Paolo Gasca, responsabile delle relazioni industriali della Fiat Auto, tutto questo non importa. Infatti, dichiarerà:

> *Siamo disponibili a dare una risposta concreta alle preoccupazioni di chi vuole garantire il futuro occupazionale degli stabilimenti torinesi. Ma Torino non può considerarsi una zona franca, e l'utilizzo dei mezzi di lavoro deve essere competitivo qui come negli altri stabilimenti Fiat.*

Nessuna *"zona franca"*, quindi, pena la non garanzia del futuro. E con questo condizionamento che si discute a Mirafiori del terzo turno. Il risultato della discussione potrebbe essere diverso? No di certo. E, infatti, il 26 marzo le assemblee, a maggioranza, approvano. Per avere maggiori garanzie sui risultati del voto, la Fiat richiama dalla cassa integrazione, di venerdì, 500 lavoratori delle meccaniche. Improvvise commesse? Mercato in ripresa? Niente di tutto questo. Piuttosto per farli partecipare alla votazione. Quando si vota, al primo turno dei cambi, sono presenti 450 lavoratori. Il documento dei sindacati è giudicato ambiguo da ben 300 lavoratori che abbandonano, per protesta, la sala. Risultato della votazione: 65 sì contro 40 no. L'ordine del giorno è bocciato durante la mattina nell'area automazione Lam (110 no e 9 sì) e al pomeriggio al turno dei cambi (100 no e 4 sì). Complessivamente però 1'accordo passa e passa non sull'ipotesi di accordo, quanto sugli impegni che i sindacati affermano di volersi assumere nei confronti della Fiat. E le donne? Le donne lavoreranno e la Fiat, in caso di bisogno, ne chiamerà altri in servizio. Su questa deroga le donne Fim (Cisl) e quelle delle Fismic (*Sindacato* autonomo metalmeccanici),distribuiscono un volantino in cui si considera il lavoro notturno *"una condizione di emancipazione e di parità"*.

E sulla voglia di alcuni sindacalisti di trattare, sulle condizioni Fiat, e di far presto,si capisce a più riprese dalle dichiarazioni di alcuni segretari sindacali. Uno di questi è Pier Paolo Baretta, segretario nazionale auto della Fim-Cisl che dichiara dopo l'accordo:

> *Se la Fiat mi dice che sulle nuove produzioni si gioca tutto, se mi chiede uno sforzo sui turni, per la competitività e per l'occupazione, io tratto.*

Sono gli stessi concetti usati da Romiti. Chi farà il turno notturno troverà 200 mila lire in più in busta paga e mangerà il contenuto del cestino-ristoro. Non tutti la pensano come Baretta. Dino Tibaldi, coordinatore nazionale della Fiom-Cgil auto dice chiaramente:

> *È stato un errore sottoscrivere l'accordo. Non è vero che sarà volontario, riguarda tutti gli operai. Gli operai hanno subito il ricatto sull'occupazione e i sindacati hanno grosse responsabilità. Se si cede con la Fiat si cederà con le altre aziende.*

E anche la Chiesa è preoccupata di questa *voglia* produttiva che accomuna sindacati e Fiat. Per tutti, interviene l'arcivescovo Sandro Quadri responsabile della Cei (Conferenza episcopale italiana) della Pastorale del lavoro:

Le ragioni dell'economia non devono prevalere sulle esigenze normali della vita umana. Il lavoro deve essere per l'uomo, anche in situazioni di emergenza.

Crediamo proprio che Gianni Pedò, dopo tutto ciò che è avvenuto su questa vicenda, dovrà delle scuse a quei lavoratori e a *"quelle lavoratrici per la violenza che è stata loro inflitta"*.

Così vanno le cose alla Fiat. Volontà assurde si mischiano a una crudele organizzazione e a insensate mansioni. E volontà assurde, crudele organizzazione e insensate mansioni sono state le impostazioni Fiat per l'Autobianchi di Desio. E se la storia di questa fabbrica è quella che ho appena raccontato, l'epilogo non è certo migliore.

9 - Epilogo

Via Fratelli Cervi

Del problema Autobianchi ne avevo parlato con la Fiom di Desio nei primi giorni di ottobre, quindi prima di quel 18 ottobre 1991. Poi si era fatta l'assemblea e i *messi* dell'Avvocato avevano *notificato* al sindaco Pietruccio Rampi la chiusura della fabbrica di Desio. Ero stato nelle tre stanzette della Fiom di via Fratelli Cervi per parlare della situazione occupazionale a Desio e nel comprensorio. C'era ansia, a quel tempo, per tante piccole fabbriche ed era l'inizio di una crisi di più vaste proporzioni. La Fiom abbraccia una novantina di fabbriche del territorio mentre a Desio e dintorni è presente con 61 delegati in 25 aziende per un totale di 5 mila lavoratori.

Negli uffici del secondo piano di via Fratelli Cervi avevo trovato alcuni funzionari –Antonio Colombo, Renato Crespi, Gianni Dossi – e il segretario Sergio Postiglione. A loro avevo domandato di una parola che a quell'epoca faceva capolino dalle cronache dei giornali: *cogestione.* Noi, mi aveva corretto Postiglione preferiamo chiamarla *codeterminazione.* Postiglione, un bel paio di baffi scuri sulle labbra, parla con pacatezza:

> *Il padronato ha organizzato sempre la fabbrica secondo i modelli tayloristici, modelli che la rendevano poco flessibile anche con l'introduzione di piccoli ma non sostanziali cambiamenti.* La *codeterminazione è una risposta che permette di rendere attivo il lavoratore al processo produttivo coinvolgendolo nelle decisioni che non possono essere assunte a posteriori.*

Allora, dico io, è la fine della conflittualità in fabbrica? C'è un accavallamento delle risposte. Tutti negano, o almeno così mi sembra di ricordare, che la *codeterminazione* sia la fine della conflittualità. La *codeterminazione*, secondo i sindacalisti della Fiom di Desio, non toglie centralità al sindacato perché questi è spesso al di fuori dei processi conoscitivi dell'azienda. Anzi, mi dicono, crediamo che la *codeterminazione* sia un'occasione di crescita sia per i lavoratori sia per i delegati.

Detta così non fa una grinza. Ma nella realtà? In effetti, di questo problema non parliamo molto quel giorno. Sì è vero, sono andato per avere il quadro sindacale della zona, la situazione nelle fabbriche ma nelle stanze della Fiom aleggia un'altra preoccupazione. E la preoccupazione la tira fuori Gianni Dossi, barbetta bionda e ottimo disegnatore di vignette sindacali. Parlando della *qualità totale,* Dossi dice che cercare la produttività attraverso la penalizzazione umana è sbagliato e incoerente con altre dichiarazioni che sono quelle del coinvolgimento dell'uomo nei fattori di produzione. E mi racconta della cassa integrazione dell'Autobianchi, dell'esigenza della Fiat di produrre 25 mila auto in meno, delle quote di mercato che sono in continua discesa. Poi interviene ancora Postiglione e, questa volta, con chiarezza estrema:

> *Abbiamo forti preoccupazioni per l'Autobianchi. Abbiamo già detto l'anno scorso che bisognava ridisegnare la politica dell'auto in previsione del 1993. La risposta della Fiat è che avrebbe esportato le sue potenzialità in Polonia.*

Una dichiarazione di resa? Conoscendo Postiglione no. Certamente una maggiore preoccupazione che nel passato. Quando la Fiat dà risposte-ricatto, non è facile controbattere. E così parliamo dell'Autobianchi, delle dimissioni *spontanee,* delle intimidazioni, dei ricatti che sono in vigore dietro i cancelli di viale Lombardia. Alla fine, per tutti, conclude Gianni Dossi:

> *È necessario passare da un concetto di gerarchizzazione della fabbrica e di spersonalizzazione*

> *del lavoro ad un concetto di coinvolgimento nel processo produttivo.*

Scendendo le scale penso a questo concetto di Dossi. Sì, penso sia necessario il coinvolgimento nel processo produttivo. Ed è questa la grande scommessa del sindacato ma per vincerla è necessario un salto di qualità e alla Fiat di Desio mi sembra proprio difficile da realizzare. E poi cosa hanno voluto dire? Certo la preoccupazione, la cassa integrazione. C'è anche dell'altro che i sindacalisti non mi hanno detto? Quando riferisco a *l'esagono* il tenore dell'intervista, sia il caporedattore Lorella Maggioni sia il direttore Roberto Isella non hanno dubbi: di *codeterminazione* ne parliamo in un riquadro ma il resto deve essere dedicato all'Autobianchi. Ed è così che usciamo con un titolo a sei colonne, di taglio basso, che dice: "Autobianchi: futuro incerto".

Il giornale, con questo titolo, esce il 7 ottobre e non dobbiamo aspettare molto per conoscere il futuro della fabbrica. Il 18 ottobre 1991, come abbiamo scritto nelle prime pagine del libro, si saprà della decisione Fiat e il titolo, quindi, è stato quanto mai opportuno. In quel 18 ottobre del 1991 capisco anche cosa volevano dirmi i sindacalisti. Non era la cassa integrazione, pur grave, a preoccuparli ma era la chiusura a impensierirli maggiormente: 2.500 dipendenti a casa e un indotto di 4-5 mila persone. Una tragica prospettiva.

Storie personali?

Da quel momento largo spazio del giornale sarà dedicato a questa vicenda. E da quel momento inizia anche una ricerca, defatigante e spesso inconcludente, nel trovare operai disposti a parlare. I più hanno paura delle conseguenze, non vogliono apparire, spesso mi dicono le cose ma sempre accompagnati dalla frase *"però non mettere il mio nome"*. La Fiat arriva anche a questo, a determinare il modo di pensare, a incutere paura. Ma non tutti sono così. Di Antonella Rizzo abbiamo già detto. Anche altri lavoratori non hanno paura di raccontare la loro esperienza all'Autobianchi. In genere sono giovani che magari non hanno grandi esperienze sindacali, ma che sanno che è necessario lottare per mantenere il posto di lavoro. Sono le dichiarazioni più belle perché non mediate da preoccupazioni sindacali. Sono dichiarazioni sincere che denotano una grande voglia di fare qualcosa per salvare posto di lavoro e dignità personale. Mi raccontano di come loro hanno visto la *qualità totale* all'Autobianchi e sono racconti che cozzano con quelli abituati a vedere negli spot Fiat: *"Y10, piace alla gente che piace"*, *"Panda, se non ci fosse bisognerebbe inventarla"*. Sono spot che mostrano gente arrivata, panorami stupendi, colori perfetti. Eppure quelle macchine, tanto reclamizzate, sono fatte in un ambiente ostile per i lavoratori dove la gommapiuma per i sedili è inzuppata d'acqua perché piove dal soffitto, oppure pericolosi per l'incolumità come quando i carrellisti sono costretti a lavorare a marcia indietro perché, portando casse grossissime, la visuale completamente tolta. Qualità totale? Sì. In ogni reparto dell'Autobianchi c'è un enorme cartellone, dove tutti possono, attraverso dei bigliettini, suggerire delle soluzioni per migliorare la produzione. La *qualità totale* si ferma qui e ormai i bigliettini non li usano più nessuno; ci si arrangia come sempre, magari mettendosi il cacciavite fra l'elastico dei calzini o le viti in tasca o costruendo rudimentali scatole di cartone. Qualità totale? Sì. Non nei servizi igienici, però. Nel reparto selleria – 200 persone – per 120 operai maschi solo due servizi igienici disponibili. Di questi problemi volevo parlare coni lavoratori ma soprattutto conoscere come vivono il drammatico momento e cosa si aspettavano il primo giorno che sono entrati in fabbrica. Quattro lavoratori si rendono disponibili a infrangere il muro di silenzio che comincia a gravare su questa fabbrica. Penso che il modo migliore sia quello di far parlare loro stessi, così come abbiamo fatto pubblicando le loro dichiarazioni su *l'esagono* del 4 novembre 1991:

ANTONIO AGOSTINETTO – Ho 26 anni, sono sposato, sono al terzo livello. Vale a dire che guadagno 1 milione e 200 mila lire al mese. All'Autobianchi sono entrato nel 1986 con contratto di formazione-lavoro. All'inizio ci hanno fatto un corso e spesso ci dicevano di non interessarci del sindacato. Se c'erano le assemblee retribuite, l'invito era: *"non andare, non farti vedere"*. Io, prima dell'Autobianchi, lavoravo da un artigiano e l'ambiente era completamente diverso. Il mio primo lavoro nella fabbrica di Desio è stato quello di montare il parabrezza della Panda: l'ho fatto per due anni e mezzo. Dopo il primo mese di lavoro i capi hanno cominciato a stressarmi invitandomi a sbrigarmi, a lavorare sempre di più. I giovani si davano molto da fare perché lo spauracchio era di non essere riconfermati e i capi ne approfittavano. Poi, un giorno, è venuto da me il famoso signor Tresoldi, mi ha dato la mano e mi ha annunciato che ero stato confermato all'Autobianchi. Il giorno dopo mi sono iscritto al sindacato.

MASSIMO MALESANI – Io sono uno dei *raccomandati* perché mio padre lavora all'Autobianchi. Ho 28 anni e sono arrivato nella fabbrica di Desio alla fine del 1986. Io, contrariamente ad altri, non sono meravigliato dell'atteggiamento dei capi, anzi devo dire che me lo aspettavo. I primi mesi di lavoro sono stati brutti ma avevo bisogno di lavorare e sono andato avanti. Io lavoravo in piccoli posti e invece all'Autobianchi c'erano enormi capannoni e ritmi tremendi. Dopo i 18 mesi iniziali ho tentato un dialogo con altri lavoratori; mi sono iscritto alla Fiom e sono stato eletto delegato. E qua è cominciato per me un forte senso di disagio perché il sindacato era spesso assente e non faceva nulla anche a livello umano. Io stesso ho avuto problemi di salute ma il sindacato non si è interessato. Ciò che più mi ha sorpreso all'Autobianchi non è stata l'arroganza dei capi quanto piuttosto la loro ignoranza, la mancanza di preparazione culturale. Sembrano usciti da certi film sui *kapò*. Io m'immaginavo una fredda burocrazia, glaciale ma efficiente e invece questi capi si divertono con malvagità a colpire chi è più debole. Verso chi è malato, il capo può permettersi di fare battute agghiaccianti. Chi ha il mal di cuore può sentirsi dire: *"licenziati così stai a casa a curarti"*. E il sindacato non dice nulla.

GABRIELLA ZORZAN – Sono sposata, ho 24 anni e sono all'Autobianchi dal 1988. Quando sono stata assunta la cosa che più mi ha impressionato, è stato il rumore. Sono stata messa alla catena di montaggio della Panda e per tre mesi continuavano a cambiarmi mansioni. Dopo un anno e mezzo sono stata spostata sulla Y10, in una posizione per me difficile perché ho problemi alla schiena. A forza di chiedere di essere spostata, mi hanno mandata in selleria. L'episodio che mi ha più colpita è stato quello che ha visto protagonista il famoso Tresoldi. Io ero stata chiamata da questo responsabile e mi aveva detto di un incentivo per licenziarmi. Non ho voluto neppure sentire la cifra. Ho risposto che non m'interessava. Tresoldi, allora, ha cominciato a umiliarmi dicendo che il posto di lavoro l'avevo ottenuto solo perché mio padre *"era andato a piangere da lui"*. Da Tresoldi sono stata richiamata una seconda volta e ho voluto essere accompagnata, però, dalla delegata Antonella Rizzo. Tresoldi ha cominciato a inveire, insultando soprattutto Antonella con espressioni volgari. Una brutta esperienza. Si parla di qualità totale ma all'Autobianchi succedono cose inspiegabili. A me, per due anni, non mi hanno dato la tuta di lavoro. Sono al secondo livello e guadagno circa 1 milione e 200 mila lire al mese.

SALVATORE FRENNA – Anch'io sono al secondo livello. Sono sposato, ho 25 anni e sono entrato nella fabbrica di Desio nel 1989 con contratto di formazione-lavoro. Io vengo dalla Sicilia, da Gela e prima ero in Germania a lavorare. Quando si è all'estero, si fanno, pur di guadagnare, i lavori più umili ma non ricordo di avere avuto i problemi che ho avuto all'Autobianchi. All'inizio ti fanno capire che il sindacato è meglio lasciarlo perdere, poi, quando ti iscrivi, cominciano i guai. Io non avevo nulla, ero sposato e ho quindi chiesto di poter fare gli straordinari e se si poteva assumere mia moglie. Ma, stranamente, a me non chiedevano mai di farli. Il capo approfittava della mia situazione e mi spostava di lavorazione in continuazione. Il ritornello era sempre lo stesso: *"vedrai... lavora, fai il bravo"*. Ma la cosa non cambiava mai e così un giorno mi sono rifiutato di fare certe lavorazioni. Da quel momento ha cominciato a farmi la guerra: mi controllava, cercava di rendermi la vita difficile, chiedeva sempre di più. Ogni giorno discussioni, urla, poi mi hanno spostato dalla selleria alla catena di montaggio della Panda a montare le sospensioni. Per contratto abbiamo cinque giorni di tempo per imparare. Io non riuscivo a montare queste sospensioni e per tre ore mi hanno mandato un aiuto, poi basta. E così ho fatto presente che io, in quelle condizioni, avrei fatto quello che potevo. Dopo tre giorni sono venuti da me alcuni capi e hanno cominciato a urlare davanti a tutti. Mi hanno insultato affermando che non avevo voglia di lavorare. Neppure in Germania mi hanno trattato in modo così umiliante. Inutile dire che mia moglie non l'hanno mai assunta.

Tutti al "Centro"

Quando escono queste testimonianze, qualcuno ci rimane male. No, non la Fiat che è abituata a ben altre bordate. Stranamente qualche collega di chi ha parlato. Mercoledì 7 novembre c'è una manifestazione degli operai Autobianchi.

Appena arrivato davanti ai cancelli, vengo "assalito" da numerosi lavoratori che portano una singolare tesi: non si può ridurre questa lotta a casi personali. Così facendo, dice un altro, si aiuta la divisione in un momento in cui abbiamo bisogno, invece, di unità. Strana questa polemica che dimostra un certo nervosismo ma contemporaneamente la divisione, il diverso modo di intendere la lotta sindacale ma anche il ruolo che deve avere 1'informazione. Essere decisamente dalla parte dei lavoratori non significa essere acritici o fare solo i notai della situazione. Il nostro ruolo è di informare, raccontare i fatti e non riportare solo i comunicati. Quelle che abbiamo portato sono solo storie di normale Fiat, quella Fiat arrogante che si picca di essere *moderna* ma che è, in fondo, solo prepotente. Questo rispondo, mentre sfiliamo per le vie di Desio. E ne approfitto anche per far presente che mi schiererò, sul giornale, anche sul fatto che il Consiglio di fabbrica, sulla vicenda Tresoldi-Rizzo, ha fatto solo un volantino. Anche questo, se vogliamo, è un fatto personale. Ma le lotte sono fatte anche di casi personali.

E della lotta dell'Autobianchi, o meglio dell'annunciata ristrutturazione, ne parla anche Sergio D'Antoni, segretario nazionale della Cisl. Lo fa il 22 ottobre a Milano, in piazza Duomo, in occasione dello sciopero generale contro la manovra economica. Ben 80 mila lavoratori si recano in corteo contro le decisioni del governo. D'Antoni grida, ma la piazza non capisce nulla di cosa dice. Si sentono solo i fischi, le urla, le imprecazioni nei confronti di un sindacalista certamente non amato dai più. Poi le agenzie di stampa ci faranno sapere che D'Antoni, a proposito dell'Autobianchi, ha detto che il sindacato

> *non accetterà decisioni unilaterali. La solidarietà non è solo un valore, ma è una risorsa da utilizzare e i sindacati confederali sono i soli ad applicarla.*

Infatti, non ci saranno decisioni unilaterali della Fiat. Ma decisioni sottoscritte dal sindacato. Intanto a Desio, proprio nei giorni della manifestazione degli operai Autobianchi, al Teatro *Il Centro*, il CdF organizza una serata sul problema dell'Autobianchi. È stato deciso qualche giorno prima in Comune in una riunione fra Amministrazione e sindacalisti: in quella riunione, oltre al sindaco Rampi, l'assessore al Lavoro Anna Maria Camnasio centra il problema del riutilizzo dell'area. È indubbio, infatti, che 133 mila metri quadri facciano gola a tanti. E il pericolo è proprio questo: lasciare a casa gli operai e speculare sull'area. Che l'area rimanga produttiva lo sostiene, in nome del sindacato, Loris Maconi che propone anche *"un Comitato rappresentativo che possa durare nel tempo"*.

L'appuntamento al *Centro*, fissato per le 21, è perfettamente rispettato. Quando arrivo, la sala è già piena ma il palco vuoto. Uno dei primi ad arrivare, e a salire con fatica i gradini che portano al palco, è Bartolomeo Cerato, consigliere comunale, in quel momento, di Alternativa Verde. Mi avvicino al palco e gli chiedo una dichiarazione sulla vicenda Autobianchi. *"Sono contrario alla chiusura degli stabilimenti del Nord non fosse altro perché prima si obbligava a venire al Nord ed ora si apre al Sud. Per me, portatore di handicap, la chiusura dell'Autobianchi significa anche la perdita di posti di lavoro di molte persone disabili che all'Autobianchi avevano trovato non soltanto un luogo di lavoro ma anche di socializzazione"*.

Sul palco, Cerato rimane solo ancora per un po'. Per un'abitudine tutta italiana si comincia sempre dopo l'orario fissato. Ne approfitto anch'io per farmi rilasciare altre dichiarazioni sull'argomento. Girovagando nella sala adocchio il vicesindaco liberale Angelo Morrone. Avvocato, assessore al Bilancio, carnagione olivastra e baffetti ben curati, Morrone mi dice che per correttezza dovrebbe rispondere, per i liberali, il segretario provinciale ma dopo la mia insistenza mi rilascia una dichiarazione d'incredulità: *"Non ci si aspettava che la Fiat arrivasse a tanto. Desio perderà una struttura industriale molto importante con grave danno sia per i lavoratori, sia per tutti quelli che come indotto lavorano attorno a questa azienda. Come liberale esprimo solidarietà ai lavoratori".*

Sul palco sta salendo Giovanni Delle Grottaglie, consigliere comunale democristiano, barbetta corta, architetto, ex operaio proprio dell'Autobianchi: *"Sono solidale con i lavoratori dell'Autobianchi anche perché dal 1970 all'80 sono stato operaio di questa azienda. La chiusura è un atto grave della Fiat che vuole perseguire altre strategie a discapito della Brianza".* La possente stazza del consigliere pidiessino Giuseppe Smiraglia non si può certamente non notare: *"Una questione gravissima per la questione economica locale* – dice Smiraglia –. *Questi lavoratori vanno difesi a tutti i livelli perché sono i terminali di decisioni prese ad alto livello".* Quale alto livello? Smiraglia non ha tempo di rispondermi perché ormai il palco è quasi al completo e lui, probabilmente, non vuole restare in piedi. Riesco a bloccare, in compenso, un consigliere della Lega Lombarda, Francesco Messa, imprenditore, che arriva con il capogruppo Marco Maria Mariani e l'on. Leoni. *"Il grande capitale* – afferma Messa – *sposta le fabbriche al Sud chiudendo al Nord e praticamente i lavoratori lombardi finanziano il loro licenziamento".*

Ormai il palco è al completo. Ci sono una cinquantina di persone fra consiglieri comunali, deputati, consiglieri regionali, sindacalisti. Ci sono pidiessini, verdi, socialisti, democristiani, liberali, leghisti, socialdemocratici. Un po' di tutto e, come vedremo, stranamente tutti d'accordo, tutti uniti contro la Fiat. Un'unanimità che puzza alquanto. Ma così vanno le cose, almeno in quel momento. E se ci sono tutti, si può iniziare? Certo, iniziamo. E allora giù parole, tante parole, la sagra delle parole. Intervengono in 22 in difesa dei lavoratori contro la *cattiva* Fiat che vuole chiudere a Desio: dall'andreottiano consigliere regionale Sergio Cazzaniga al liberale Di Maggio. Intervengono in 22 ma solo 2 sono i dipendenti Autobianchi che si avvicinano al microfono, Renzo Di Bernardo e Antonella Rizzo. La passerella continua con un occhio di riguardo alla prossima campagna elettorale e si sa, quando ci sono le campagne elettorali, bisogna farsi trovare pronti. Un sentore, questo, palpabile sin dai primi interventi e riconosciuto alla fine anche dal sindaco pidiessino di Nova, Renato Parma, che propone anche un Comitato di crisi, ma nello stesso tempo mette in guardia chi crede che la lotta sia facile *"perché il cammino dei lavoratori è fatto anche di sconfitte. Per essere credibili, oltre all'unità, è necessario fare proposte alternative"*.Tutti prendono applausi. In particolare i fan della Lega Lombarda, organizzatissimi che applaudono l'on. Leoni fischiato dalla maggioranza, invece, quando insiste a chiamare gli operai con il termine *operatori*. Non tutti sono come l'onorevole. Il capogruppo leghista di Desio, ad esempio, Marco Maria Mariani parla senza mezzi termini e definisce la Fiat come *"uno Stato nello Stato"*.

I lavori cominciano con gli interventi del sindaco Rampi e di Anna Maria Camnasio, assessore al Lavoro, pidiessina, che informano sulla situazione dell'Autobianchi. Anche il capogruppo DC Umberto Spreafico critica il governo e soprattutto la Finanziaria perché *"non sono previsti investimenti o agevolazioni per fronteggiare la crisi del Nord"*.Un operaio, seduto alle mie spalle, borbotta: *"E chi l'ha votata la Finanziaria?"*.Il clima, però, non è ancora di contestazione. Forse c'è l'illusione, da parte dei lavoratori, che tutti difenderanno 1'Autobianchi o quanto meno tutti quelli che la stanno difendendo da quel palco. E ci sono anche feroci autocritiche. È il caso di un altro consigliere comunale di Desio, questa volta socialista, l'architetto Giorgio Ponti che, applauditissimo, critica il Psi *"che pure è al governo e ha firmato accordi che non sono stati rispettati"*.Poi arrivano le prime bordate al sindacato per opera di Battiato dell'Alfa di Arese e di Eugenio Cazzaniga: *"Un sindacato serio* – dice l'esponente della Flm-Uniti –*non deve baloccarsi a mettere una pezza una volta a Desio e una volta ad Arese, perché i lavoratori non sono pacchi postali".* Poi gli interventi del consigliere provinciale di Rifondazione comunista Strada e del segretario dei metalmeccanici Castano. E se per Antonella Rizzo il pericolo è di *"una guerra fra poveri che non vogliamo perché abbiamo fatto ore e ore di sciopero per l'occupazione del Sud",* per il senatore pidiessino Andrea Margheri il problema resta quello dell'unità: *"Si vince se si riesce a creare fra i lavoratori e tutte le forze sociali, un clima di solidarietà e di scelta precisa degli obiettivi che si vogliono raggiungere".*

Parole sante. Solidarietà e obiettivi, binomio indispensabile per vincere. Proprio quello che non si farà. E forse, col senno di poi, su quel palco molti sanno che la sorte dell'Autobianchi è già segnata. Ma in quel momento, a ridosso delle elezioni, meglio non dire nulla, meglio prendere gli applausi. Chi, invece, degli applausi non sa che farsene è 1'assessore Maria Rosa Mariani, di Alternativa Verde, ex demoproletaria. Di solito molto combattiva e tagliente nei suoi interventi, quella sera preferisce, invece, un intervento brevissimo, fuori dal coro. Fa in pratica una provocazione: tutta l'area Autobianchi sia vincolata a verde pubblico. Qualcuno ride, pochi applaudono. Eppure il pericolo di un insediamento non produttivo esiste ed esisteva allora. Forse era meglio e più conveniente non discuterne. Alla fine, il sindaco Pietruccio Rampi legge il testo di un ordine del giorno che viene, naturalmente, approvato a larga maggioranza. Poi tutti a casa. La passerella è terminata. Di quei personaggi sopra il palco, pochi ne vedremo nei mesi a seguire; nessuno davanti ai cancelli della fabbrica. Uscendo dal teatro ho l'impressione che i lavoratori siano soli nonostante le tante parole dette. La vera lotta per salvare i posti di lavoro comincia ora. Spiegherà in seguito Renzo Di Bernardo, del CdF dell'Autobianchi:

> *I lavoratori dell'Autobianchi sono in lotta per respingere la decisione della Fiat di andare alla soppressione di questo stabilimento. Siamo in lotta anche per avere un tavolo di trattativa per discutere delle prospettive dell'Autobianchi di Desio in termini di*

> *produttività. Noi riteniamo necessario che rimanga una industria che dia risposta ai problemi territoriali e alle nuove generazioni. Vi sono migliaia di posti legati alla attività produttiva di questa fabbrica ed è doveroso, da parte della Fiat, sedersi a un tavolo per decidere assieme cosa rimarrà. Respingiamo la decisione Fiat che ha avuto dalla collettività migliaia di miliardi per investimenti al Sud, ma si era impegnata a mantenere l'attività produttiva nei poli dove era già insediata. Evitiamo di portare queste contrapposizioni nel dire che le fabbriche dal Sud sono in alternativa a quelle del Nord. La nostra lotta vuole respingere la decisione della Fiat.*

Di Bernardo tocca un importante problema: quello dei finanziamenti, profusi a piene mani, alla Fiat. L'impegno, come si è visto, di tenere aperti i poli produttivi al Nord è venuto meno. E qualche politico governativo dovrebbe rispondere. A Desio, in realtà, non è facile trovare qualcuno del governo. E quando ne arriva qualcuno, soffre di amnesie.

Il 13 novembre, organizzato dalla Uilm, a Milano si apre un convegno sulla Fiat. Il segretario Luigi Angeletti, dopo aver rilevato che "*i rapporti sindacali con la Fiat sono soddisfacenti ma potrebbero subire modifiche radicali ove passassero provvedimenti – ventilati da Romiti – tesi a ridurre i livelli occupazionali*", a proposito di Desio, afferma:

> *Siamo propensi a sottoscrivere un accordo di riorganizzazione purché siano garantiti tutti i lavoratori e che la produzione resti sul territorio nazionale. Limitatamente agli stabilimenti di Desio e Arese potrebbe rivelarsi utile il ricorso ai prepensionamenti purché nessun lavoratore di Arese sia messo in cassa integrazione.*

La dimenticanza di Craxi

Si comincia, comunque, a programmare tutta una serie di manifestazioni. Il Pds di Desio è mobilitato per un'assemblea aperta, si parla di pullman che si recheranno a Torino il 3 dicembre a sostegno della delegazione sindacale che tratterà con la Fiat, di uno sciopero generale di zona e di una veglia natalizia. Intanto una delle prime organizzazioni che emette un comunicato stampa sull'Autobianchi sono le Acli che esprimono il totale appoggio alla lotta dei lavoratori."*Se si dovesse concretizzare la decisione della Fiat, questa comporterebbe la perdita di circa tremila posti di lavoro* – affermano le Acli –*e ciò rappresenterebbe un duro colpo per il patrimonio umano, sociale e professionale oltre a quello industriale di tutta la zona, già pesantemente in crisi".*

Chi invece si dimentica dell'Autobianchi è Bettino Craxi. Il 24 novembre, una domenica mattina, il leader del garofano parla a Desio al solito Teatro *Il Centro* e tutti si aspettano che parli anche dell'Autobianchi. Il teatro, secondo quanto dicono le cronache di Monica Previato che per noi segue l'avvenimento, è pienissimo. Militanti socialisti sono arrivati da tutti i paesi del circondario e, naturalmente, è presente tutto lo stato maggiore milanese. Non potrebbe essere diversamente. A quell'epoca Bettino è un vincente. Neppure lontanamente si può pensare alle informazioni di garanzia che, copiose, gli cadranno addosso poco tempo dopo. Il nostro giornale apre proprio con questa notizia in prima pagina: "Craxi parla a Desio. Ma l'Autobianchi non entra nel programma". Il programma è quello elettorale e Craxi fa un discorso tutto centrato sulle prossime consultazioni elettorali. Scrive Monica Previato:

> *Un discorso chiaro, a volte sarcastico e pungente, ma soprattutto un preludio alla campagna elettorale in vista delle elezioni politiche della prossima primavera... Unico punto dolente della riuscita mattinata il fatto che nessun cenno sia stato fatto sui problemi della chiusura dell'Autobianchi.*

In effetti, è veramente strano che Craxi non nomini neppure di sfuggita la fabbrica Fiat. Parla di tutto e dà bacchettate a destra e a manca mentre auspica *"una collaborazione tra le forze sociali e il mondo del lavoro"*. Poi, seguito da portaborse e lecchini vari, va a visitare la nuova sede del Psi. Anche qua battute e risate d'obbligo. Di Autobianchi non si parla. Completamente dimenticata. Possibile che non sappia che a Desio c'è la fabbrica Fiat? O forse è meglio non dire nulla per non compromettere equilibri futuri? Chi ci resta male è il segretario Psi di Desio, Giancarlo Varisco, che probabilmente tiene molto a una presa di posizione del suo segretario.

Il venerdì precedente, 22 novembre, il Pds di Desio ha organizzato in sala consiliare un convegno sull'Autobianchi. È un pomeriggio grigio e freddo. Vengono in tanti al convegno. Sono soprattutto i lavoratori ma ci sono anche molti amministratori dei paesi vicini e dirigenti locali dei partiti. I manifesti del convegno annunciano la presenza di Luciano Lama, vicepresidente del Senato e quello della Camera Aldo Aniasi. Ma non potranno partecipare per "improvvisi impegni" a Roma. In seguito Aniasi rivolgerà un'interrogazione scritta al ministro del Lavoro. Vale la pena farla perché, come abbiamo detto, le elezioni si avvicinano. Nel 1992 Aniasi riuscirà a essere rieletto, per la quinta volta, con ben 12 mila preferenze. Certo sono voti che non vengono solo a seguito dell'interrogazione parlamentare, quanto piuttosto dai circoli milanesi d'immigrati, sua vera base elettorale. Comunque sia, Aniasi scrive che *"la proposta formulata dalla Fiat per l'impiego di parte delle maestranze in altre sedi od in altre attività, nonché le proposte per incentivare il prepensionamento e le dimissioni volontarie, non appaiono credibili in quanto non supportate da elementi certi di giudizio"*. Se non ci crede Aniasi, vicepresidente della Camera e rappresentante di un partito che è al governo, come ci può credere, alla proposta Fiat, l'operaio che lavora sulla linea di montaggio dell'Autobianchi? Aniasi probabilmente si ricorda che ogni tanto il Psi deve essere schierato a sinistra e così conclude: *"Non è ammissibile che le conseguenze delle strategie industriali e delle ristrutturazioni aziendali gravino esclusivamente sui lavoratori"*.

Già, non è ammissibile. C'è da chiedersi, e da chiedere ad Aniasi, perché mai, nella realtà, le ristrutturazioni aziendali gravano *sempre* sui lavoratori, Aniasi, il partigiano "Iso", sarà uno degli onorevoli che sul problema Autobianchi sarà *desaparecido*.

Uno dei primi a prendere la parola, al convegno Pds, è il senatore democristiano Luigi Granelli. Ex operaio tornitore, 63 anni, Granelli attacca il governo, di cui il suo partito fa parte, perché *"deve assumersi le proprie responsabilità perché quando si danno contropartite sotto forma di incentivi finanziari alle aziende, c'è anche il diritto di sapere quale politica industriale si vuole fare, come si gestisce l'occupazione e cosa si decide di produrre in questa o quella zona"*.

La gente applaude convinta. Ed io penso che forse sono stato il solito pessimista. Forse, se anche i democristiani criticano i finanziamenti alla Fiat, non tutto è perduto. E sul problema dei finanziamenti intervengono in molti. Uno di questi è Walter Molinaro, il tecnico pidiessino dell'Alfa di Arese penalizzato perché iscritto alla Fiom. La vicenda di Molinaro è apparsa su tutti i giornali e quando parla c'è un silenzio rispettoso: *"La Fiat – sostiene Molinaro – per le industrie acquisite non ha ancora tirato fuori un quattrino mentre chiede investimenti allo Stato per aprire al Sud"*. E intervengono anche Renzo Di Bernardo, Nora Radice, segretaria di zona del Pds, Loris Maconi, segretario Fiom: tutti pongono l'accento sulla pericolosità dell'operazione Fiat non solo per i posti di lavoro ma per 1'intera economia della zona. Anche il sindaco Rampi, dopo aver espresso la solidarietà dell'Amministrazione comunale, afferma che *"bisogna avere la massima attenzione per la persona umana"*. Un tema, questo, cui si riferisce anche monsignor Piero Galli preoccupato *"soprattutto per i giovani sempre più penalizzati da questa società che vede solo il profitto"*.

Non a caso monsignor Galli si sofferma sui giovani. Sa per esperienza, essendo stato per tanti anni alla Pastorale del lavoro, che quando manca il lavoro si acuiscono i problemi sociali. Ha 65 anni, occhiali spessi e una parlata calma. Poco prima l'ho intervistato per una sua frase detta in occasione dell'inaugurazione della Fiera di Desio. In quell'occasione raccontò di aver partecipato, nel 1951, ad un'occupazione di una fabbrica tessile. Sono rimasto incuriosito dall'episodio e voglio farmelo spiegare. Nella lunga chiacchierata parliamo anche dell'Autobianchi e le sue posizioni sono decisamente dalla parte dei lavoratori. Le ripete, quindi, anche al convegno del Pds con un intervento molto breve. Poi è la volta del vicesindaco Gianni Colombo, dipendente Autobianchi, che si richiama all'unità e alla solidarietà di tutte le categorie *"unico modo per battere la strategia* Fiat" e del senatore Andrea Margheri che abbiamo già conosciuto nelle pagine di questo libro e che spesso si è interessato della questione Autobianchi fin dal lontano convegno del 1984. Fiorentino di nascita, ottimo parlatore, fisico robusto, Margheri fa un lungo e documentato intervento per affermare alla fine che non si deve difendere solo il posto di lavoro, ma l'intera unità produttiva. *"Non siamo* – afferma il senatore Andrea Margheri – *contro l'industrializzazione del Meridione, ma se si crede di fare l'industrializzazione del Sud abbandonando il tessuto produttivo del Nord, alla fine sarà una perdita per tutti"*.

Come si fa a non essere d'accordo con questi temi? Man mano che il dibattito continua, sono sempre più ottimista. Sì l'unità è completa, la voglia di lottare per mantenere aperta questa fabbrica è unanime. Penso che *il signor Fiat* avrà qualche problema a chiudere la fabbrica di Desio. D'altronde, come non si può non essere d'accordo con quanto dice anche il ministro-ombra del Pds, Silvano Andriani? Testa ricciuta, l'economista del Pds non parla certo come un economista. Il suo è un intervento chiaro con una conclusione tutta centrata sull'uomo: *"La maggior risorsa di un Paese è l'uomo, la conoscenza, il saper fare. Le macchine si possono cambiare, ma la maggior risorsa è la cultura del lavoro che si accumula in anni e anni di esperienza"*. Ancora applausi da tutte le parti. Non è usuale, d'altronde, sentire un economista che al centro del suo intervento metta l'uomo.

Chi raffredda un po' il mio appena accennato ottimismo è il sindaco di Nova, Renato Parma. Alcune cose le ha già dette nella serata al Centro. E quel pomeriggio insiste sui quei temi. Lo ascolto con molta attenzione e non solo perché lo conosco da tanti anni ma perché so che ha esperienze di fabbrica. Per anni ha lavorato alla Worthington, è stato consigliere regionale del Pci, ha fatto lavoro sindacale. Che cosa dice Parma? Dice di stare attenti con i facili ottimismi: *"La preoccupazione è che dopo il primo momento di solidarietà potrebbe calare l'attenzione, quella fiammata indispensabile per continuare la lotta"*. E subito dopo di lui parlano due lavoratori, Porzia che dice *"di non voler essere trattato come un pacchetto dal signor Fiat"* e Rosa Parisi, un'impiegata dell'Autobianchi che rileva le difficoltà che avranno i lavoratori con problemi fisici e psichici.

Questi tre ultimi interventi mostreranno, con il tempo, proprio quello che succederà all'Autobianchi: *la fiammata* si esaurirà; gli operai saranno trattati come *pacchetti; i* lavoratori con *problemi fisici e psichici* saranno depennati dalle liste per le assunzioni ad Arese.

La manifestazione

Il pomeriggio del 4 dicembre 1991, un mercoledì, i sindacalisti dell'Autobianchi se lo ricorderanno per sempre. In via Fanti, a Torino, è previsto – nella sede dell'Unione industriali – un incontro con la Fiat. I membri del CdF che si recano a Torino pongono grandi speranze a quell'incontro. Forse, pensano, si riuscirà a ritardare la chiusura, a modificare le intenzioni della Fiat. Il top management torinese quando si tratta di chiudere le aziende è irremovibile. Per le tangenti no. In seguito verremo a sapere con quanta facilità e con quanta morbidezza pagavano tangenti. Quel 4 dicembre 1991, però, di fronte ai dirigenti, non ci sono amministratori pubblici concussi per questo o quell'appalto. Quel mercoledì di fronte ai manager Fiat ci sono sindacalisti e operai e con questi ultimi, poi, non c'è da perdere troppo tempo. E così ci si sbriga in fretta. La decisione della Fiat, dice il capodelegazione dott. Paolo Gasca, è di chiudere Desio: la Y10 sarà portata all'Alfa di Arese mentre la Panda a Mirafiori. Un'azienda componentistica, la Acge, occuperà parte dei capannoni e assumerà 400 operai. E gli altri 2.100 dipendenti? La risposta della Fiat è altrettanta netta: cassa integrazione a zero ore e mobilità verso Arese.

Inutile tentare di rilevare che con la chiusura di Desio ci sarà una perdita strategica ed economica, che ci saranno ripercussioni negative sull'intero tessuto produttivo della zona. Tutti argomenti buoni per i grandi dibattiti ma che agli uomini di Agnelli non interessano molto. Inoltre sanno benissimo che con la scelta di portare la Y10 ad Arese riusciranno a incunearsi nel fronte avversario. Per il CdF di Arese, presente all'incontro, il venir a sapere che arriva nuovo lavoro nella loro azienda già in difficoltà, è senza dubbio una buona notizia. Per i nazionali, poi, il discorso è sui grandi numeri. Se la Fiat s'impegna a non lasciar, pur nel tempo, a casa nessuno...

La strada del ritorno a Desio per il CdF Autobianchi è un po' la via crucis. Nessuno ha molta voglia di parlare. Dentro di loro c'è qualcosa che li rode, un dubbio che prepotentemente si affaccia nelle loro menti: Arese e il comportamento del Nazionale li lascia sgomenti. E sentono anche una grande responsabilità verso i lavoratori. In quei giorni hanno parlato con molti, sono riaffiorate frasi di fiducia, hanno visto la fabbrica unita, pronta a lottare per difendere il posto. E ora?

Ora non c'è troppo tempo da perdere. Fra pochi giorni, per il 10 dicembre, è stata fissata una manifestazione cui dovrebbero partecipare le fabbriche del comprensorio e i comuni interessati al problema della fabbrica che la Fiat vuole chiudere. No. Non c'è tempo da perdere. Ora bisogna lavorare affinché la manifestazione riesca, prendere contatti, fare i manifesti, telefonare ai sindaci dei comuni, parlare con i responsabili dei commercianti di Desio affinché aderiscano allo sciopero. Che possa essere una grande manifestazione per far capire ad Agnelli che Desio e il comprensorio dice no alla chiusura, tutti uniti a difesa della fabbrica. Il giorno dopo l'incontro di Torino, CdF e sindacati della Brianza distribuiscono un volantino in cui si annuncia un Consiglio comunale aperto per il 7 novembre *"per definire un ruolo attivo delle istituzioni"* e si esortano i cittadini a sostenere la lotta dei lavoratori dell'Autobianchi.

E la manifestazione riesce. Fa molto freddo quel martedì 10 dicembre 1991. Un freddo pungente che penetra nelle ossa. Un freddo natalizio. Un freddo che non colpisce solo le ossa, ma soprattutto il cuore delle migliaia di lavoratori scesi in piazza per contrastare le decisioni della Fiat. Alle 9, davanti ai cancelli di viale Lombardia, siamo ancora in pochi. Uno dei primi ad arrivare è Piero Scaramucci con una troupe del *TG3* e si rifugia subito nel bar. Poi arriva un gruppo di lavoratori della Worthington con lo striscione arrotolato, anch'essi in lotta in quei giorni, qualche pullman di pensionati e gli studenti dell'Itis, del collegio "Paolo De Rosa", del liceo "Majorana" con le loro giacche a vento e gli zainetti colorati. Alle 9,30, lo spiazzo antistante l'Autobianchi non riesce più a contenere le persone che sopraggiungono in continuazione. Arrivano anche una decina di pullman con i lavoratori della zona e i pensionati della zona di Vimercate. Ma quanti sono? Con Viviana Magni del *Corriere* andiamo a parlare con il responsabile delle forze dell'ordine. Per lui più di 3.000 persone. Per i responsabili sindacali 5.000. Tanti comunque, come non se ne vedevano da tempo, forse dal '69, dal famoso "autunno caldo" e quest'accostamento fa dire a qualcuno che finalmente si è ritornati in piazza dopo anni e anni di persuasione più o meno occulta per farci rimanere a casa, per non farci interessare dei problemi. *Ritorno al privato* l'hanno chiamato. In realtà, come poi abbiamo visto, mentre i lavoratori stavano nel *privato,* gli altri lavoravano e come.

Poi la partenza del corteo. Davanti a tutti uno striscione rosso sorretto daalcuni membri del Consiglio di fabbrica dell'Autobianchi, i gonfaloni dei Comuni di Desio, Nova, Muggiò, Cesano Maderno, Bovisio Masciago, Seregno, Lissone, Limbiate. E vicino ai gonfaloni, gli amministratori pubblici: il sindaco di Desio Pietruccio Rampi naturalmente conteso da giornalisti e operatori Tv, l'assessore al Lavoro Anna Maria Camnasio, il vicesindaco Giovanni Colombo e 1'assessore Antonio Santambrogio ambedue dipendenti dell'Autobianchi, il capogruppo desiano della Dc Umberto Spreafico con una vistosa sciarpa rossa sul loden verde, l'assessore Vincenzo Bella. E ancora la segretaria del Pds Marta Biella e della zona Nora Radice, i dirigenti locali e provinciali di Rifondazione comunista, il sindaco di Nova Milanese Renato Parma e l'assessore Elio Sala, l'assessore Rolandini di Muggiò, l'assessore Totaro di Cesano Maderno, il sindaco di Lissone Valtorta, l'assessore Amari di Seregno.

Mi sfilano davanti assieme a tanti altri amministratori confusi fra i lavoratori, gli studenti, i pensionati. Questi sono senza dubbio i più organizzati con le loro bandiere e l'ordine con cui sfilano ma anche con facce che ne hanno viste tante e tante volte hanno marciato per difendere il lavoro. Ora marciano per difendere il lavoro degli altri ma nello stesso tempo per il loro diritto a essere parte della società. Poi uno striscione a sfondo bianco con parole inequivocabili: *"L'Autobianchi deve continuare a produrre"* e via gli striscioni dei Consigli di fabbrica: quello della Zanussi di Solaro, della Core Confezioni di Verano, della Star di Agrate, dell'Alfa Romeo, del Credito e Assicurazioni della Brianza, del Commercio e Turismo, della Pirelli di Seregno, della Siemens, lo striscione dei pensionati Cisl, gli ombrelli rossi dei pensionati Spi-Cgil, gli studenti. Non ci sono molti slogan gridati. Un gruppo ritmando grida: *"Se la Bianchi chiuderà il sindacato brucerà"*. Ma è un grido che non è raccolto. È un corteo fin troppo serio quello del 10 dicembre, composto. Soprattutto è un corteo preoccupato. Eppure parlando e intervistando al volo questo o quel lavoratore si nota nelle loro risposte anche una grande voglia di lottare, di fare qualcosa per la difesa del posto di lavoro. Già, cosa? Nessuno lo sa di preciso in quel momento, anche se tutti sono fiduciosi, vista la manifestazione, che il sindacato qualcosa farà per difendere il posto di lavoro.

È questo – la difesa del posto di lavoro – il *leitmotiv* della mattinata. L'hanno capito anche i commercianti che hanno chiuso i negozi in segno di solidarietà. Purtroppo, solo i negozi del centro. Se dovesse passare il disegno della Fiat, toccherà anche ai commercianti la crisi. E man mano che il corteo tocca via Gramsci, via Diaz, via Milano, via Sabotino e via Garibaldi e si avvia in piazza Conciliazione, sempre più gente si accoda e sempre più gente lo vede sfilare dalle finestre e dai balconi delle case. E fra la gente che sfila anche tanti lavoratori che in quelle settimane ho avuto l'occasione di ascoltare. Antonella Rizzo porta un cartello con scritta una frase a mo' di interrogativo: *"Se chiude l'Autobianchi quale futuro per noi e per le nuove generazioni?"*. Vicino a lei, infagottato in un eskimo di passata memoria, Giovanni Laudicina regge con una mano uno striscione con scritto sopra un perentorio *"No alla chiusura dell'Autobianchi"* mentre con l'altra mano saluta a pugno ben serrato. È il gruppo più animato, quello dei giovani, quelli che sino alla fine si batteranno contro la chiusura e che saranno contro l' accordo sindacale.

In piazza Conciliazione, poi, i rituali interventi dal palco montato sul sagrato della chiesa mentre una buona parte dei lavoratori non li sta ad ascoltare preferendo abbandonare la piazza. Sono interventi brevi, un po' pomposi quelli dei sindacalisti esterni alla fabbrica molto più immediati quelli del CdF. Renzo Di Bernardo non si perde in perifrasi. Come il solito è molto tranquillo. Ma sa che quello che dirà sono concetti non facili, che non siamo più in una fase interlocutoria, che la Fiat ha deciso di chiudere. Per lui bisogna lavorare *"per rendere marginale l'utilizzo della cassa integrazione a zero ore. La salvaguardia effettiva dell'occupazione dei lavoratori dell'Autobianchi, può essere garantita solo da un diverso e graduale piano di dismissioni della produzione di auto, che deve avvenire contemporaneamente alla ricollocazione dei lavoratori nelle nuove iniziative industriali o ad Arese"*.

È, come si vede, una chiusura della fabbrica di Desio soffice, forse indolore. Comunque di chiusura ormai si tratta. Se però questa è fatta in modo *graduale* contemporaneamente alla ricollocazione dei lavoratori ad Arese o alla Acge, forse sarà indolore per i lavoratori. Una tesi che due giorni dopo la Fiat boccerà con molta determinazione ma che quella mattina per tanti lavoratori in quella piazza rimane l'unica ancora di salvezza. Dopo Di Bernardo è la volta del segretario dei metalmeccanici Cisl di zona, Luigi Perego. È preoccupato per quello che potrebbe avvenire nella nostra zona. Una zona, dice, in cui ci sono 18 mila disoccupati di cui ben il 72 per cento donne e il 28 per cento giovani. *"Il lavoro e lo sviluppo economico –* grida Perego dal palco *– sono inscindibili. Ciò che propone la Fiat è inaccettabile; vogliamo proposte significative perché il piano Fiat scarica addosso ai lavoratori la responsabilità di scelte sbagliate e offre solo la certezza della Cassa integrazione a zero ore"*. Alla fine del discorso, la stoccata finale: *"Se non* *ci sarà sbocco positivo, si renderà necessario un mese di mobilitazione e uno sciopero generale di tutte le categorie, di tutta la Brianza".*

Non ci sarà lo sbocco positivo ma neppure il mese di mobilitazione. Agnelli chiuderà la Fiat di Desio e contro questa decisione ci saranno solo quelle ore di sciopero di quella fredda mattina. Le conclusioni sono tratte da Sergio Cofferati della Cgil nazionale che subito polemizza con coloro che in quegli anni hanno visto il terziario come la panacea per la soluzione del problema produttivo: *"Senza un'attività industriale adeguata anche Desio e la Brianza sono destinati a perdere il benessere. Diciamo con molta decisione alla Fiat –* continua il segretario Cgil *– che dobbiamo concordare e contrattare ogni atto che riguarda lo stabilimento di Desio. Abbiamo la nostra opinione sulle ragioni che hanno prodotto queste difficoltà, vogliamo discutere degli insediamenti in Lombardia, di quale sarà il futuro di Desio. Vogliamo discutere della mobilità e la Fiat deve rendersi conto che non può passare sopra il sindacato e non può imporci l'accettazione pura e semplice della sua volontà. L'importante è che questa manifestazione non sia un fuoco di un mattino ma una forza sulla quale noi dovremo costruire il sostegno della trattativa del 12 dicembre e i momenti di mobilitazione che si renderanno necessari per la conclusione positiva di questa vertenza".*

Fa un certo senso rileggere queste frasi a distanza di tempo. Gli *insediamenti in Lombardia* le deciderà Agnelli così come la *mobilità*. In quanto al *passare sopra* al sindacato vedremo, andando avanti in questa storia, come questi sarà tenuto fuori costantemente da ogni decisione. Ma la piazza, mentre Cofferati dice questo, è ancora relativamente piena, incurante del freddo e fiduciosa. Col registratore vado in mezzo alla folla e le risposte che mi danno alcuni intervistati sono risposte di grande solidarietà alla lotta intrapresa dai lavoratori Autobianchi. Interessante mostrare l'unitarietà delle tesi espressa sia dalle *vecchie* generazioni, sia dalle *nuove:*

PENSIONATO CISL – Noi pensionati siamo parte attiva di questa società ed è per questo che abbiamo partecipato a questa manifestazione. Quando lavoravamo, abbiamo vissuto momenti uguali a quelli che oggi vivono i lavoratori dell'Autobianchi di Desio: licenziamenti, cassa integrazione, strapotere dei padroni. Ecco perché siamo solidali con loro. La loro lotta è la nostra lotta, la lotta per una società più giusta. E siamo solidali perché comprendiamo quali saranno i sacrifici che dovranno sopportare questi lavoratori nei prossimi mesi.

STUDENTE DEL "FERMI"– Abbiamo partecipato a questa manifestazione prima di tutto in segno di solidarietà nei confronti dei lavoratori dell'Autobianchi. E poi perché crediamo che ciò che sta facendo la Fiat sia sbagliato. Mi hanno detto che fra dipendenti e indotto ci sono 5.000 persone che resteranno senza lavoro. Quindi 5.000 famiglie in difficoltà dal prossimo luglio. Tutto ciò è profondamente ingiusto e dovrebbe far riflettere tutti. E siamo venuti in piazza anche per far vedere che siamo in tanti e che la lotta dell'Autobianchi è di tutti.

STUDENTESSA DEL "MAJORANA"– Abbiamo scioperato, dopo l'assemblea di ieri, per appoggiare i lavoratori perché chiudere l'Autobianchi significa incidere profondamente su tutto il tessuto economico della Brianza. Penso che nel '68 fosse più facile schierarsi per gli studenti a fianco degli operai. Oggi è più difficile, ci hanno messo in testa che la classe operaia non esiste più. Può darsi che numericamente sia così, ma anche se gli operai sono stati sostituiti dai robot, le nuove professioni, i tecnici hanno gli stessi problemi: il posto di lavoro.

STUDENTESSA DEL "DE ROSA"– Il nostro collegio oggi è in piazza perché non riteniamo giusto chiudere 1'Autobianchi e mettere così tante famiglie in difficoltà. Il nostro contributo a questa manifestazione vuol fare riflettere le persone che sono al potere, perché questa chiusura creerà tantissimi problemi di carattere sociale. Fra poco è Natale e la tradizione vuole tutti contenti e spendaccioni. Quantomeno tutti dovrebbero avere almeno diritto di passarlo serenamente. Peri dipendenti Fiat non sarà così e per questo siamo dallaloro parte.

Sì, fra poco è Natale e *"la tradizione vuole tutti buoni e spendaccioni"* e,inoltre, ci *"hanno messo in testa che la classe operaia non esiste più"*. Intanto un residuo di classe operaia, con tute blu e striscioni, è qui, su questa piazza e sta lottando per la difesa del posto di lavoro. Ormai Cofferati ha concluso. Si comincia a smontare il palco sopra il sagrato. Mi avvicino al sindaco Pietruccio Rampi che in quel momento non è assillato dai giornalisti e gli chiedo un bilancio della mattinata. Rampi, come il solito molto gentile, mi risponde che la città ha partecipato coralmente alla manifestazione. E continua:

> *C'è stata l'adesione di tutti e un senso di solidarietà che è direttamente proporzionale al senso di consapevolezza e di responsabilità degli stessi lavoratori. Il problema è drammatico, ci sono anche grossi problemi di trasferimento, di una soppressione di una realtà industriale di grosse dimensioni. Lavoreremo tutti insieme per cercare soluzioni che mantengano il livello occupazionale a Desio al massimo possibile.*

È una risposta, quella di Pietruccio Rampi, certamente istituzionale ma nello stesso tempo venata di fiducia. C'è l'impegno di lavorare per mantenere a Desio il *massimo possibile* dell'occupazione. Una fiducia che cozzerà contro i voleri Fiat e che evidenzierà anche l'impreparazione, su questo tema, dell'Ente locale.

Il 16 dicembre CdF, Fim-Fiom-Uilm territoriale e nazionale producono e distribuiscono un volantino in cui si mettono a punto le condizioni *"imprescindibili per poter andare verso l'accordo"*. E sono i punti che in quelle settimane passano da lavoratore a lavoratore, quei punti che sono stati formulati al Teatro *Il Centro,* quei punti che si sono ripetuti più volte nelle assemblee:

- *utilizzo della Cassa integrazione per il periodo massimo di un anno e garanzia della ricollocazione di tutti gli attuali occupati dello stabilimento di Desio;*

- *aumento del numero dei lavoratori da trasferire ad Arese nel 1992;*
- *criteri di tutela delle professionalità e per la ricollocazione dei lavoratori più svantaggiati;*
- *garanzia di non ricorso alla mobilità esterna con Legge 223 art. 4;*
- *garanzie di ricerca di altri utilizzatori dell'area industriale di Desio, oltre alla Acge, perché Desio rimanga un'area industriale;*
- *garanzie sulle modalità di assunzione e sulle condizioni normative e salariali dei 400 lavoratori da parte dell'Acge;*
- *definizione delle prospettive dello stabilimento di Arese anche in funzione della ricollocazione dei lavoratori di Desio;*
- *verifica delle possibilità di richiesta dei prepensionamenti per un ulteriore riduzione del periodo di Cassa integrazione;*
- *sistema di garanzie e di diritti sindacali che permettano un'effettiva gestione dell' accordo.*

L'accordo

C'è un'altra riunione il 12 dicembre 1991 a Torino. E forse, questa è peggiore di quella avvenuta il 4dicembre. La Fiat, sempre con il capodelegazione Gasca, non è disponibile ad allungare il tempo fissato per la chiusura dell'azienda di Desio. In più ci mette il ricatto: o si firma l'accordo di chiusura osi aprono le liste di mobilità. Sembra quasi che a ogni riunione ci sia un pezzetto peggiore che nella riunione precedente. In fabbrica il 17 dicembre c'è un'assemblea in preparazione della riunione del 19. L'assemblea non dà nessun mandato ai sindacalisti ma il clima che si sente è quello che si vuole chiudere in fretta. È un clima recepito talmente bene dai lavoratori che qualcuno, dalla rabbia, piange mentre il giorno seguente, il 18 dicembre, il Comitato contro la chiusura distribuisce un volantino dal titolo:"*Quale democrazia?*". Il peggio, comunque, avviene giovedì 19 dicembre. È una riunione defatigante quella che si apre nei locali dell'Unione Industriali a Torino. Dopo un giorno e una notte di discussione il sindacato nazionale, quello periferico, il CdF di Arese sono pronti per firmare un accordo con la Fiat, anzi sono già entrati, dopo una sospensione dei lavori che ha visto un grosso scontro con il CdFAutobianchi, nella sala dove la delegazione Fiat aspetta di porre la propria firma al documento. Sarà Antonio Santambrogio a mettersi a gridare in corridoio nei confronti dei sindacalisti che vogliono firmare prima di fare le assemblee. La firma è momentaneamente sospesa. Altra riunione di fuoco, poi si firma. A guardare le tante firme c'è da rimanere sconcertati. Sono le stesse persone che hanno fatto dichiarazioni a difesa dell'Autobianchi, quelle che abbiamo riportato sopra. E ora firmano per chiuderla. Le firme ci sono tutte. Le uniche che mancano sono quelle del CdF dell'Autobianchi, anche se nel cappello iniziale dell'accordo ci si è dimenticati di togliere la dicitura che riguarda le rappresentanze sindacali dello stabilimento di Desio.

Un'anomalia. E resa più evidente dal fatto che chi non firma quell'accordo sarà poi in prima fila a difenderlo a costo di rompere con altri lavoratori. Uno di questi è proprio Antonio Santambrogio, uno dei leader del CdF, senza dubbio uno che tante lotte ha fatto all'interno dall'azienda da quel lontano gennaio 1970 quando è entrato all'Autobianchi. È chiamato familiarmente il "boss" ma più che un boss freddo e calcolatore mi appare come una persona nervosa che attraversa un momento difficile sentendo su di sé una grossa responsabilità. E che sia nervoso me ne fornisce una prova quando attorno a Natale ci troviamo per un "brindisi di auguri", una domenica mattina, al Pds di Desio. Lì davanti a tutti si rifiuta di salutarmi perché "*non è d'accordo con le cose che scrivo*"soprattutto in relazione ad un episodio avvenuto all'interno della fabbrica e che l'ha visto protagonista assieme a due "contestatori" dell'accordo, la solita Antonella Rizzo e Massimo Malesani.

Poi ci siamo spiegati e chiariti ma quella domenica mattina Santambrogio va per le spicce contestandomi l'episodio.

E l'episodio è presto detto. Il nostro settimanale riceve, come altre testate, un fax da parte della Flm-Uniti in cui si denuncia che i due delegati di fabbrica hanno subìto intimidazioni e un tentativo di aggressione mentre affiggevano un cartello contro la chiusura. Il nostro pezzo è, come usa in questi casi, virgolettato e utilizziamo il condizionale ma a Santambrogio non basta. Di qui la critica nei nostri confronti.

Certamente questo episodio è un piccolo episodio. L'ho voluto citare solo per rimarcare la tensione che in quel momento esiste all'interno del CdF e, naturalmente, all'interno dell'azienda. In quanto alle cose che scrivo, sono quelle che *l'esagono* crede opportuno portare avanti. Con il direttore del giornale, Roberto Isella, abbiamo attentamente esaminato l'accordo. Non ci piace. Troppo veloce nelle conclusioni, troppo affrettato. La scelta che prendiamo è quella di essere presenti con questa vicenda sulle pagine del giornale, settimana dopo settimana, non tralasciando nulla, anche le notizie che possono dare fastidio al sindacato o a chi difende l'accordo. E la nostra è una scelta difficile, perché sicuramente non ci farà vendere di più e ci inimicherà parecchie persone che nel corso del tempo si rifiuteranno di parlare con noi e rilasciare dichiarazioni. Nel tempo dimostrerà, però, essere la scelta giusta perché *l'esagono* sarà l'unico giornale a portare notizie che altrimenti nessun'altra testata porterebbe. Che cosa dice l'accordo? Sono 12 pagine di buoni intendimenti e propositi che, dopo un cappello "politico" iniziale, si arriva al pratico. E il pratico è che 1'azienda chiuderà il 25 luglio 1992, che si incentiveranno le dimissioni e i prepensionamenti, che la Acge (Automotive Components Groupe) entro la fine del 1993 assumerà 400 persone, che le altre, oltre a quelli in Cassa integrazione, saranno trasferite ad Arese e che le parti *"si attiveranno presso gli enti competenti al fine di ottenere la razionalizzazione dei servizi di trasporto"*. Tutto qui? No, c'è dell'altro: Fiat e sindacati s'incontreranno con cadenza trimestrale *"per verificare l'andamento del piano di ristrutturazione, del funzionamento dell'accordo e delle previsioni di ricollocazione del personale"*. E coloro che hanno problemi psico-fisici? Su questo punto il piano se la sbriga nelle ultime cinque righe: *"Direzione e Rsa dello stabilimento di Desio si incontreranno entro il 15.1.1992 per mettere a punto strumentazioni e modalità di monitoraggio dello sviluppo del piano anche in relazione a particolari situazioni inerenti la ricollocazione di singoli lavoratori/lavoratrici"*. E la cassa integrazione? Questa doveva essere, così si andava dicendo, al massimo di un anno mentre nel piano si prevede la cassa integrazione dal luglio 1992 al luglio 1994. E la richiesta di aumentare il numero dei lavoratori da mandare ad Arese dove è finita giacché nel piano si parla di lavoratori che *"verranno gradualmente ricollocati ad Arese a partire dall'ottobre 1992 fino alla fine del 1993"*?

Dice un vecchio proverbio sindacale: *"Un accordo difficile da spiegare non è un buon accordo"*. Scrivo queste cose e penso che quest'accordo sarà difficile da spiegare ai lavoratori. Un accordo sofferto senza dubbio ma che ha portato spaccature nel CdF e tra i lavoratori. Chi crede di poter utilizzare il prepensionamento è naturalmente d'accordo, i giovani, quelli che all'Autobianchi ci devono restare per tanti anni vorrebbero fare una lotta più incisiva. Il clima non è certo dei migliori. È come se si spaccasse qualcosa, come il rompere di un equilibrio fino a quel momento reso possibile. Come non ricordare allora le tante parole dette sull'Autobianchi fino a quel momento?

Dopo aver cercato solidarietà nella città e nelle istituzioni, si va ora verso una conclusione di una vicenda che aveva visto attorno alla storica fabbrica di Desio tanta gente. I firmatari dell'accordo o quelli sul palco del Teatro *Il Centro*, nella maggior parte, spariranno, non si faranno più vedere. Lasceranno al CdF il grosso problema della gestione dell'accordo. Le garanzie nell'accordo non ci sono. C'è un senso di vago, d'indefinito e di demagogico. Bisogna solo fidarsi di quello che dice la Fiat. L'unica cosa certa è che l'Autobianchi non ci sarà più, e questo con la firma del sindacato.

Naturalmente il sindacato, anche in campo locale, tenterà di spacciare l'accordo come una vittoria. L'agenzia *Ansa* il 20 dicembre, cioè il giorno dopo la firma, fa un lancio alle 13 e 16 minuti:

> "L'ipotesi di accordo raggiunta è sicuramente un risultato importante anche perché è il frutto di una contrattazione conquistata dal sindacato nei confronti della Fiat". *Lo afferma, in una dichiarazione Giancarlo Cerati, Segretario generale della Fiom-Cgil della Brianza rilevando che* "le riserve non mancano e saranno sciolte qualora l'azienda renderà efficaci alcuni strumenti (prepensionamenti) e gli impegni assunti". *Il sindacalista sottolinea poi che* "il sindacato è riuscito a strappare impegni circa le garanzie occupazionali con la ricollocazione di tutti i lavoratori entro il 1993, la definizione di investimenti e sviluppo dei prodotti ad Arese ed un impegno al riutilizzo industriale dello stabilimento di Desio".*Il sindacalista rende infine noto che l'ipotesi di accordo sarà valutata lunedì prossimo dal Consiglio di fabbrica, il quale, dopo le verifiche già previste per il 9 gennaio con la nuova società che si insedierà a Desio, sarà in grado di* "fare una valutazione compiuta sull' efficacia dell' intesa per poi verificare il merito con i lavoratori".

A distanza di circa un anno, il 15 marzo, 1993, sarà proprio Cerati, in un'assemblea tenuta al Centro parrocchiale di Desio a criticare la mancanza di volontà della Fiat. E cosa ne pensa questa dell'accordo? L'ideale sarebbe di parlare con qualche dirigente, di intervistare qualche manager dell'Autobianchi. Purtroppo la Fiat impone il silenzio ai propri dirigenti. Già il 15 novembre 1991 avevo scritto una lettera alla Direzione per chiedere di poter parlare con qualche dirigente così da riportare anche le ragioni dell'azienda, a completezza dell'informazione. La Fiat non aveva neppure risposto.

Incontri e firme

Il 1992 si apre con alcuni incontri. Il 9 gennaio 1992 i rappresentanti sindacali s'incontrano con la nuova società Acge e incontri sono previsti in Regione con il presidente Giuseppe Giovenzana e l'assessore al Lavoro Mario Fappani.

Ormai sembra deciso: l'Autobianchi chiude con pochissime contestazioni. Chi pensa questo si deve però ricredere. Mercoledì 15 gennaio in un'ora, dalle 13 alle 14, senza nessuna preparazione su un banchetto sgangherato davanti ai cancelli, si raccolgono ben 600 firme contro la chiusura. Forse sono proprio episodi come questo che spingono CdF e sindacati esterni a fare un comunicato in cui si afferma *"la contrarietà circa la chiusura dello stabilimento. Tuttavia ci siamo dovuti scontrare con una decisione irrevocabile della Fiat. Per questo motivo, ci siamo dovuti rivolgere verso una gestione delle conseguenze di questa scelta, soprattutto per tutelare i lavoratori, l'area industriale e il polo automobilistico in Lombardia".*

Sì è vero. La decisione della Fiat è irrevocabile e qua, per il CdF si apre una scelta: o tentare di contrastare la Fiat oppure, in modo più pragmatico, cercare di gestire le scelte della fabbrica torinese. E le scelte della Fiat, perché è questa la scelta che fa il CdF, sono quelle che ha sempre compiuto nei suoi stabilimenti e cioè il non rispetto degli accordi sottoscritti, la cassa integrazione, l'eliminazione produttiva di donne, anziani, disabili, insomma i soggetti più deboli. E possibilmente tutto questo senza conflittualità, concedendo poco e portando avanti nel tempo la discussione senza prendere impegni decisi. E la promessa di mandare ad Arese 700 lavoratori desiani? A rispondere a questa domanda ci pensa la Flm-Uniti di Arese che in un comunicato afferma che *"È un imbroglio far credere ai lavoratori dell'Autobianchi che sarà possibile lavorare ad Arese".* E perché è un imbroglio? Perché ad Arese l'Alfa 75 non va per niente bene e terminerà la produzione con la messa in cassa integrazione di 1.200 lavoratori. Come si può credere che questa fabbrica possa assorbire quelli dell'Autobianchi? A questo punto molti lavoratori pensano che forse la soluzione sia proprio quella delle dimissioni incentivate, un incentivo che dagli iniziali 18 milioni è sceso a 8 milioni. È un periodo, quello delle prime settimane dell'anno, non molto facile. Appena posso, vado nell'orario di uscita ai cancelli dell'Autobianchi per sentire qualcuno. Non è facile. Sono tutti molto tesi e l'ultimo pensiero è fare delle dichiarazioni. E c'è una paura palpabile nel parlare, nel dire le cose che si pensano, soprattutto si rifiutano di dire il proprio nome. Perché mai – si chiede una lavoratrice (spesso sono le donne le uniche a parlare) – se le cose stanno così, abbiamo fatto solo sei ore di sciopero contro la chiusura dell'Autobianchi? È una domanda che vorrei rivolgere a lei ma è una delle tante domande sull'Autobianchi che rimarrà senza risposta. Tutti quelli che hanno il *coraggio* di parlare sottolineano che non bisogna creare divisioni perché così facendo il padrone ha la vittoria sicura. E allora cosa facciamo per difendere la fabbrica: ci fidiamo delle garanzie della Fiat? La risposta è univoca: delle garanzie Fiat non ci siamo mai fidati.

E mentre discutiamo davanti ai cancelli e i lavoratori mostrano malcelati dubbi sull'accordo sottoscritto, gli uomini di Agnelli mandano avanti il *loro* piano. Nella prima settimana di febbraio i primi 48 lavoratori sono inviati ad Arese e questo potrebbe sembrare un punto positivo se non fosse per il fatto che il sindacato non è neppure interpellato. Come al solito è una scelta unilaterale senza possibilità di controproposte: comunicazioni burocratiche e senza appello. Pensiamo, a questo punto, di aver visto giusto. La *Qualità Totale* non è altro che la vecchia arroganza padronale che con una mano chiude il cancello di Desio e con l'altra intasca più di 4 mila miliardi dallo Stato per aprire al Sud. Anche negli anni '80, il signor Agnelli aveva dato delle garanzie a lavoratori e sindacati. Alla fine però tanti, troppi lavoratori erano rimasti fuori dalla Fiat. Proprio in quei giorni Gianni Agnelli fa il solito resoconto agli azionisti Fiat. L'utile è stato di 1.100 miliardi di lire con un taglio occupazionale di ben 15 mila persone mentre altri 7 mila sono in cassa integrazione pagati da noi contribuenti. Insomma: privatizzare gli utili e socializzare le perdite. La vecchia e immodificabile linea del padronato italiano coperto da politici incompetenti. Una linea di corto respiro e miope che ha portato oggi l'Italia a essere sempre meno competitiva.

Il sindacato, invece, è per la *cultura della partecipazione.* Se guardo con questo metro, non posso proprio dire che il bilancio, per quanto riguarda l'Autobianchi, sia positivo. I lavoratori non sono stati per niente coinvolti, anzi spesso sono tenuti ai margini della trattativa. E anche il CdF soffre di questo *isolamento.* Anche nei suoi confronti si è tentato di non farlo contare, di far passare sopra la sua testa decisioni già prese ai vertici del sindacato. Ricordate la sfuriata di Antonio Santambrogio a Torino? E non m'interessa proprio sapere, come qualcuno in quei giorni si affretta a illustrarmi, che la colpa non è della Cgil ma delle altre due organizzazioni che da *subito* volevano firmare. La situazione non cambia così come non cambia il giudizio sulle manfrine delle segreterie sindacali nazionali. Forse è proprio questa fretta a definire il piano, a renderlo funzionale che fa dimenticare a molti che all'interno dell'Autobianchi non ci sono solo i lavoratori della Fiat ma anche quelli della mensa, delle pulizie, dei trasporti che dipendono da imprese esterne e, naturalmente, l'indotto, qualche mese prima sempre citato nei discorsi e poi stranamente sparito da ogni intervento.

Il 10 febbraio, *l'esagono* – così come altre testate – riceve un documento a firma "Gruppo di lavoratori e delegati contro la chiusura dell' Autobianchi". Sono tre pagine con una lettera di accompagnamento, dove s'invitano gli organi d'informazione *"a venire davanti ai cancelli per raccogliere le posizioni, i pensieri, le preoccupazioni di coloro che stanno vivendo in prima persona, e sulla propria pelle, la prospettiva dell'espulsione dal mercato del lavoro".* Il nostro giornale davanti ai cancelli ci va di frequente ma spesso è solo. L'Autobianchi finisce sulle pagine dei quotidiani soltanto se c'è il fatto clamoroso, la grossa manifestazione. Poi cala il silenzio, quel silenzio su cui Agnelli conta molto per completare la sua opera. Quando non ci sono eventi clamorosi, invece, l'informazione quotidiana, s'interessa d'altro. E invece in quel momento è importante non far calare la tensione, portare anche le piccole cose della fabbrica desiana così da mantenere viva la lotta. Il documento non dice, naturalmente, solo questo. Anzi. È un documento molto dettagliato che parte dalla grande manifestazione desiana ma per dire che ormai quasi tutti si sono dimenticati delle cose dette in precedenza. In particolare si criticano le promesse dei politici dai quali, "*a parte qualche iniziativa di sapore chiaramente elettoralistico, non è più arrivato alcun segnale di interessament$_o$ in tal senso*" . E mentre le Organizzazioni sindacali si sono affrettare a firmare 1'accordo, nonostante l'impegno di non farlo senza il consenso dei lavoratori, questi sono stati tenuti fuori da ogni possibile scelta. Da qui, da una disamina dei punti principali dell'accordo si arriva al "no" alla chiusura dell'Autobianchi "*una bandiera che tutti insieme avevamo innalzato all'inizio della vicenda*".

Il Comitato

Forse non è più tempo di bandiere. Ma di Comitato sì. È così, nei primi giorni di febbraio, alcuni delegati dell'Autobianchi, Alternativa Verde di Desio (ma solo alcuni membri del direttivo fra cui Maria Rosa Mariani e Roberto Giussani), Lista Verde di Nova Milanese e Rifondazione comunista si costituiscono in "Comitato contro la chiusura dell'Autobianchi". La prima uscita del Comitato è un volantino verde (purtroppo manca la data su questo volantino) che riassume i termini della lotta, i riflessi negativi che ci saranno nella zona se chiuderà la fabbrica di Desio e, per la prima volta, si parla di *alternative* alla chiusura dell'Autobianchi. Quali sono? Secondo il Comitato "*nei prossimi anni sarà una scelta obbligata per la Fiat sia la produzione di nuovi modelli sia il riciclaggio delle vetture usate. L'attività produttiva e occupazionale a Desio sarebbe in questo modo mantenuta e garantita*".

Del problema del riciclaggio, da quel momento, se ne parlerà molto. Alcuni increduli altri possibilisti, altri ancora sicuri *dell'alternativa* alla chiusura secca dell'azienda. Sarà difficile, comunque, portarla avanti. Anche in un Consiglio comunale si parlerà del riciclaggio proposto dalla Lega Lombarda, ma a questa proposta arriveranno solo i voti del sindaco Pietruccio Rampi e dell'assessore Maria Rosa Mariani. Parlando di questo problema con Eugenio Cazzaniga mi conferma come il sistema delle catene di *smontaggio* sia perfettamente funzionante all'estero. Eugenio Cazzaniga, poco più che cinquantenne, lavora all'Ufficio programmazione dell'Alfa di Arese. È stato responsabile del settore Auto di Milano della Fim-Cisl. In fabbrica, dopo la parentesi sindacale, è rientrato nel maggio del 1991 e oggi fa parte della Flm-Uniti, l'organizzazione di Piergiorgio Tiboni. È, quindi, un ottimo conoscitore dei problemi del settore. E infatti mi mostra tabelle e grafici a dimostrazione delle cose che dice:

> *Quando abbiamo proposto catene di smontaggio invece che di montaggio l'abbiamo fatto per un duplice scopo: da una parte per risolvere un problema di natura ecologica risparmiando energia e dall'altra per salvare posti di lavoro. Ma la Fiat si è sottratta a questo progetto perché il discorso ecologico non gli interessa affatto. Basta guardare l'episodio delle marmitte catalitiche con la Fiat terribilmente indietro nei confronti di un mercato che chiedeva automobili catalitiche. In Germania rappresentano il 75 per cento. Da noi sono stati immessi sul mercato, con sconti, automobili senza le marmitte catalitiche. La Fiat diceva di avere un progetto, ma non era vero. Era soltanto un pool di una ventina di tecnici per fare da supporto ai rottamai. Niente a che vedere con quanto fa, ad esempio, la Volkswagen che, in prima persona e da anni, smonta le macchine da rottamare. La nostra proposta è fallita per tutta una serie di ragioni. Forse perché qualcuno aveva in mente altre cose, forse perché troppo avanzata o forse perché l'abbiamo giocata troppo tardi. Ma era veramente l'alternativa alla chiusura di Desio. Anche perché l'alternativa non può essere la Agce che lavora esclusivamente per la Fiat. Ma forse per gestire questa nostra proposta ci voleva una cultura specifica che il sindacato non ha mostrato di possedere.*

Un discorso molto serio che forse valeva la pena tentare di percorrere. Se pensiamo che in Europa, ogni anno, sono demoliti 14 milioni di auto e solo il 50 per cento di queste sono trattate da officine autorizzate e che in Italia, i veicoli da demolire sono un milione e mezzo, allora si può capire che la proposta non era poi tanto campata in aria. E un milione e mezzo di vetture può rappresentare anche un affare per la stessa Fiat. E non è detto che questa non sia interessata. Magari ci arriverà in ritardo, ma ci arriverà. Così almeno sembrerebbe poiché il 20 marzo del 1993, a Monza, nell'ambito del "Motormonza '93" partecipa alla seconda conferenza nazionale su "Ambiente e motorizzazione", dedicata a "Attualità e prospettive del recupero e riciclaggio dell'auto". Per la Fiat parla l'ingegner Salvatore Di Carlo, responsabile esecutivo del progetto "Fare" (Fiat Auto Recycling). Il progetto, a quanto si è appreso, ha lo scopo di salvaguardare 1'ambiente e risparmiare materie prime ed energia. Proprio le motivazioni addotte da Cazzaniga. C'è da chiederci perché la Fiat non abbia mai voluto parlare di questo problema per Desio.

Per tornare ai giorni della chiusura di Desio c'è da rilevare che nei mesi di gennaio e febbraio c'è una produzione molto alta di volantini, comunicati e assemblee. Alla fine di gennaio, il 28, si riuniscono a Milano lavoratori di tutte le fabbriche in crisi e formano un coordinamento. Ne fanno parte, oltre all'Autobianchi, l'Ansaldo, la Breda, la Maserati, l'Alfa Romeo, la Siemens, la Tlc. Il 7 febbraio, il CdF dell'Autobianchi si riunisce con il sindacato territoriale per esprimere una valutazione dell'accordo sottoscritto il 19 dicembre 1992. La responsabilità della chiusura, dice il volantino, è della Fiat *"che deve assumersi tutte le responsabilità"*. Il CdF e i lavoratori dell'Autobianchi – recita sempre il volantino – hanno sempre messo in campo la loro forza per contrastare i disegni della Fiat e anche nel corso dell'ultima vertenza *"hanno lottato, con la solidarietà della cittadinanza di Desio, dei lavoratori della Brianza, delle forze politiche, istituzionali e sociali, per difendere la fabbrica e l'occupazione"*. Su questo, come abbiamo visto, ci sarebbe molto da dire ma nel volantino il sindacato prende ufficialmente anche alcuni importanti impegni:

- *gestione e controllo dei trasferimenti ad Arese nel rispetto degli impegni assunti dall'azienda con particolare attenzione alle fasce più deboli (lavoratori con ridotte capacità lavorative, collocamento obbligatorio, donne, monoreddito...); definizione del piano industriale della Acge e relativi impegni di assorbimento dei 400 lavoratori entro luglio '94;*
- *confronto con la Regione e istituzioni competenti rispetto ai trasporti e riuso industriale dell'area Autobianchi;*
- *rispetto da parte del governo degli impegni assunti il 4 febbraio 1992 in merito agli 800 prepensionamenti previsti dall'accordo sindacale.*

Sono, come si vede, i punti che accompagneranno tutto il dibattito non solo sino alla chiusura della fabbrica di Desio ma anche nei mesi a seguire. E sono i temi discussi nella assemblea del 14 gennaio 1992 con la partecipazione di diversi sindacalisti. Domenica 2 febbraio la gente che si reca in chiesa o transita per piazza Conciliazione trova un banchetto davanti al Bar Centrale. Alle spalle del banchetto un grande striscione: *"Autobianchi: dalla qualità alla chiusura totale"*. Si raccolgono ancora firme e saranno ben 1.000 i cittadini che firmeranno, quella mattina, contro la chiusura. Anche monsignor Piero Galli, durante la funzione domenicale delle 10, invita i fedeli, all'uscita della messa, a firmare. E mentre si firma contro la chiusura, la Fiat sposta altri lavoratori ad Arese. Nei primi giorni di febbraio, sono 70 quelli mandati ad Arese. Sono le fasce deboli? I monoreddito? I lavoratori con ridotte capacità lavorative? Niente di tutto questo. Sono quelli che ha deciso la Fiat, in qualche caso addirittura marito e moglie. E la *gestione e il controllo* del sindacato? Alla Fiat tutto ciò non interessa.

Gli accordi, per l'azienda torinese, sono solo carta straccia. In quei giorni c'è anche un incontro in Regione con l'assessore al Lavoro, Mario

Fappani. Il risultato è interlocutorio, e quindi deludente. Fappani fa presente che in Lombardia ci sono circa 12 mila *esuberi* e 3.751 prepensionamenti. E a questo proposito l'amministratore delegato della Fiat, Cesare Romiti ha un incontro con il ministro Marini. Vuole i prepensionamenti per le sue aziende. C'è però un problema: ne sono stati chiesti, da parte delle varie aziende, 50 mila mentre il governo ne prevede solo la metà, 25 mila. Chi resterà fuori dal prepensionamento? Come farà l'Autobianchi che ne ha chiesto 800? Si riuscirà a spiegare tutto questo, nell'assemblea già prevista per venerdì 14 febbraio? E si farà il referendum fra i lavoratori proposto in quelle ore dal Comitato contro la chiusura?

10 – In assemblea

Rassegnazione

Le spiegazioni nelle assemblee del 14 febbraio sono ardue. Prima di recarsi in assemblea c'è un CdF appositamente riunito su come votare. Il Comitato fa una proposta: referendum fra i lavoratori. La proposta riceve 10 voti. Gli altri votano tutti contro: il risultato delle assemblee sarà palese, per alzata di mano. È con questa spaccatura del CdF che la mattina del 14 febbraio ci si reca nella sala della mensa Sud. È un grande stanzone, un po' triste ma funzionale alle assemblee: i microfoni, il tavolo della presidenza, le sedie per gli operai. All'assemblea del primo turno, l'introduzione la fa Antonio Santambrogio. Percorre la storia di quei mesi e conclude dicendo che l'accordo "*bisogna votarlo*" anche se poi insisterà molto che parte indispensabile dell'accordo sono i prepensionamenti. Poi si apre la discussione. E chi parla? L'unica che interviene è Antonella Rizzo. Ancora una volta si scontrano due modi di intendere il sindacato, di intendere la fabbrica. Uno scontro che non è solo generazionale, ma più complessivamente è uno scontro dove la mediazione non è prevista, ognuno sulle proprie posizioni. Dal tavolo della presidenza si ascolta con fastidio la Rizzo. Ci sono Susanna Camusso, Giancarlo Ceruti, Piergiorgio Tagliabue. Nessuno di loro parla. Nessuno risponde alle contestazioni della lavoratrice. L'assemblea, a maggioranza, darà torto alla lavoratrice e voterà a favore del piano.

Nel pomeriggio, alla presenza sempre di Tagliabue e Camusso, ma anche di Sergio Postiglione, di Pier Paolo Baretta (Fim) e di Luigi Mazzone (Fiom) le cose vanno diversamente. La relazione introduttiva la tiene Renzo Di Bernardo. Poi gli interventi, quasi tutti contro la chiusura. Non solo interviene la Rizzo, ma anche diversi lavoratori. E parla anche Tagliabue e si prende qualche fischio. Poi la votazione: la maggioranza vota contro la chiusura.

Come mai questa divisione? Qualcuno in quei giorni mi dice che dipende molto dalla personalità di chi ha condotto l'assemblea. Una tesi che non mi convince per niente. La realtà è che da sempre esiste una diversità fra quelli del turno del mattino e quelli del pomeriggio. Una diversità storica. Da sempre "quelli del pomeriggio" sono più combattivi, meno propensi ad accettare le "verità" imposte, meno rassegnati. Quello che però balza agli occhi è che la votazione del 14 febbraio è stata una brutta votazione. Una votazione che metterà in difficoltà la gestione sindacale all'interno della fabbrica, che procurerà ulteriori divisioni in un momento in cui ci vorrebbe la massima coesione d'intenti. Una debolezza, quindi, del sindacato che non riesce a portare sulle proprie posizioni l'intera fabbrica con grande gaudio dell'Avvocato che può segnare un punto a suo favore. Quando si diceva "Uniti si vince" non era uno slogan facile. Significava che poteva esserci anche diversità ma che tutti concorrevano, con pari dignità, per un obiettivo comune. Oggi, purtroppo, il sindacato confederale vede chi è contro l'accordo come un ostacolo e non come una ricchezza al dibattito che può elaborare proposte alternative. Migliaia di posti sono in pericolo, la ristrutturazione riguarda sempre più numerose fabbriche, le condizioni di lavoro peggiorano così come il salario. È necessaria, quindi, una grossa offensiva e in altri tempi si sarebbe già fatto lo sciopero generale. Questo non avviene e non aiuta certo la gente a scrollarsi di dosso la rassegnazione e la passività. È questa passività da combattere, una passività che ha portato tanti lavoratori dell'Autobianchi a non votare *"tanto è già tutto combinato"*. Da combattere è la rassegnazione, quella che fa dire ad alcuni sindacalisti *"è un brutto accordo, ma non c'era niente da fare"*. E non ci si accorge che dicendo ciò si disarmano i lavoratori, non si fanno partecipare. In questa vicenda è mancata la cultura della partecipazione, ma anche la volontà della ragione. Che è valso formare il Comitato dei sindaci, coinvolgere i commercianti, i lavoratori di altre fabbriche? Dire tante frasi a effetto quella sera al teatro parrocchiale?

Se vado a rileggermi quegli appunti c'è il pericolo di non capire più nulla. Come dimenticare il messaggio-interpellanza di Aldo Aniasi e i tanti bla-bla di politici e sindacalisti? L'accordo è un imbroglio. E non perché sia peggiore di tanti altri ma semplicemente perché l'esperienza insegna che gli Agnelli difficilmente hanno rispettato quello che hanno firmato. Ed è un imbroglio perché nessuno crede che non si perderanno posti di lavoro. E nessuno ci crede perché non si è mai visto che per difendere una fabbrica, si fanno in totale 6 ore di sciopero. Come nessuno crede che l'Alfa di Arese abbia la possibilità di accogliere i lavoratori dell'Autobianchi. E perché nessuno parla dei lavoratori delle imprese esterne? Sono più di cento. Dove andranno? E i monoreddito non dovevano essere i primi a essere trasferiti? E i disabili?

Domande senza risposte. Si preferisce, da parte dei sindacati confederali, spostare l'attenzione versoi contestatori dell'accordo, quasi fossero loro e non Agnelli (e il governo) i responsabili dello sconquasso. Proprio nei giorni della votazione, a Brescia, la Camera del Lavoro s'interroga proprio su questi problemi:

> *I delegati sono ormai da troppo tempo in difficoltà verso gli alti livelli dell'organizzazione, perché non sono coinvolti nella discussione e nelle decisioni. Ma questi delegati sono in difficoltà anche verso i lavoratori nello spiegare e sostenere l'eventuale accordo, anche quando questo non è da loro condiviso.*

Queste frasi dei sindacalisti bresciani mi sembrano proprio il ritratto, la fotografia della vicenda Autobianchi. Difficoltà verso gli alti livelli sindacali ma anche difficoltà verso i lavoratori. E con questo strabismo non è pensabile di poter contrastare la Fiat.

Venduti ferro e operai

Parlando con un autorevole esponente politico desiano, confidenzialmente, mi dice una frase che mi fa pensare: *"Si sono venduti il ferro con tutti gli operai dentro"*. Una frase senza dubbio dura ma che rende bene l'idea di cosa si pensa lontano da via Lombardia. Forse i sindacalisti non se ne rendono conto, presi come sono nel loro girovagare fra Roma e le fabbriche in crisi, ma la realtà è che a Desio questa loro posizione non sembra essere condivisa da molti. È proprio per questo che intendo sentirei segretari dei partiti presenti in Consiglio comunale, per verificare, a distanza di mesi, cosa ne pensano dell'accordo. Propongo solo due domande, molto semplici:

> 1) *Entro il mese di luglio '92 chiuderà l'Autobianchi. È l'effetto di un accordo firmato dal sindacato e dalla Fiat nello scorso dicembre. L'accordo prevede, fra l'altro, la chiusura, la cassa integrazione per due anni, la ricollocazione in altri stabilimenti dei lavoratori. Qual è il vostro giudizio sull'accordo?*
> 2) *L'accordo è stato giudicato in modo favorevole dalle assemblee dei lavoratori del mattino, negativamente dai lavoratori del pomeriggio. Come interpretate questa spaccatura che si è creata fra lavoratori e sindacato?*

Le risposte non si fanno attendere e sono quasi tutte improntate criticamente nei confronti dell'accordo firmato. Una cosa è certa: è stato un accordo di vertice. Proprio quello che tutti avevano affermato che non bisognava fare. Franco Sala, in quel momento segretario della Dc desiana, piglio manageriale e risposta pronta, invita alla riflessione:

> *Inizialmente vi erano posizioni ferme da parte di tutti; alla fine ci siamo trovati di fronte ad un accordo già siglato, passato sopra la testa di tutti... A questo punto è doverosa una riflessione perché l'accordo pone un grosso problema locale per l'occupazione e tenta di scaricare sul governo i problemi irrisolti della Fiat. Da parte nostra ci batteremo perché l'area Autobianchi resti a destinazione industriale e saremo contro ogni eventuali speculazione... La spaccatura,*

> *inutile negarlo, esiste. Ma io ricordo che questa spaccatura già esisteva in quella famosa serata al Centro: a fronte di una parte di lavoratori che avevano intenzione di lottare seriamente per la difesa del posto di lavoro, si registravano interventi che davano per scontata la chiusura della fabbrica. La stessa rassegnazione che leggo in questi giorni in un manifesto Cgil-Cisl-Uil sull'Autobianchi. Sì, credo proprio che il sindacato avrà dei problemi.*

Chi invece mi lascia con l'amaro in bocca è la segretaria del Pds Marta Biella. Funzionaria della Regione distaccata presso la Biblioteca comunale, la conosco per una persona che parla chiaro, che non fa problemi di mediazione. Questa volta mi dà una risposta in cui mi sembra di scorgere, se non della reticenza, senza dubbio un senso di disagio. Una difesa del sindacato acritica. Forse, penso, all'interno del Pds ha qualche problema. Come dimenticare che Antonio Santambrogio e Giovanni Colombo sono consiglieri comunali? Dopo aver rilevato il quadro occupazionale difficile, afferma:

> *La chiusura dell'Autobianchi non è l'effetto di un accordo: è una decisione assunta unilateralmente dalla Fiat, che i lavoratori e il territorio subiscono. Di fronte alla determinazione della Fiat, noi crediamo che al sindacato non sia rimasto che prendere atto della situazione e cercare un accordo, troppo frettolosamente raggiunto, per la salvaguardia dell'occupazione e la tutela dei lavoratori. La gestione dell'accordo deve vedere il Pds, in primo luogo, a fianco dei lavoratori. La democrazia è fatta anche di numeri e questi ci dicono che l'opposizione all'accordo è stata manifestata da circa un 25 per cento di lavoratori. Chiamare questa "spaccatura tra lavoratori e sindacato" ci sembra un po' forzato e tendenzioso.*

> *Del resto tale situazione non è incomprensibile: una fabbrica che chiude è un duro colpo e che si manifesti un'area di dissenso, ci pare inevitabile.*

Anche per Marta Biella l'area dell'Autobianchi deve restare produttiva così come per Giancarlo Varisco, segretario del Psi, autonomista, un artigiano che ha avuto diverse esperienze in amministrazione sia come assessore sia come vicesindaco:

> *Riteniamo che la scelta governativa di incentivi per l'industrializzazione del Sud, senza la difesa dei posti di lavoro nell'area milanese, è una scelta grave che avrà forti ripercussioni sull'economia della nostra zona. L'accordo firmato credo sia il massimo che i sindacati siano riusciti ad ottenere... La spaccatura è da ricercarsi nella poca credibilità che la Fiat gode presso i lavoratori i quali, già nell'84, avevano avuto la promessa di una riqualificazione dello stabilimento di Desio e un rinnovamento tecnologico mai avvenuto. È nostra convinzione che il sindacato ha fatto il possibile non potendo ribaltare una decisione assunta a suo tempo a livello nazionale. Colgo l'occasione per ricordare ai lavoratori che "l'unione fa la forza e uniti si vince".*

Chi invece, senza mezzi termini, risponde che l'accordo lo giudica negativo è Elvio Gabani, segretario, in quel momento, della Lega Lombarda. È un manager informatico che ne approfitta della domanda per porre l'accento su alcune proposte della Lega Lombarda:

> 1) vincolare ad uso industriale, per 30 anni, il terreno Fiat;

> 2) *interrompere i fondi a quelle aziende che aprono al Sud se contemporaneamente chiudono al Nord;*
> 3) *finanziare la riconversione industriale dello stabilimento di Desio a difesa dell'occupazione. Siamo lieti che molti lavoratori stanno prendendo coscienza del gioco perverso in cui sono caduti, culminato in un chiaro processo di spoliazione delle risorse dell'Italia del Nord, europea, per asservirla come il Sud alle raccomandazioni e alle mafie ufficiali o nascoste. In questo momento i lavoratori onesti si dovrebbero unire agli imprenditori onesti contro la "spartitocrazia": partiti, sindacati e grande industria. L'alto costo del lavoro, prima causa della deindustrializzazione, non può essere diminuito incidendo sul netto in busta paga, ma solo sulle troppe tasse.*

Come si vede sono i cavalli di battaglia di questo movimento che va alla ricerca degli *"imprenditori onesti"* per un'improbabile alleanza con i *"lavoratori onesti"*. Questi è facile trovarli, gli altri, come le cronache ci diranno, sarà molto più difficile. Sulla struttura produttiva, *"il libero mercato della nostra economia"* interviene anche Armando Allegri, segretario del Pri. Per Allegri, dirigente d'azienda, è fondamentale

> *ribadire l'impegno che le forze politiche devono prendere per indirizzare, senza soffocare la libertà d'iniziativa e di scelta degli operatori, l'attività economica. Riteniamo che sulle legittime politiche della Fiat influiscano decisamente le agevolazioni concesse per gli impianti nel meridione, mentre vengono penalizzate le attività del Nord quando*

> *esigano profonde ristrutturazioni... Non siamo ottimisti sull'esito della vicenda ma proprio per questo è necessario trovare correttivi e soluzioni adeguate. In una fase di terziarizzazione dell'economia produttiva riteniamo che sia possibile contrattare da parte del sindacato e delle amministrazioni locali l'installazione a Desio di grandi complessi commerciali (ad esempio la Coop sulla ex Tilane), che oltre a portare benefici ai consumatori, potrebbe creare posti di lavoro e indotto di tipo terziario per compensare in parte questa tendenza economica di tipo post-industriale.*

Il segretario del Psdi Gerardo Cocozza, lo incontro nell'ufficio dei vigili urbani poiché assessore al Commercio. Pochi mesi dopo, purtroppo, morirà a seguito di una grave malattia. Quella mattina, invece, ha un'attività frenetica: deve andare all'aeroporto a prendere il suo segretario nazionale e fare con lui un giro elettorale. Anche Cocozza è candidato, infatti, nelle liste socialdemocratiche:

> *Il Psdi dà un giudizio molto negativo su questo accordo. Con questo accordo si tradisce, di fatto, la classe operaia e si scaricano sull'Amministrazione comunale i problemi dell'occupazione. Il sindacato nazionale non ha saputo coinvolgere tutti i lavoratori e non può mettere le amministrazioni locali davanti al fatto compiuto... Il sindacato non è in grado di mantenere tutte le "stupidate" che ha detto e ha portato la classe operaia davanti ad un burrone. Non si possono prendere in giro i lavoratori facendo loro intravvedere la possibilità di Arese quando tutti sanno benissimo che ci sono problemi di cassa integrazione anche in quello stabilimento. Il sindacato deve avere il coraggio di dire le cose come stanno.*

Per Alternativa Verde risponde Roberto Giussani che in seguito entrerà in Giunta come assessore "esterno". Per lui è difficile, dice, dare un giudizio netto, di accettazione o rifiuto di quest'accordo:

> *L'unica certezza è che il 25 luglio l'Autobianchi chiuderà. Sulle modalità della ricollocazione dei lavoratori ho grossi dubbi, anche perché la situazione di Arese non è delle migliori. Non mi sembra molto ben definito l'accordo con la Acge... Secondo me non si è valutato l'impatto terribile che questa chiusura avrà sugli equilibri sociali ed economici del territorio. È da anni che assistiamo ad uno scollamento tra lavoratori e sindacato. C'è una perdita di fiducia nei lavoratori verso i sindacati unitari, forse c'è bisogno che gli stessi sindacati guardino un po' più attentamente all'interno delle fabbriche, che cerchino di capire quali sono i problemi, le esigenze dei lavoratori. I sindacati devono liberarsi da un'eccessiva burocratizzazione e da ingerenze indebite, secondo me, da parte dei partiti.*

Alla seconda domanda non risponde, invece, il segretario del Pli Giorgio Bianco. La domanda – afferma Bianco, commerciante –*"tende a mettere in competizione lavoratori con gli stessi interessi: la difesa del posto di lavoro"*. Sulla prima domanda, invece, risponde:

> *Valutare positivamente la chiusura dell'Autobianchi è un assurdo. Il parere del Pli è di incredulità a una simile iniziativa; bisogna potenziare e far funzionare economicamente le aziende e non trasferire manodopera e complessi industriali. Aprire nuove aziende Fiat come Melfi e Termini Imerese e chiudere quella di Desio, che senso ha? La risposta potrebbe stare nei finanziamenti a fondo perso a cui la Fiat sembra aver partecipato. Il Pli di Desio è attento a*

questa situazione e capisce perfettamente i problemi che 1'azienda Fiat, con questa operazione, ha creato a persone operose come i dipendenti Autobianchi...Mi auguro che i sindacati si adoperino per trovare soluzioni stabili per chi rimane e che invece non fungano da ammortizzatori tra le parti. Un'ultima considerazione: questa area deve restare produttiva. A nessuno venga in mente di dare diversa destinazione.

Da Samarcanda agli straordinari

Chi si lamenta di non essere stato da noi sentito è Fabrizio Bonalumi, segretario della Brianza di Rifondazione comunista il quale ci manda una lettera protestando dell'esclusione di Rifondazione comunista dal parere dei segretari soprattutto perché *"Rifondazione comunista è stata l'unica forza politica mobilitatasi concretamente a fianco dei lavoratori contro la chiusura dell'Autobianchi".* Nella lettera di Fabrizio Bonalumi non c'è solo protesta ma anche polemica per le cose dette dai segretari politici di Desio. Due, secondo Bonalumi, gli aspetti della questione su cui vuole porre l'accento:

Il primo: l'atteggiamento dei segretari di Dc, Psi, Psdi, Pli e Pri è grottesco... Attaccano quella politica governativa colpevole di avere aperto la strada alla chiusura di tante fabbriche della quale, però, proprio i loro partiti sono responsabili.
Il secondo: la difesa del sindacato praticata dal Pds è paradossale. Dal momento che è lampante che il sindacato, attraverso l'accordo che ha firmato, non ha ottenuto nulla di sostanziale. Affermare, come fa il Pds, che è stato ottenuto tutto ciò che si potesse ottenere, equivale ad affermare che il sindacato stesso non potesse ottenere nulla. Che miseria è mai

> *un sindacato ridotto a gestire le decisioni di Agnelli? Quanto poi a sostenere che le responsabilità sono tutte della Fiat, rifletta bene, chi nella sinistra e nel sindacato ha smarrito da tempo il senso dell'opposizione, se proprio così non si fiancheggia la politica del padrone.*

Sembra una polemica tutta interna, soprattutto nei confronti del Pds. *L'esagono*, comunque, ha fatto una scelta precisa: pubblicare i pareri dei segretari dei partiti presenti in Consiglio comunale e non per un ossequioso assenso istituzionale, ma semplicemente perché quei partiti avevano a suo tempo approvato un ordine del giorno in difesa dell'Autobianchi e, a distanza di cinque mesi, ci sembrava interessante conoscere il loro pensiero. Frattanto, giovedì 5 marzo, la lotta dei lavoratori dell'Autobianchi ha la possibilità di arrivare al grande pubblico televisivo.

A Milano si prepara *la piazza* della trasmissione di Michele Santoro, *Samarcanda*. Un'occasione importante così da portare le ragioni che sono alla base contro la chiusura della fabbrica nelle case della gente. La mobilitazione, per partecipare alla trasmissione di Santoro, comincia immediatamente. Gruppi di lavoratori preparano striscioni e cartelli. La Rai contatta Antonella Rizzo per portare la testimonianza della fabbrica. In studio altri sindacalisti risponderanno alle sue contestazioni. Quando tocca il suo turno, la televisione ci manda un'immagine di una Antonella Rizzo tesa, nervosa, consapevole della responsabilità che ha in quel momento. Poi, dopo il primo attimo, la voce è più sicura e con la voce vengono anche le parole. E sono parole chiare contro la chiusura e di critica al sindacato per la firma del 19 dicembre, La risposta dei tre sindacalisti confederali in studio è deludente. Soprattutto una frase ripetono: *"Abbiamo fatto il possibile"*. *La piazza* urla ma alle orecchie dei telespettatori che seguono il dibattito, le voci non arrivano. Si vede solo lo striscione del Comitato contro la chiusura dell'Autobianchi, La risposta dei sindacalisti è un brutto, bruttissimo segno, Continuano a perseguire la costituzione del *"sindacato delle tre c"* (cogestione, codeterminazione, compartecipazione) mentre il distacco con la base si fa sempre più evidente. Questi termini, le *"tre c"*, saranno poi spazzati via dal movimento dei Consigli.

Chi invece rimane *offesa* di questa e di altre trasmissioni di *Samarcanda* è, naturalmente, la Fiat. Abituata da sempre a essere osannata da giornalisti lecchini, non può certo accettare che le sue malefatte vadano a finire nelle case di 7 milioni di spettatori. E così distribuisce in tutti i suoi stabilimenti, una edizione straordinaria di *In Diretta, notiziario per le società del Gruppo Fiat*. Il titolo del volantino è istruttivo: *"Risposta ad un attacco denigratorio"*. E chi si permette di attaccare denigratoriamente la Fiat? *Rai3* e *"un giornale di estrema sinistra"*. Tutto questo è ridicolo ma nello stesso momento tragico. Ed è l'effetto del nervosismo che comincia a serpeggiare in corso Marconi. Si saranno domandati: se anche la stampa comincia a non coprirci più dove andremo a finire? Dove finiranno parecchi di questi manager, lo abbiamo già visto. Resta da rilevare però come nel volantino, sia espressa tutta la *filosoFiat*. Ed è un volantino istruttivo, un volantino che andrebbe fatto studiare in tutte le scuole di ogni ordine e grado:

> *La palese strumentalizzazione, aggravata dal clima preelettorale, rende spesso l'informazione di Rai3 tendenziosa e unicamente mirata a mettere in rilievo critiche infondate sulle strategie industriali e sui prodotti della Fiat. L'impostazione generale, di netta matrice ideologica antindustriale, ha caratterizzato tutta la trasmissione e in particolare gli episodi che riguardavano specificatamente la Fiat. Sono stati scelti infatti toni e testimonianze chiaramente mistificanti in un clima di contestazione che ricordava momenti bui e dolorosi della nostra recente storia passata.*

Chiaro? Certo che è chiaro e per esserlo ancora di più la Fiat cita il grande impegno di Melfi che darà lavoro a 7 mila persone e che nel Sud dà lavoro a 55 mila persone in 35 stabilimenti. E questa, secondo la Fiat, è la risposta più concreta per chi pensa che la presenza Fiat nel Meridione sia "colonizzatrice". Come il solito c'è sempre il ricatto cui la Fiat è sempre affezionata. Nel Sud abbiamo visto come sono arrivati i soldi e come il volere della Fiat sia passato sopra volontà e leggi. Ma per essere ancora più chiara la Fiat così conclude:

> *Tutto questo si ripercuote negativamente anche sull'immagine del prodotto Fiat con conseguenze, in un momento di esasperata concorrenza, sulle vendite e per ricaduta sull'occupazione. La Fiat condanna questo genere di distorta informazione, respinge gli attacchi denigratori, e si attiverà con tutti gli strumenti della comunicazione per denunciare le strumentalizzazioni e per tutelare l'immagine dell'azienda, dei propri prodotti e dei propri dipendenti.*

Samarcanda, con la scusa delle imminenti elezioni, sarà sospesa. La Fiat sembra vincere ancora. Ma quando si ha paura non si vince. Fiat e potere politico, con mentalità codina, hanno voluto mettere il bavaglio alla trasmissione. È proprio questa la loro debolezza: la paura. Paura della gente, del giudizio delle persone e questo, in campagna elettorale, è pericoloso.

Agli operai Fiat resta, in compenso, una grande soddisfazione: l'azienda torinese *"si attiverà con tutti gli strumenti della comunicazione per denunciare le strumentalizzazioni e per tutelare l'immagine dell'azienda, dei propri prodotti e dei propri dipendenti"*. Che hanno, dunque, da lamentarsi i 2.500 lavoratori dell'Autobianchi? Dove troveranno mai un "padrone" così sensibile al punto di tutelare la loro immagine. Il lavoro? Nel Bel Paese diventa sempre più un optional. Ma non gli straordinari. Quelli si fanno e si fanno anche all'Autobianchi. Agnelli mentre comincia a trasferire ad Arese personale (a metà marzo sono 160) e a far lavorare un turno solo per la Y 10, scopre il fascino discreto degli straordinari e che è necessaria una struttura organizzativa della fabbrica più *integrata e flessibile.* Dalla fine di febbraio ordina a capi e capetti di portare avanti questa strategia. E agli ordini di mamma Fiat non si può disubbidire. E così il sabato, oppure dalle 20 alle 22 o dalle 14 alle 16, in viale Lombardia si fanno gli straordinari.

Un paradosso? No. È la *normalità* Fiat. Ed è anche normale che capi e capetti dicano sempre di sì. Questi non si possono certo permettere un diniego. Quando vengo a sapere degli straordinari fatti dai capi, c'è appena stata una trasmissione di *Samarcanda* andata con le proprie telecamere a Torino a intervistare alcuni cassintegrati. Fra questi anche un "quadro", un dirigente in cassa integrazione da sei mesi dopo 27 anni di onorevole servizio a Mirafiori. Il dirigente era sconvolto. Non riusciva a spiegare all'intervistatore, ma soprattutto a lui stesso, del perché era finito in cassa integrazione. All'Autobianchi, in quel momento, non ci sono ancora questi problemi e quindi bisogna obbedire alla Fiat. Gli straordinari non sono l'unica anomalia. Dalla selleria sono spostate 25 donne e mandate al montaggio della Panda per tappare i buchi lasciati dai trasferiti ad Arese e anche da altri reparti sono trasferiti operai sulle linee di montaggio di Panda e Y10. E sono operai che hanno 50 anni e che magari non hanno mai lavorato in catena. Non solo. In questo momento non si può certo aver tempo di affiancare a questi nuovi lavoratori qualcuno più esperto per alcuni giorni, come dicono gli accordi. Devono produrre subito con grande disperazione degli stessi che oltretutto sono spostati in continuazione da una linea all'altra secondo le necessità produttive. E le stranezze di questa Qualità Totale continuano: c'è il caso dell'operaia bassa di statura che è messa alla "pedaliera" dove non ci arriva e deve fare tripla fatica e c'è l'operaio mancino mandato ad Arese che, naturalmente, è messo a montare l'apparato elettrico sulla destra dell'auto e ci sono gli operai mandati alla verniciatura e guarda caso, molti di essi portano gli occhiali. Il risultato è che dopo poche ore di lavoro non ci vedono più per il pulviscolo delle vernici che si deposita sugli occhiali.

Chiaro che il Consiglio di Fabbrica non può accettare quest'abuso. La risposta della Direzione è patetica. Noi così rispondono ai piani alti dello stabilimento di Desio, non sappiamo nulla. Chi decide sono i capi. Incredibile. Se così fosse Agnelli, dovrebbe licenziarli tutti questi incompetenti che vivono in fabbrica ma nulla sanno di quanto avviene nei reparti.

E anche per quelli trasferiti ad Arese cominciano i problemi. Le linee di montaggio sono superaffollate, i ritmi frenetici. Hanno perso anche la saturazione, una specie di statino dove sono segnate le lavorazioni che il singolo lavoratore deve compiere e, in modo analitico, quanto guadagna per ogni operazione. A Desio la saturazione è sempre stata un punto fermo per i lavoratori ma all'Alfa di Arese non c'è e il risultato sono, appunto, i ritmi impossibili. Da tutti questi casi si nota come la Fiat tenda a spezzettare il conflitto. Se ne accorge ben presto il Consiglio di fabbrica che chiede alle segreterie nazionali di intervenire non potendo più correre dietro ai singoli casi d'inadempienze Fiat. E i casi da risolvere sono tanti. Dai lavoratori con situazioni familiari difficilissime, a quelli delle imprese esterne. Per riuscire a risolvere questi problemi il sindacato deve necessariamente sviluppare un grande lavoro di solidarietà. Ed è proprio questo lavoro che manca all'Autobianchi.

Chi, in quel periodo, cerca di muoversi nei confronti delle istituzioni è il Coordinamento dei sindaci. Lunedì 9 marzo si riuniscono per fare il punto della situazione. È ancora il sindaco di Nova Milanese, Renato Parma, a farsi promotore di alcune proposte: un documento è inviato a Prefetto e Regione per sostenere la richiesta dei prepensionamenti che sembra bloccata; i collegamenti per Arese per cui la Regione doveva prendere contatti con il Consorzio Nord Milano e quello delle Groane ma che invece non ha fatto. Anche il sindaco di Desio Pietruccio Rampi ha una proposta: fare un'indagine fra le industrie della zona per verificare se c'è interesse a inserirsi nell'area che la Fiat lascerà libera a fine luglio.

Intanto all'interno dello stabilimento il clima è di rassegnazione. Nelle bacheche, una volta vive, pieni di volantini, di comunicati, ora non c'è più nulla. Solo il testo dell'accordo. E questa desolazione è l'esempio più lampante di come stanno facendo morire una fabbrica. Fra gli operai "l'incazzatura" è evidente e si dimostra ogni qual volta c'è uno spostamento in un altro reparto ma nello stesso tempo è una "incazzatura" non incanalata che trova difficoltà a esprimersi proprio perché il famoso accordo è stato ormai firmato. Anche i lavoratori che avevano firmato l'accordo cominciano a vedere i "buchi" e più di uno si mostra pentito. Una lavoratrice scrive a una pubblicazione sportiva di Desio di cui fa parte, *Desio rossonera,* per criticare l'accordo. Scrivo anch'io di questa lettera che parla anche delle donne e dei disagi che subiranno andando ad Arese. A qualcuno il mio articolo non piace al punto che, anonimamente, affigge uno scritto sulle bacheche, quelle stesse dove non appare più nulla, per contestare il mio articolo e affermare che *ho frainteso* la lettera della lavoratrice. Può darsi. Quello che però non capisco e perché mai si affigge uno scritto anonimo e non si scrive al giornale – con nome e cognome, come ogni settimana faccio – per precisare meglio la posizione o contestare la mia.

In fondo, però, queste sono posizioni di piccolo cabotaggio. Le posizioni che preoccupano maggiormente sono quelle espresse con rassegnazione o speranza. Speranza di andare ad Arese, speranza di restare alla multinazionale statunitense, speranza di andare in prepensionamento, speranza di non essere licenziati. Se questo è un sentimento capibile, nello stesso tempo è pericoloso. La speranza è sentimento nobile ma deve essere accompagnato da fatti precisi perché viceversa resta solo, appunto, la speranza. E quella di essere trasferiti ad Arese, uno dei presupposti dell'accordo, è forse quella più debole. Ad Arese ci sono tre grandi aree di produzione: la carrozzeria (5.500 operai, 700 impiegati, 20 capi), lo stampaggio (250 operai, 35 impiegati), le meccaniche (1.500 operai, 230 impiegati, 2 intermedi). Se assommiamo queste cifre ad altre lavorazioni, arriviamo a 11.000 dipendenti. Giornalmente ad Arese si producono 70 Alfa 75, 360 Y10, 215 Alfa 164. Ad aprile Arese lavorerà 11 giorni appena, a maggio la 164 farà una settimana di cassa integrazione, a giugno l'Alfa 75 terminerà la produzione. Fra Carrozzeria e Stampaggio ci sarà, per usare un termine caro ad Agnelli, un *esubero* di 700 lavoratori. Come può essere credibile, allora, un trasferimento dei lavoratori desiani ad Arese? E c'è di più. C'è che esistono diverse manovre, smentite dalla Fiat, con case automobilistiche straniere, forse giapponesi. Ad Arese vi sono 120 mila metri quadri di capannoni dismessi che potrebbero interessare qualche azienda straniera. Ma come avviene sempre, quando si fanno questi accordi, la prima cosa è tagliare il personale esistente. Un motivo in più per cui, anche in prospettiva, il trasferimento ad Arese non è credibile.

Mentre penso a tutto ciò, si aprono le urne delle elezioni del 5-6 aprile. Lo sconvolgimento è totale: ridimensionato il quadripartito e balzo della Lega Lombarda. A Desio i leghisti prendono oltre 6 mila voti. E oltre al ridimensionamento del quadripartito, in aprile c'è anche un'altra buona notizia: mercoledì 29 aprile ai cancelli di Arese si presenta l'Ufficiale giudiziario di Rho per pignorare le auto Fiat. Che cosa è avvenuto? È avvenuto che i lavoratori che avevano fatto vertenza per il pagamento dell'indennità di mensa, hanno vinto e la Fiat deve pagare. L'avvocato della Fiat, Nicola Vinci, è costretto a offrire un lotto di 200 "Alfa 75" per un valore complessivo di 4.139.000.000. Le vetture saranno messe all'asta per pagare i lavoratori. Anche a Desio avevano fatto causa ma non tutti. Anzi il CdF non era d'accordo con questa vertenza. Il Tribunale, invece, ha dato ragione ai lavoratori: ai dipendenti Autobianchi toccherà 1 milione e 400 mila lire.

I tre moschettieri

Aprile è un mese strano. Forse è il passaggio tra l'inverno e la primavera che rende tutti un po' bizzarri. Forse il tempo non c'entra nulla o forse le stranezze sono solo all'Autobianchi. Fatto sta che il 10 aprile gli operai, che si recano nelle mense per mangiare, trovano una novità che potrebbe far sorridere se non fosse un'evidente azione di crumiraggio. I dipendenti della mensa, la "My Lunch", quel 10 aprile 1992 scioperano due ore per la difesa del posto di lavoro. Sono preoccupati e hanno ben ragione di esserlo: per loro si profila un licenziamento secco. Chi ritirerà i buoni per mangiare? I manager Fiat sono addestrati per prendere decisioni rapide e funzionali. E così pensano di mandarci i Repo in mensa. I Repo sono i responsabili del personale operaio. Sono lavoratori altamente qualificati e, infatti, sono posti, dal punto di vista contrattuale, al 7° e 8° livello. Certo potrebbero rifiutarsi, ma non lo fanno e i tre – Domenico Pannuccio, Domenico Tresoldi e Placido Patella – incuranti del ridicolo vanno uno alla mensa Nord e due alla mensa Sud a ritirare il buono pasto. E questo atto di crumiraggio, nei confronti di lavoratori che scioperano per il loro futuro, non è denunciato da nessun organo di stampa. Neppure il sindacato sembra accorgersi di questa situazione che già la settimana precedente era avvenuto. Ci sarebbe da dire qualcosa dei tre moschettieri che *"obbedir tacendo"* si sono prestati ai voleri Fiat. Uno di questi, Tresoldi, già lo conosciamo. Gli altri due no. Ma non crediamo proprio che avrebbero potuto rispondere negativamente. In questa società la dignità è una merce rara. Alla Fiat, poi, impossibile trovarla fra i capi.

E le brutte notizie non arrivano soltanto dall'interno della fabbrica. Ottocento lavoratori dell'Autobianchi vivono giornate difficili. L'11 maggio sono scaduti i termini per la presentazione delle domande di prepensionamento. In tutto, il Cipe riceve 40 mila richieste di prepensionamento su 52 mila lavoratori che risultano *eccedenti*, presentate da 167 aziende. Per il 1992 il governo, però, ha fissato il tetto massimo di 25 mila prepensionamenti. All'Autobianchi uno dei presupposti dell'accordo sono, appunto, gli 800 prepensionamenti. E se non passano? In quei giorni il comune di Desio comunica le richieste pervenute per l'utilizzo dell'area Autobianchi. Le richieste sono poche: 30. Ben 14 riguardano modificazioni delle proprie aziende e 16 sono domande fatte da piccole imprese per un utilizzo di 40 mila metri quadri di superficie. Se consideriamo che la superficie dell'Autobianchi è di 300 mila metri quadri, appare evidente la delusione. Chi rimane molto deluso è il Coordinamento dei sindaci che a questo progetto ha creduto come soluzione "naturale" per far rimanere attività produttiva quell'area.

Ma la delusione è soprattutto dei lavoratori. Tutto va al rilento. Si spostano ancora operai da un reparto all'altro ma ormai si è rassegnati.

Ad Arese sono stati trasferiti, in quella prima metà del mese di maggio, 193 operai e 34 impiegati. Qualcuno di questi, ma solo i più "fedeli" sono rimandati a Desio per non fargli fare la Cassa integrazione che ad Arese interessa ormai anche gli impiegati. Di tutti questi problemi se ne erano resi interpreti sia il Comitato contro la chiusura con un volantino del 15 aprile e sia il CdF con un "volantone" del 22 aprile. In entrambi i documenti (il primo titolato *Cancelliamo il silenzio calato sull'Autobianchi,* il secondo, quello del CdF, più semplicemente titolato *Comunicato sindacale*) si denuncia il comportamento della Fiat. Mentre il documento del Comitato contro la chiusura è una continuazione delle cose che ormai da mesi denunciano, quello del CdF parla di *"settimane decisive"* ma si denuncia anche che in un incontro sul problema dei trasporti verso Arese la Fiat non si è presentata. Eppure ci si continua a fidare e si scrive che le prossime settimane saranno decisive per *"la gestione dell'accordo"*.

In quei giorni Pier Paolo Baretta, responsabile nazionale della Fim-Cisl, dichiara ai giornali che si prevede un taglio occupazionale di 20 mila posti nel gruppo Fiat. La dichiarazione mette maggiormente in crisi chi si è fidato troppo facilmente delle *buone intenzioni* della Fiat. Eppure Baretta è uno dei sostenitori dell'accordo Autobianchi, anzi un firmatario. I casi sono due: o Baretta sapeva questi dati anche al momento della firma dell'accordo e quindi ha firmato in malafede, oppure non ne era consapevole e allora deve avere il coraggio, oggi, di denunciare questo accordo.

Profondo Nord

Pier Paolo Baretta non farà nulla di tutto questo. Anzi dopo qualche giorno è seduto sul palco di *Profondo Nord* che trasmette da Melfi dove la Fiat costruirà il mega stabilimento. Baretta rispondendo alle domande di Gad Lerner ci sembra completamente in *cogestione* con quanto dice Maurizio Magnabosco. Che differenza con Renzo Di Bernardo. Sì, perché anche Di Bernardo è a Melfi, seduto in platea. Che differenza di sensibilità ma soprattutto che differenza, potremmo dire culturale, fra

Baretta e Di Bernardo. Come sempre il rappresentante del CdF di Desio parla con calma ma questa volta si nota anche una grande sofferenza interiore che gli fa affermare che la decisione di chiudere l'Autobianchi *"è una decisione sproporzionata che non possiamo accettare"*. Lerner gli fa anche una domanda un po' banale: *"Cosa ha provato lei alla notizia della chiusura?"*. Renzo Di Bernardo preferisce dare una risposta non personale: *"Se chiude l'Autobianchi ci sarà un peggioramento del tenore di vita di tutta la zona"*. Come non essere solidali con questa sofferenza che probabilmente non è solo di Renzo Di Bernardo. E allora mi chiedo: oltre ad Agnelli, chi ha voluto la chiusura della fabbrica? Perché non si è lottato contro questa ipotesi?

Il clima, intanto, a Desio è sempre difficile. L'incontro con la Acge previsto per il 29 maggio è stato spostato al 10 giugno e c'è una spaccatura fra Fiom e Fim. I primi vogliono conoscere i nomi degli assunti alla multinazionale, i secondi, invece, non sono d'accordo. A loro parere conoscere i nomi sarebbe discriminatorio nei confronti degli altri lavoratori. Si va avanti così nello stabilimento, con il tempo che passa velocemente, grande rassegnazione, polemiche fra organizzazioni sindacali. Un clima sempre più pesante e difficile man mano che si avvicina la data del 25 luglio, ultimo giorno di lavoro (in realtà, la chiusura avverrà venerdì 24 luglio). In questo contesto l'Avvocato ne approfitta e scopre, improvvisamente, che la Panda "tira" ancora. Questo lo dicevano anche i lavoratori ma non sono stati presi in considerazione. Ora lo affermano i manager e allora è verità. E sono talmente convinti che decidono, con l'assenso del sindacato, di fare quattro sabati lavorativi per un totale di 32 ore di straordinario. E dove si fanno queste 23 ore, a Desio? No. Si fanno a Termini Imerese dimostrando così che la strategia Fiat è di chiudere al Nord e aprire al Sud, dove si possono ottenere dai sindacati *deroghe*, impossibili da ottenere negli stabilimenti del Nord. E assieme, a Desio, giunge anche la notizia che Agnelli chiuderà anche Chivasso. E Chivasso è come Desio. Anche a Chivasso c'è un'azienda che assorbirà qualche centinaio di lavoratori. Anche a Chivasso il Consiglio comunale si sta mobilitando.

Anche a Chivasso la parola d'ordine è *"la fabbrica non si chiude"*. Anche a Chivasso il sindacato nazionale non ha decretato nessuno sciopero (ma ci ha pensato autonomamente il Consiglio di Fabbrica). Anche a Chivasso c'è un'area appetibile. Il sindacato non sa rispondere. Balbetta e chiede tempo. Con alcune impennate ma che in una situazione come questa sono solo patetiche. Angeletti, della Uilm, a proposito di Chivasso dichiara: *"Non è obbligatoria la firma del sindacato sotto la chiusura di uno stabilimento"*. Bene! E a Desio perché ci si è affrettati a firmare? Un altro sindacalista, Claudio Sabattini, della Cgil piemontese, afferma che *"Ci sono troppi punti oscuri. Non è chiaro, ad esempio, se la costruzione di nuovi stabilimenti al Sud finirà per comportare la chiusura di insediamenti produttivi al Nord"*.

Incredibile. La Fiat chiude a Desio e a Chivasso e per qualcuno *non è chiara* la strategia Fiat. Non c'è proprio da meravigliarsi se per l'omicidio del giudice Falcone, l'Autobianchi sciopera sì, ma non si ferma per l'altro sciopero, quello dei metalmeccanici. Pochissimi escono dallo stabilimento. Gli altri restano dentro a lavorare *"tanto tutto è già ormai deciso"*.

E non si sciopera neppure in solidarietà a Chivasso. Solo un gruppo del Comitato contro la chiusura si reca a Chivasso in solidarietà con quei lavoratori. Tutti gli altri preferiscono un'assemblea retribuita di un'ora e mezza. È certamente difficile organizzare scioperi all'Autobianchi ma il perché se lo dovrebbe chiedere il sindacato nazionale. Lo dovrebbe fare con molta umiltà, senza iattanza, con molta determinazione. Per riconquistare un ruolo che all'Autobianchi ha certamente perso con la firma del 19 dicembre.

Mercoledì 10 giugno, alle 14,30, termina una riunione del Consiglio di Fabbrica. È stata una riunione tesa e importante, iniziata alle 10 del mattino. Il giorno prima, finalmente, il CdF ha incontrato, per la prima volta, la multinazionale Acge, a Torino. E con la multinazionale ci sono anche gli uomini di Agnelli che "danno i numeri". E i numeri, freddi e aridi, sono però anche illuminanti. Ora il quadro è certamente più chiaro ma nello stesso tempo è ancora più, se fosse possibile, carico d'incognite. E la Acge, nella riunione di Torino, è ufficialmente presentata: 22 milioni di dollari di fatturato nel 1991, aziende sparse un po' in tutto il mondo. Che cosa farà questa azienda a Desio? Farà ciò che già stanno facendo alcuni operai dell'Autobianchi: le sospensioni (ora ad Arese), le fodere dei sedili, i cablaggi. La domanda spontanea, allora, che viene in mente è questa: se la Acge deve lavorare esclusivamente per la Fiat e deve produrre le stesse cose che oggi produce l'Autobianchi perché mai la Fiat non continua a produrre essa stessa fodere, sedili e cablaggi? Perché passa la mano a una multinazionale straniera? A ottobre sempre secondo i dirigenti torinesi saranno assunte le prime 40 persone; entro il dicembre 1992 gli operai assunti saranno 120.

Come saranno assunti? Ci sarà la mensa? Quale la categoria? Tutte domande senza risposte. L'unica cosa sicura è che prima di assumere faranno i *test* agli operai, quei giochini assurdi di quadratini e circoletti che nessuno sa bene a cosa possono servire, ma che fa tanto Qualità Totale. I primi a essere sottoposti ai "giochini" saranno i lavoratori della selleria. Tutto qua. Per la Acge non c'è altro. Forse ci sarà un altro incontro con il CdF il 15 luglio e la lavorazione alla Acge sarà su due turni. Queste poche notizie puzzano di bruciato: questa azienda riuscirà a restare in funzione dopo il 1994, cioè dopo i due anni di cassa integrazione? Non c'è tempo di rispondere. Bisogna andare avanti con le cifre, i numeri: al 31 dicembre 1991 a Desio c'erano 2.136 operai e 239 impiegati. Al 10 giugno 1992 ad Arese sono stati mandati 230 operai (197 alle Carrozzerie, 14 alle Meccaniche, 12 al Commerciale, 7 alla Direzione tecnica) e 6 a Termoli. Le dimissioni incentivate, a quella data, sono state 138. Per quanto riguarda capi e impiegati ne sono stati trasferiti 52 (23 alle Carrozzerie, 5 alle Meccaniche, 5 alla Direzione tecnica, 4 a Rivalta, Chivasso, Verrone, 2 a Cassino, 13 in Amministrazione).Gli incentivati ad andarsene sono stati 10.

Ne restano sempre ben 187 di impiegati e se la politica della Fiat è quella che abbiamo visto a Chivasso, si apre un'altra preoccupazione. Infatti, nella strategia della fabbrica moderna, la Fiat non prevede molte figure intermedie. D'altronde fra i 500 impiegati che crescono ad Arese, sono compresi anche quelli dell'Autobianchi di Desio. Entro il 30 giugno, ad Arese, dovevano essere trasferite 110 persone. Per ora non se ne parla visto e giacché ad Arese si fa la cassa integrazione. Se ne riparlerà il 27 luglio. Ma il 27 luglio, ad Arese, cominciano le ferie e quindi neppure per quella data arriveranno i 110 desiani ad Arese. Unica nota positiva di Arese è che la Y10 è salita a 320 unità. Su questi numeri non c'è un giudizio ufficiale e unanime da parte del CdF. Per quattro ore e mezzo si sono esaminati questi numeri, si sono fatte congetture, polemiche. Chi in questi mesi si è battuto per la difesa dell'accordo, attraverso questi numeri non può non notare il ruolo che la Fiat ha fatto assumere all'Autobianchi. Passato a Desio l'accordo passerà anche in altre aziende e Chivasso insegna che Agnelli si sta muovendo proprio così.

Cerotti di protesta

La sera del 18 giugno, giovedì, a Desio c'è il Consiglio comunale sul problema dell'Autobianchi. È convocato per le 21. Già un'ora prima dell'inizio, gruppi di operai si presentano nella sala consiliare e occupano posto nelle prime file riservate al pubblico. Si sono incerottati la bocca. Una protesta silenziosa a significare che quel Consiglio comunale doveva essere aperto come richiesto da tempo ma che *"qualcuno degli organismi sindacali è riuscito a bloccare"*. I cartelli sono eloquenti: *"Ma l'amministrazione ha capito che l'Autobianchi è a Desio?"*. E ancora: *"Questa amministrazione è ostaggio di certi sindacalisti"*. E la protesta è anche personalmente contro il sindaco Pietruccio Rampi che, a detta dei manifestanti, da quattro mesi non risponde a una loro richiesta d'incontro. Lo stesso Rampi era stato contestato quando il 12 marzo aveva visitato l'Autobianchi. Attorno alle 16 era apparso nei reparti accompagnato dal vicesindaco Gianni Colombo, dipendente Fiat, e da alcuni dirigenti. Nel reparto selleria il sindaco era stato accolto da lavoratori che mostravano cartelli di protesta contro la chiusura dell'Autobianchi e affinché l'Amministrazione comunale si schierasse decisamente dalla parte dei lavoratori. Non solo. Al sindaco gli si rinnovava 1'incontro che da tempo gruppi di operai avevano chiesto. In quell'occasione c'era stata una coda alla visita di Rampi: la Fiat, subito dopo che il sindaco era andato via, aveva voluto tutti i nomi di chi aveva manifestato. E in quella occasione avevano scioperato i lavoratori delle imprese esterne.

Tutto questo ricordano gli operai quella sera del 18 giugno. Spiega Antonella Rizzo:

> *La nostra presenza qui è motivata dalla totale assenza delle forze sociali che non sono intervenute per salvare la fabbrica automobilistica brianzola. È da quattro mesi che abbiamo chiesto un incontro con il primo cittadino. Non abbiamo ancora ricevuto risposta. Quella di Desio è stata solo una prova generale. Ora la Fiat insiste con Chivasso.*

La sala del Consiglio comunale è pienissima. Ai banchi dei consiglieri, caso strano, neppure un assente. Eppure nessun consigliere chiede di trasformare i lavori di quel Consiglio in Consiglio comunale "aperto", se non quella sera almeno in seguito. Ci sono scaramucce fra Lega e Pds. Il capogruppo Pds, Emilio Zucca, si sente in dovere di intervenire a difesa di Antonio Santambrogio. Zucca non difende solo il collega ma afferma che lui e il Pds si impegneranno a far rispettare 1'accordo firmato il 19 dicembre."*Forse* – afferma dubbioso – *era necessario bloccare i finanziamenti pubblici alla Fiat*".

Alle 22.30, giacché il Consiglio comunale resta "chiuso", gli operai abbandonano 1'aula consiliare al grido di "*Buffoni*"e "*Vergognatevi*". Fanno impressione queste grida rivolte a chi è stato eletto rappresentante dei cittadini. Non è una bella serata. È, invece, una ulteriore divisione fra lavoratori e istituzione, una lacerazione che sarà difficile ricomporre.

E altre lacerazioni sono avvenute qualche giorno prima. L'11giugno Renzo Di Bernardo è invitato a Roma alla Direzione del Pds. È una giornata calda. Roma sembra sciogliersi tutta. Ma non è il caldo il problema di Di Bernardo, quanto piuttosto quello che dovrà dire. E quando è chiamato al microfono per parlare dei problemi Fiat, nella sala del quarto piano del Pds, in via delle Botteghe Oscure, il silenzio è totale. Desio rappresenta l'esperimento pilota. A Desio si è firmato un accordo e ora chiude anche Chivasso. Desio chiuderà alla fine di quel mese mentre a Termini Imerese si fanno gli straordinari per la Panda, Desio doveva, in pratica, essere trasferita ad Arese, unico polo dell'auto in Lombardia e invece ci sono preoccupazioni anche per Arese visto che la Fiat, nonostante i tagli, produce almeno 300.000 auto di troppo.

Ecco perché c'è silenzio mentre Di Bernardo si appresta a parlare. Ci sono delegati di tutti gli stabilimenti Fiat d'Italia e nella riunione si parla di tutto, ma in particolare delle illusioni del sindacato nel credere nel consociativismo e del ruolo che è mancato del Pds nei confronti della Fiat. Ecco perché Di Bernardo è teso. Sa benissimo che non può permettersi di sbagliare. Lui le cose che sente in fabbrica deve dirle, deve far sentire la voce dell'Autobianchi in quella sala, nella sede centrale del Pds. Di come sia pacato Di Bernardo lo abbiamo già detto. Ma anche determinato nell'esposizione. Anche a Botteghe Oscure è calmo. Le parole – ci ha insegnato Carlo Levi – molte volte sono pietre e Di Bernardo le scaglia con determinazione nei confronti del sindacato e del Pds. *"Diventa difficile* – ribadisce – *fare scioperi di solidarietà per Chivasso se si è lasciato solo lo stabilimento di Desio"*. E continua inesorabile:

> *Per i lavoratori di Desio cui è stato promesso dopo la chiusura il passaggio ad Arese, è difficile credere nell'accordo ora che si sa che anche l'Alfa verrà chiusa. E che senso ha l'accordo di Chivasso se non è stato rispettato quello di Desio? Che senso ha accettare gli straordinari a Termini Imerese quando si chiude Chivasso e Desio?*

Come si vede sono le cose che un po' tutti ci domandiamo e che ho scritto in continuazione su *l'esagono*. E per queste cose spesso sono stato accusato di essere *contro il sindacato*. E mentre Renzo Di Bernardo pronuncia il suo intervento a Botteghe Oscure, l'agenzia *Ansa*, alle 18.06, comincia a fornire l'elenco delle aziende ammesse dal Cipe ai prepensionamenti. Sono otto cartelle fitte di nomi di aziende. Alla quarta cartella si legge: Gruppo Fiat (vari settori e società di gruppo) 4 mila (ne aveva chiesto 4.964). E qui comincia il "giallo". Sabato mattina tutti i quotidiani escono con la notizia che la Fiat non ha avuto i prepensionamenti per il settore Auto lasciando nello sconforto lavoratori e sindacati. In effetti, le aziende del gruppo Fiat interessate al prepensionamento sono la Iveco, la Geotec, la Magneti Marelli, la Gilardini che raggiungono, appunto, le 4.000 unità. E l'Autobianchi? Dell'azienda di via Lombardia sembrerebbe non esserci traccia. La ricerca delle notizie è, nello stesso tempo, frenetica ma inconcludente. La mattina del 15 giugno mi reco al Poligrafico di Stato di Milano per prendere una copia della *Gazzetta Ufficiale* ma, stranamente, le copie da Roma non sono arrivate. Poi, improvvisamente, una schiarita. Di sera è convocata in Comune una riunione del Coordinamento dei sindaci. In verità sindaci non se ne vedono: oltre a quello di Desio c'è solo il democristiano Paolo Albuzzi, sindaco di Varedo. Anche questo è un brutto segno. Perché non hanno partecipato o non hanno delegato nessun assessore? Eppure quando l'Autobianchi chiuderà oltre ai 506 di Desio resteranno a casa anche i 159 di Cesano, i 134 di Lissone, i 148 di Nova, i 144 di Seregno. Perché non sono venuti? Forse perché ormai le elezioni politiche sono state fatte e per quelle amministrative c'è tempo qualche anno?

I dubbi rimangono ma la riunione si svolge ugualmente. La conduce l'assessore al Lavoro Anna Maria Camnasio e subito si parla dei prepensionamenti che per l'Autobianchi dovrebbero essere 450. È ufficiale questa cifra? Per Antonio Santambrogio la cifra proviene da una fonte definita "credibile", quella del sindacato nazionale. Secondo Santambrogio per il 1992, i prepensionamenti richiesti erano 617 e non 800, cifra complessiva che teneva conto anche di quei lavoratori che avrebbero maturato i 30 anni di contributi nel 1993. Una tesi singolare, questa di Santambrogio, ma anche con questa cifra mancano all'appello sempre 167 lavoratori. Se invece consideriamo gli 800, ne mancano ben 350. Antonio Santambrogio quella sera è molto duro nei confronti delle forze politiche e del sindacato. Poi dice:

> *Le scelte vengono sempre fatte in modo unilaterale. Anche nell'incontro con la Acge ci hanno presentato il programma del 1992 ma non il piano industriale... Bisogna cominciare a parlare del riciclamento delle vetture ma non credo che la Fiat possa essere pronta prima di 2-3 anni.*

Riunione surreale

Ma ormai è tardi per parlare del *"riciclamento"* delle auto. Fra 25 giorni l'Autobianchi chiude e quella riunione è un po' surreale. Il sindaco s'impegna per un Consiglio comunale con Arese e per avere incontri con la Fiat, la Acge, la Regione. Frattanto è partita l'inchiesta "mani pulite" e molti assessori sono a San Vittore. Con chi parlerà Rampi? Mentre ci alziamo per andarcene e scendiamo le scale, ho giusto il tempo per chiedere alcune dichiarazioni sui prepensionamenti. Per il sindaco *"è una notizia moderatamente positiva"*, per Antonio Santambrogio la notizia dei prepensionamenti è *"parzialmente positiva... sono dell'opinione che l'accordo viene così confermato se pure parzialmente"*, per Walter Cescardo del CdF *"abbastanza positiva, comunque un tassello importante dell'accordo"*, per Andreina Vanzati del CdF *"un fatto positivo. Non c'è sicurezza che l'anno prossimo diano ancora prepensionamenti ma intanto è opportuno vivere il presente"* Chi invece guasta questo coro ottimistico è immancabilmente Antonella Rizzo la quale ricorda *"che pur con 450 prepensionamenti fuori dalla fabbrica fra poco ci saranno 1.500 lavoratori... per noi la partita non si chiude con i prepensionamenti"*.

La mattina del 6 luglio, a una ventina di giorni dalla chiusura, l'Amministrazione comunale s'incontra con alcuni rappresentanti della Fiat per fare il punto della situazione. Ma è solo un rituale, uno stanco rituale che si trascina nel tempo, e che farà affermare al Comitato contro la chiusura che *"la Fiat non rispetterà mai gli accordi perché il suo obiettivo è chiudere Desio come Chivasso, deindustrializzare il Nord, intascare le agevolazioni statali per gli investimenti al Sud, recuperare condizioni di sfruttamento selvaggio dei lavoratori"*. Da parte sua la Fiat ha confermato la chiusura, senza appello. Per i prepensionamenti confermala cifra di 450 mentre comunica agli amministratori desiani che ad Arese sono andati 275 lavoratori fra operai e impiegati di cui il 12 per cento donne. Sono dati che già sapevamo. Quelli che non convincono, invece, sono quelli riguardanti i monoreddito. Secondo gli emissari Fiat, il 58 per cento degli inviati ad Arese sono monoreddito e una forte percentuale è rappresentata da lavoratori considerati "categorie protette". Non ci convincono, questi dati, perché su questi trasferimenti non c'è stato nessun controllo da parte sindacale. E anche sui trasporti per Arese per la Fiat *"non ci sono problemi"* mentre nella realtà, a sei mesi dalla firma dell'accordo, non c'è stata nessuna "attivazione" per i trasporti. Non si dice nulla, in quella riunione, dei lavoratori delle imprese di servizi. Sono ben 80 quelli che non possono accedere al prepensionamento né alla cassa integrazione. Lavoratori con un'età media attorno ai 50 anni e quindi difficilmente ricollocabili. Di loro non s'interessa di certo la Fiat. E i sindacati? Di loro parlano i volantini sia del Comitato contro la chiusura (per primi) sia del CdF. Il sindacato, a parte quello di categoria, su questa questione rimane defilato.

Giovedì 16 luglio 1992, nel pomeriggio, una cinquantina di lavoratori di queste imprese che lavorano all'Autobianchi, pianta una tenda nei pressi del Comune. Un presidio per protestare contro la chiusura dell'Autobianchi che provocherà il loro licenziamento. Sono tutti padri di famiglia con più di 20 anni di anzianità ma, a loro, gli si nega anche la possibilità della cassa integrazione. Di questo disagio se ne fa interprete Giuseppe Pedranzini segretario della Filcams-Cgil che spiega che proprio in Comune, la scorsa settimana, *"avevamo organizzato una riunione per discutere del problema alla quale erano stati invitati sia i dirigenti della Paspul sia quelli dell'Associazione industriali lombardi. Nessuno di loro si è però presentato"*.

La Herti Srl

Proprio i giorni precedenti al presidio sono arrivate le lettere di licenziamento di una delle ditte esterne, la Herti Srl. Pubblico sul giornale la copia di una di queste lettere: sono sei righe fredde e impersonali che alla fine ringraziano i lavoratori per *"la fattiva collaborazione"*, ma licenziano. Il logo della ditta è un capolavoro di retorica: "Herti Srl, efficienza e professionalità". Saranno efficienti e professionali nelle pulizie industriali ma lo sono senza dubbio di più nel licenziare. Con alcuni degli operai di quest'azienda ci parlo una sera, alle 22, all'uscita del turno di lavoro. Ci incontriamo fuori dai cancelli in una serata caldissima, sotto un lampione a farci divorare dalle zanzare perché con loro non è possibile trovarci da nessun'altra parte. Anzi è stato difficile anche convincerli a parlare quella sera. Più che parlare della loro situazione, di farmi raccontare la loro esperienza, sono loro che pongono delle domande a me cui non so rispondere. Per tutti comincia Rocco Capasso, delegato sindacale della Filcams-Cgil, che ha ricevuto la lettera di licenziamento e adesso *"a 56 anni dove lo trovo un altro posto di lavoro?"*. Come si fa a rispondere a una domanda così profonda e nello stesso tempo così diretta? Di fronte a me non c'è la "mitica" classe operaia, più semplicemente ci sono uomini e donne che tentano disperatamente, in modo onesto, di tirare la fine del mese. *"Da noi – continua Capasso – ci sono situazioni difficili. C'è gente che ha lo sfratto ed io stesso pago 500 mila lire al mese di affitto. Come faremo?"*. Un'altra domanda. Un'altra mancata risposta.

Il futuro di tante famiglie è racchiuso in quelle sei righe inviate dalla Herti. A essere dipendenti di quest'azienda, *efficiente e professionale* ogni mese si portano a casa 1.200.000 lire. Qualche lavoratrice ha scelto il part-time e porta a casa 700 mila lire al mese. Una di queste è Rita Garamone, sposata da due anni e mezzo: *"E la seconda volta che la Herti mi licenzia. La prima volta è stata un'azione ingiustificata tanto è vero che poi hanno dovuto riassumermi. Mi sento defraudata perché il proprietario della Herti ci aveva detto che ci avrebbe aiutato ma io ho visto solo Antonella Rizzo interessarsi dei nostri problemi. E non parliamo di solidarietà. Quando abbiamo fatto sciopero alcuni operai Autobianchi e alcuni capi ci hanno sostituito".* Gli altri operai e operaie assentono con la testa. Si sentono soli, senza tutela. Non hanno professionalità. Eppure il governo Amato chiede sacrifici anche a Rocco, a Nunzia, Rita, Paola e agli altri 26 lavoratori della Herti. Non parlano in sindacalese, anzi con fatica riesco a farli esprimere. Ma hanno le idee chiare: *"Dove trovo un altro posto di lavoro?"*, *"Come faccio a pagare l'affitto?"*. Il lunedì precedente a queste interviste, a Milano, c'era stato un convegno di Fim-Fiom-Uilm sul polo auto. In quel convegno sanno tutti parlare molto bene e non è vero che il sindacalese non è chiaro. *"Soltanto combattendo la rassegnazione che percepiamo tra i lavoratori* – hanno detto –*(e che nasce anche dalla mancanza di proposte e progetti del sindacato) faremo fino in fondo il nostro dovere".*

Chissà cosa hanno pensato i dipendenti della Herti leggendo questa frase. Forse, però, sono rimasti più sconvolti leggendo sulle bacheche un "ordine di servizio" anonimo in data 23 luglio. Il foglio porta il marchio Herti Srl ma non la firma. A mano è scritto: *"Il personale Herti, che va in giro a fermare le persone per farsi compatire sono pregate di farlo fuori dai cancelli Fiat Auto Desio"*. La parola *"compatire"* è sottolineata quattro volte. Così vanno le cose nelle fabbriche italiane. Altro che quinta potenza mondiale e yuppismo rampante. È solo mediocrità e sfruttamento. Io ho parlato con i dipendenti Herti fuori dai cancelli, ma non li ho compatiti. Ho compatito, invece, l'anonimo estensore dell'*"ordine di servizio"*, uno senza qualità e senza dignità.

11 – La fine

"Schiscetta" e diapositive

Hanno ragione ad essere preoccupati i lavoratori delle aziende esterne. La situazione, sia nel Paese sia in Brianza, non è certo ottimale. Nel 1992 la forza lavoro nell'industria è diminuita del 6,8 per cento. Nei primi dieci mesi di quell'anno, -5,3 per cento. Colpiti più operai e apprendisti (-6,6 per cento), che impiegati (-2,9 per cento). In Brianza, nel '92, ci sono 70 aziende in crisi e 3 mila lavoratori in Cassa integrazione. In undici mesi la cassa integrazione ordinaria è diminuita (da 2.245 lavoratori a 1.451) ma è più che raddoppiata quella straordinaria (1.502 rispetto a 704). Alla fine del '92 ben 169 sono gli operai iscritti alle liste di mobilità, cinque volte quelle registrate a inizio anno. Anche l'artigianato attraversa un periodo di crisi: in 300 aziende prese in considerazione, la produzione è calata del 2,2 per cento, l'occupazione è scesa del 6 per cento mentre le esportazioni sono rimaste pressoché stabili (+0,1 per cento). Un dato preoccupante, questo, perché con la recente svalutazione della lira, infatti, si poteva immaginare un incremento delle esportazioni per la maggiore convenienza nei cambi.

Il vecchio e il nuovo. La *schiscetta* e le diapositive. Parliamo della Acge, dove sono cominciate le "interviste" per i primi 40 operai da assumere. E la mitica *"schiscetta"* che c'entra? C'entra perché quando cominciano le interviste, arriva la notizia che di mensa alla Acge neanche a parlarne. Intanto spieghiamo ai più giovani cos'è la *"schiscetta"*. È quel contenitore di metallo, dove si metteva, prima dell'avvento delle mense aziendali, il pasto da consumare in fabbrica. Intere generazioni ci hanno mangiato in questa vaschetta a scomparti: nel primo viene messo il secondo piatto, nel contenitore più basso la minestra o la pasta asciutta. Per i "fortunati" che andranno alla Acge non è prevista, infatti, la mensa.

In compenso ci sarà un locale, dove poter consumare il pranzo, giacché non è igienico mangiare tra ammortizzatori e cablaggi.

Si torna dunque indietro? Niente affatto. La Acge è un'azienda moderna, flessibile, con manager che hanno fatto i corsi universitari. Insomma, una buona azienda. Un'azienda che tiene conto del nuovo modello di sviluppo in cui domina la centralità dell'impresa e la competitività internazionale, la qualità totale e, naturalmente, Maastricht. E allora? Allora niente mensa e due turni di lavoro, niente servizio sanitario ma più propriamente un "presidio", rapporto diretto fra lavoratori e Direzione, niente capi e capetti. Ma, soprattutto, flessibilità. Gli assunti alla Acge dovranno saper fare "tutto" e se per caso avanzerà del tempo si passerà ad altra lavorazione.

Se questo è il vecchio, il nuovo è rappresentato dalle diapositive e dal questionario. Ai lavoratori chiamati, prima proiettano le diapositive che illustrano i grandi obiettivi raggiunti dalla Automotive Component Group Europe, poi gli si fanno un po' di domandine che fanno tanto Oxford ma che sono un tantino idiote del tipo: "*Sa fare le operazioni matematiche?*". Qualche operaio si rifiuterà di rispondere e sarà congedato con i sorrisi del direttore De Michelis e del capo del personale Vittorio Papagno, personaggio molto conosciuto per essere stato Repo per 22 anni all'Alfa di Arese. E mentre si fanno queste "interviste", si viene a sapere che la Acge è una semplice società a responsabilità limitata. Come noto, per costituire una Srl, in Italia basta versare 20 milioni di lire. Non è sola questa l'anomalia di questa nuova azienda. Qualche mese dopo 1'assunzione dei primi 40 lavoratori, il dirigente mondiale del Gruppo, Robert Stempel, si dimette e annuncia licenziamenti in tutte le fabbriche del gruppo che è quello della General Motors. Comunque, quando si assumono i primi 40 lavoratori, vado all'entrata di via Volta. È una strada stretta e lunga. All'entrata, un cancello con una guardia. Una volta varcato il cancello cosa fanno le 40 persone assunte e scelte con criteri che gli stessi sindacati hanno criticato? Non è dato sapere. Una critica, quella dei sindacati, che arriva in ritardo e che comunque non sposta nulla di ciò che avviene all'interno del cancello di via Volta.

Parlare con questi operai è difficile, anzi impossibile. La consegna del silenzio è totale. Nessuno si vuole fermare per parlare con me, nessuno vuole dire cosa fa esattamente alla Acge. *"Dovrebbero fare sedili, parte elettrica, ammortizzatori* – mi dice un sindacalista – *ma esattamente non abbiamo nessuna possibilità di verificarlo"*. Ma come, e il controllo previsto del sindacato? Il diritto all'informazione? Così come ha deciso i criteri di assunzione, la Acge (e la Fiat) ha deciso di lasciare il sindacato a macerare fuori dai cancelli: dentro è "cosa loro". Quei pochi sindacalisti che sono entrati, si sono visti sbarrare il passo da altissimi cassoni: dietro i lavoratori a fare sedili. Superare quei container non è stato possibile. A vedere quei pochi lavoratori che entrano di fretta e senza voglia di parlare, mi vengono in mente le cose lette sugli anni bui della Fiat, quando per sette anni, a Mirafiori facevano gli scioperi solo in 300. Sì, la storia si ripete, eppure anche questi sono i segni, come allora, del ruolo importante del sindacato. Soltanto *che allora* eravamo nella seconda metà degli anni 50, mentre oggi ci si aspettava dal sindacato un impegno per l'Autobianchi che invece è venuto meno.

Ultimo giorno

Siamo alla fine della nostra storia. Scrivere dell'ultimo giorno dell'Autobianchi non è semplice. Che cosa posso dire di più di quanto scritto sul giornale in questi dieci mesi? C'è il pericolo di cadere nel patetico. Di fare retorica. Di descrivere solo le lacrime, le amarezze, le emozioni che provano gli operai di viale Lombardia. Ma c'è solo questo? No. C'è anche la voglia, come mi hanno detto in tanti, *"di morire in piedi, con dignità"*. E allora forza, scriviamo di questa giornata che è meglio non dimenticare: 24 luglio 1992, venerdì. Un caldo da 35 gradi, con pochi giornalisti fuori dai cancelli e, alla fine, solo io e Daniela, la nostra fotografa. Gli operai non fanno più notizia? Forse. Ma voglio ancora una volta parlare di loro, di questi uomini e donne che hanno fatto grande, con il loro lavoro, non solo la fabbrica ma il Paese e che oggi sono sbattuti fuori.

Da dove comincio? Dalla mattina o, meglio, da mezzogiorno quando il gruppo di lavoratori che fa parte del Comitato contro la chiusura dell'Autobianchi esce dalla fabbrica e comincia ad attaccare all'inferriata della fabbrica cartelli e striscioni. Anche la Giunta è convocata a mezzogiorno. Per l'Autobianchi? No. Sarà una Giunta lampo mi dicono in Comune. Con il sindaco in ospedale e qualche assessore con le valigie pronte per le ferie, non c'è poi molto da discutere. Per me, invece, ci sarebbe molto da discutere e ripensare il ruolo che ha avuto questa Giunta nella vicenda Autobianchi e anche del lavoro svolto dal Comitato dei sindaci, un organismo poco presente che non ha mai fatto un comunicato, una conferenza, prodotto un volantino, che non si capisce bene il ruolo che ha svolto o potuto svolgere. Un assessore però riesco ad avvicinarlo. È Antonio Santambrogio, strenuo difensore dell'accordo firmato il 19 dicembre1991. Quando varca il cancello dell'Autobianchi, scatta un applauso ironico nei suoi confronti da parte del Comitato contro la chiusura. Santambrogio definisce una *"canagliata"*quello che ha fatto la Fiat e inesistente il lavoro fatto dal Coordinamento dei sindaci: *"La Giunta ha fatto il possibile. Oggi chiude la fabbrica ma non si chiude la vicenda"*.

La vicenda o la lotta? Rosa Parisi, 46 anni, da 14 impiegata Fiat, non ha dubbi: *"Contro la chiusura abbiamo fatto solo 5 ore di sciopero – afferma – e questo significa che l'ordine è venuto dai Nazionali. Sono molto amareggiata di non aver lottato per salvare la fabbrica mentre la Fiat ha distrutto e spaccato questo grande laboratorio di democrazia"*.Dice proprio così Rosa Parisi, pidiessina: *"laboratorio di democrazia"*, la fabbrica come prima istanza democratica. E sono in molti a insistere su questa spaccatura. Insieme allo stabilimento scompare un'esperienza collettiva mentre peggioreranno le condizioni di vita e di lavoro. I lavoratori di Desio saranno dispersi chi ad Arese, chi in cassa integrazione. Cambierà il loro modo di lavorare e pensare. Non ritroveranno, accanto a loro, i compagni della fabbrica. Chi andrà alla Acge, varcando la soglia dello stabilimento, lo troverà frantumato, spezzato. Ma non ho tempo di fare considerazioni. Con il registratore mi sposto in continuazione verso chi sta entrato in fabbrica o uscendo. Graziella lavora da 12 anni a Desio. Ha gli occhi lucidi di pianto mentre ci dice di provare tanta amarezza. *"Con Antonella* – afferma riferendosi alla Rizzo – *non ci siamo mai parlate. Ma oggi l'ho voluta abbracciare. Bisognava lottare. Non ci hanno aiutato"*. Qualcuno, invece, è d'accordo con quanto fatto dal sindacato, fiducioso che a fine dicembre in 300 andranno ad Arese. Stranamente non vogliono dire il loro nome. E poi ci sono i capi che escono in gruppo. Loro non vogliono parlare *"perché per noi non è l'ultimo giorno"*, dicono. Ma se non c'è produzione? Insisto. Non c'è risposta. Velocemente s'infilano nelle loro auto. È la paura Fiat. Quella paura che supera ogni dignità pur di restare in fabbrica. Eppure anche per loro, nella strategia Fiat, non c'è più posto.

E c'è anche chi la prende con "filosofia". È il caso di un'impiegata di 52 anni, da 28 all'Autobianchi. Capelli cortissimi, per lei *"come in tutte le cose c'è sempre un inizio e una fine"*. *"Piuttosto* – continua – *voi giornalisti dovreste parlare delle diversità di trattamento che esiste fra dipendenti pubblici e privati. C'è gente che va in pensione con meno di 20 anni mentre molti di noi che non raggiungono, per poco, i 30 anni di contributi debbono andare in cassa integrazione"*. Un problema, quello della cassa integrazione, simile a tutti. Pasquale dice di avere il morale a pezzi. Da 12 anni lavora nella fabbrica di Desio e ieri ha visto in reparto molte persone piangere: *"Ci sono casi disperati* – dice – *e con poco più di un milione al mese non potranno farcela. Io stesso, solo di affitto, pago 700 mila lire al mese"*. Michela, invece, è una lavoratrice-studente. Ultimo anno di ragioneria, 23 anni, da 4 anni in Autobianchi. *"Non bisognava firmare l'accordo"* è il suo categorico giudizio. Lo stesso parere di Bruno che andrà ad Arese ma farà la cassa integrazione: *"Se si lottava tutti insieme* – afferma – *si poteva salvare l'Autobianchi"*.

Invece non si è lottato. Una verità la dice una signora mentre esce, per l'ultima volta, dall'Autobianchi: *"Ci sono stata dentro per 13 anni e oggi, l'ultimo giorno, abbiamo lavorato come matti, come sempre, come se l'Autobianchi dovesse continuare a vivere. Ho tanta rabbia di aver sgobbato fino all'ultimo per poi chiudere"*. In effetti, per l'ultimo giorno, il Comitato contro la chiusura aveva proposto uno sciopero. Anche questo, però, non si è fatto. Rinuncia? Paura e rassegnazione hanno fatto da padrone nell'animo dei lavoratori. Chi mai saprà spiegare a questa lavoratrice che è la filosofia romitiana della qualità totale, della fabbrica integrata e flessibile che ha determinato la sua espulsione dalla fabbrica? Qualcuno, forse, si troverà disposto a spiegare. Ma lo dovrà fare con la faccia rossa dalla vergogna.

Il nostro impegno

L'esagono dedica all'ultimo giorno il paginone centrale del giornale. E pubblichiamo anche un lungo documento del Comitato contro la chiusura, dove viene fatta la storia di quei mesi. È un documento amaro che tenta, in alcune parti, di fare anche dell'ironia senza riuscirci. È un momento troppo emozionante quello della chiusura e non è facile fare dell'ironia quando una fabbrica, dopo 37 anni, chiude. Così si conclude il lungo documento:

> *Per parte nostra, abbiamo fatto tutto quanto era nelle nostre possibilità per evitare che sulla vicenda cadesse il silenzio. Di certo non ci siamo mai illusi di potere, da soli, evitare la chiusura dell'Autobianchi. Ci resta, ora che la fabbrica ha chiuso, l'orgoglio di aver tenuto accesa la discussione e, forse, di aver contribuito a rendere meno penoso il senso di abbandono e di disperazione vissuto da tanti nostri compagni di lavoro e, talvolta, da noi stessi. In una vicenda che ha visto vittoriosa solo la Fiat e coloro i quali le tengono bordone nelle segreterie nazionali del Sindacato, che almeno i nostri compagni di lavoro abbiano a serbare di noi l'immagine di onestà, impegno e buona fede, da*

> *solo sufficiente a ripagarci dei sacrifici e delle amarezze di questi mesi. Con 1'impegno di continuare la nostra battaglia a salvaguardia degli interessi dei lavoratori.*

Anche monsignor Piero Galli interviene nell'ultimo giorno di lavoro dell'Autobianchi con una dichiarazione a *l'esagono* per rilevare che

> *Si muore anche perché non c'è più lavoro, si piange perché il dolore, qualsiasi dolore, fa sempre male. Come prevosto di questa città mi sento un dolore acuto per la sofferenza di quei lavoratori e partecipo alle loro speranze. Io prego che quel dolore non porti alla morte della speranza in un domani più sereno per tutti. Coraggio lavoratori, vi sono vicino e sto con voi.*

E con questo appello al coraggio da parte del prevosto di Desio si chiude la vicenda di questa fabbrica. Ci saranno ancora, nei mesi a seguire, assemblee e riunioni. A me è sembrato più giusto chiudere la storia, però, nel momento che chiudono i cancelli dell'Autobianchi. Non so se sono riuscito a far capire al lettore la vita e la morte della fabbrica. Se non ci sono riuscito, chiedo scusa. Quello che ho tentato di fare, con gli articoli per *l'esagono* prima e con questo libro ora, è un contributo alla libertà. Sì perché di libertà si è trattato di là della difesa del posto di lavoro, pur sacrosanta. In discussione c'era la centralità della fabbrica, il suo modo di essere, la vita, la storia, le lotte di fabbrica. In ballo c'era il futuro non solo delle 2.500 famiglie interessate direttamente, ma anche quelle che per la Fiat lavorano nell'indotto, l'economia di un'intera zona, quella Brianza già colpita da tempo dalla recessione. Ecco perché sin dall'inizio sono stato decisamente contro la chiusura della fabbrica. In realtà contro la chiusura erano tutti. Io sono stato, da subito, anche contro 1'accordo che ne sanciva la chiusura. E sono stato contro perché ho, per formazione, educazione, cultura, un grande rispetto per il sindacato e quindi penso che non sia compito del sindacato firmare le chiusure delle fabbriche quanto piuttosto battersi per mantenerle in vita. E sono stato dall'inizio contro la chiusura perché non ho fiducia nell'Avvocato, perché nel 1980 non ha rispettato gli accordi, perché non paga allo Stato, quanto deve pagare, perché chiude al Nord e apre, con i soldi della collettività, al Sud. E per un sacco di altre ragioni che ho tentato di spiegare in questo libro.

Mi fermo qui. Le incongruenze dell'accordo del 19 dicembre 1991 le ho già scritte nel libro e prima ancora sulle colonne de *l'esagono*. A questo proposito voglio ancora una volta ribadire che dalle colonne del giornale hanno potuto parlare tutti, dai lavoratori ai politici. E, soprattutto, abbiamo cercato di portare quelle notizie che gli altri organi di informazione non portavano. Noi abbiamo denunciato – mentre si chiudeva la fabbrica – che si facevano gli straordinari a Desio e a Termini Imerese, noi le manifestazioni contro la chiusura, sempre noi i capi utilizzati al posto del personale della mensa. E poi, per primi, ci siamo interessati dei lavoratori delle imprese esterne e, per finire, sui colloqui della Acge. Crediamo di aver fatto bene il nostro dovere anche se spesso – e di questo ce ne rammarichiamo – siamo stati criticati anche aspramente per non essere *allineati* con il sindacato ufficiale. Quando si parla di libertà di stampa, significa anche non sposare tesi precostituite e cercare, invece, che è poi la strada più difficile, altre fonti di informazione che possano dare un quadro più reale della situazione. Non ci siamo, per intenderci, appiattiti sui comunicati, abbiamo invece cercato di capire perché avvenivano certi episodi.

Forse non ci siamo riusciti del tutto. Forse potevamo fare di più. Una cosa è certa: siamo stati dalla parte dei più deboli, contro l'arroganza della Fiat. Senza tentennamenti, senza meschini calcoli di tiratura del giornale. E siamo sicuri che anche così abbiamo difeso la libertà di stampa, con la nostra indipendenza che costituisce il solo antidoto per svolgere degnamente il diritto-dovere di informare.

Piuttosto, bisognerebbe domandarsi se quello che è successo all'Autobianchi con la firma del sindacato per la chiusura, è il segno dei tempi. Più semplicemente credo sia il segno concreto del distacco, forse incolmabile, fra i lavoratori e un sindacato che si trova ormai più a suo agio negli spettacoli televisivi che in fabbrica. E così si è lasciato solo un grande movimento che non voleva arrendersi di fronte ad una delle più dure offensive di classe della storia sociale italiana.

Dai cancelli di viale Lombardia è scomparso ogni riferimento all'Autobianchi. Anche le due macchine esposte, Panda e Y10, sono scomparse dal giardino prospiciente la palazzina uffici. Eppure negli spot televisivi e nelle pubblicità si continua a invitare ad acquistare auto con il marchio Autobianchi.

Ma l'Autobianchi non c'è più.

I Protagonisti

L'EXSINDACO – Pierino Lissoni

Il commendator Pietro Lissoni, detto Pierino, classe 1920, mi riceve nella sua casa di via Garibaldi, proprio sopra l'azienda vinicola che dirige. Fisico possente, alto, non ha molto tempo a disposizione perché dice *"ho a casa un rappresentante e debbo fare il giro dei clienti"*. Non per questo è poco gentile. Anzi, quando gli ho telefonato, è stato ben contento di ricordare assieme l'insediamento dell'Autobianchi a Desio.

Alle pareti del salotto dove ci sediamo, bellissimi quadri e, attorno, mobili pesanti, antichi e nello stesso tempo perfettamente funzionali alla discussione, alla voglia di ricordare.

Pierino Lissoni diventa sindaco di Desio il 27 giugno 1956 a capo di una Giunta monocolore democristiana e ci resta sino al 1967. Con lui, entrano in Giunta, il vice sindaco Sandro Ziglioli, Giovanni Fumagalli, Attilio Schiatti, Luigi Bugatti, Federica Galli, Ernesto Arienti. In effetti, non è Lissoni a gestire, inizialmente, la vicenda dell'insediamento Autobianchi-Fiat. L'anno precedente, nel 1955, sarà l'allora sindaco Carlo Rivolta, Cav. Uff. come citano le vecchie delibere, a ricevere la prima richiesta d'insediamento. Sarà proprio Pierino Lissoni, invece, a continuare a gestire l'insediamento. Ma com'era il clima a Desio in quel periodo? *"In amministrazione – dice Lissoni – quando venimmo a sapere di questo insediamento, tutti fummo d'accordo. Non ci furono voci discordi neppure nell'opposizione. In quel momento a Desio la situazione economica non era delle migliori. La Tilane era già allora in crisi. Il lavoro che faceva per l'esercito, tessuti militari, finì dopo la guerra. Al tempo delle sanzioni economiche fummo penalizzati perché l'80 per cento delle esportazioni erano verso l'Inghilterra che poi scelse i Paesi asiatici. Quindi un nuovo insediamento era ben visto".*

Nell'archivio comunale ho trovato un ordine del giorno dell'Amministrazione comunale di Desio di quegli anni a sostegno dell'occupazione e l'ex sindaco di Desio mi conferma la preoccupazione di quei momenti. *"Inoltre* – continua – *noi sapevamo che i figli degli artigiani erano stanchi di lavorare 15 ore al giorno. Volevano andare a lavorare in fabbrica. Sembrava loro di essere così più liberi, indipendenti e magari, finito il lavoro in fabbrica, fare qualche ora nella bottega del padre. In quegli anni Desio ha circa 20 mila abitanti e molte botteghe artigiane. Non saranno sviluppate proprio perché la volontà dei giovani era quella di entrare in fabbrica. Col senno di poi forse quello fu uno sbaglio".*

Mentre parla l'ex sindaco, che per una legislatura è stato anche consigliere provinciale, sempre per la Dc, usa qualche volta parole in dialetto milanese quasi a rafforzare i suoi concetti. È così quando mi spiega che si è battuto per far avere a Desio l'istituto professionale istituito, orgogliosamente come sottolinea, *"a nostre spese, con i bilanci del comune. Mi disevi: bagai chi ghe la pussibilità de fa esperienza"* (lo dicevo: ragazzi qua c'è la possibilità di fare esperienza). L'operazione riesce e s'iscrivono all'Istituto 140 *bagai* superando anche quello di Abbiategrasso da cui Desio doveva dipendere.

Sull'insediamento di questa nuova fabbrica l'Amministrazione non era preoccupata che si modificasse e deteriorasse l'ambiente desiano? *"Non abbiamo avuto questi problemi* – mi dice Pierino Lissoni – *perché lo sviluppo è stato limitato. Contrariamente a paesi vicino al nostro, a Desio non ci sono state le cosiddette 'coree'. Lo sviluppo, in quegli anni, è stato limitato: case piccole, spesso unifamiliari, poi col tempo magari il secondo piano per il figlio che si sposava. A parte che molti immigrati hanno avuto più ingegno dei desiani. Chi si è insediato nel centro storico e oggi ha rimesso a posto la casa, si trova in una situazione ottimale. Mi sembra anche che i quartieri ad alto tasso di immigrazione come ad esempio San Vincenzo sono ordinati".*

Naturalmente per un'Amministrazione comunale un insediamento come quello dell'Autobianchi comporta spese, nuovi servizi, collegamenti. La Fiat, contrariamente a ciò che si può pensare, non interviene minimamente se si esclude una parte delle spese per la fognatura dello stabilimento. In una delibera approvata il 4 luglio 1957 si dice che la variante ha un costo di 20 milioni di lire e che *"l'Autobianchi concorre nella spesa con un suo contributo di lire 5 milioni"*. *"Oltre a questo –* continua Lissoni *– da parte Fiat non abbiamo mai visto nulla: niente di niente neppure una sponsorizzazione"*. A sentire parlare l'ex sindaco di Desio si ha l'impressione nitida di due entità ben divise: da una parte l'Amministrazione comunale dall'altra la Fiat. Nessun collegamento, nessun rapporto. Come ai giorni nostri: la Fiat, Stato nello Stato, che decide di chiudere e che semplicemente "notifica" al sindaco il giorno della chiusura.

Quando la nuova azienda cominciò a funzionare, non si fece neppure l'inaugurazione. *"Per fortuna –* continua Lissoni *– perché le inaugurazioni e i tagli di nastro non mi piacciono. Ma questo era lo stile Fiat, un metodo sabaudo-torinese. Io ho visitato solo una volta la fabbrica ma quando era già avviata da tempo"*. I ricordi si affastellano, anche se non è facile ritornare alla memoria dopo circa 40 anni. *"Ricordo però –* continua l'ex sindaco *– un incontro avvenuto a Milano, al Museo della Scienza e della Tecnica, quando presentarono la Bianchina nel 1957, con Vittorio Valletta. Mentre presentavano la nuova vettura, mi chiese di garantirgli un sottopasso della stazione lungo viale Lombardia per utilizzare anche aree al di là della ferrovia con un investimento doppio rispetto a quello iniziale. Gli risposi che non potevo garantirgli nulla e debbo dire di essere stato, col tempo, ben convinto di quella risposta. Se non fosse andata in quel modo oggi, forse, invece di 2.500 operai, a casa ce ne sarebbero molto di più"*.

Come ha accolto la notizia della chiusura della fabbrica desiana, il sindaco dell'insediamento Autobianchi? *"È una cosa che non ho capito –* mi conferma Lissoni *–. Certo se lo Stato dà i soldi ad Agnelli, lui è a posto, fa i suoi interessi. Ma com'è possibile abbandonare una grossa area* *industriale come questa di Desio? Che senso ha andare ad istruire operai che facevano i contadini? Se Agnelli voleva salvare Desio, poteva farlo benissimo. Il fatto è che la convenienza per lui è stata quella di andare in meridione. E non si venga a dire che non sapevano della crisi. Loro hanno antenne più lunghe delle nostre. Erano a conoscenza della recessione che arrivava in campo automobilistico e così, con poca spesa, hanno spostato nel meridione la produzione. Ma che senso ha tutto ciò?".*

Già che senso ha tutto ciò? Forse la risposta l'ha data lo stesso Pierino Lissoni: *"Con poca spesa hanno spostato nel meridione la produzione"*. Già, ma per quanto?

L'ARISTOCRAZIA OPERAIA – Ferruccio Asmi

Numerose volte mentre intervisto le persone per scrivere questo libro m'imbatto in Ferruccio Asmi. Sia che essi siano operaio capi, spesso mi sento rispondere: *"Ah! L'Asmi. Un operaio con i baffi"*. Un modo semplice per definire la capacità di lavoro di questo ex operaio di 67 anni, oggi pensionato. Ferruccio Asmi vive, con la moglie, poco lontano dall'Autobianchi, in via Forlanini 36. E così vado a conoscerlo questo operaio *con i baffi*. I baffi, Ferruccio Asmi non li ha. Abita al sesto piano di un condominio con una bella entrata sorto proprio nel momento in cui l'Autobianchi "tirava" e molti cercavano casa nella zona. Affabile, non molto alto, sempre ben vestito, Ferruccio Asmi incarna perfettamente 1'operaio-mito, quello *di una volta,* quello che sa lavorare e non piega la testa davanti al capo, anzi che tratta come un suo simile.

All'Autobianchi ci entra nel novembre del 1942. In quell'epoca non si chiamava ancora così. Viene assunto, infatti, dalla Saom (Società anonima officine metallurgiche). Nel settembre del 1943, a seguito dei bombardamenti su Milano che colpiscono l'Edoardo Bianchi viene, così come accade a tutti gli altri, licenziato. Un licenziamento che dura lo spazio di un fine settimana. Il lunedì successivo, infatti, è riassunto. Nella stessa azienda di Desio, convive con la Saom – originariamente una ditta tedesca – anche la Edoardo Bianchi. Si fanno cerchioni di biciclette, parafanghi, insomma 1'ossatura della bicicletta. Poi il lavoro è mandato a Milano, alla Edoardo Bianchi, per il montaggio finale.

"Il primo giorno di lavoro a Desio – ricorda Ferruccio Asmi – *è in un novembre freddo. Ho circa 16 anni e provengo da una piccola officina di Milano. Con i bombardamenti alleati era più il tempo che passavamo nei rifugi che in officina. E quando eravamo nei rifugi, non ci pagavano. Allora era così. Le cose cominciarono a cambiare dopo il 25 luglio e dopo il settembre 1943. Quelli che erano al potere cominciavano a sentire la fine e quindi pensarono bene di allargare un po' i cordoni della borsa".*

Pur a 51 anni di distanza da quel primo giorno di lavoro, Ferruccio Asmi lo ricorda nitidamente: *"Ricordo soprattutto il freddo. Forse allora faceva più freddo o almeno così mi sembra di ricordare. Al centro del capannone c'era la stufa e questo capannone comunicava con la fonderia con il risultato che quando c'era la colata, il fumo invadeva dove lavoravo io e i miei compagni. E venivamo affumicati. Appena entrato, mi hanno presentato il caposquadra che senza perdere tempo, in dialetto mi ha detto:' Te devet cercà un tòcch de fer per fa una roba de sta grandesa chi'.* (Devi cercare un pezzo di ferro di questa grandezza - Ndr). *La ricerca andava fatta in cortile e il mucchio di ferro, dove cercare quello voluto dal capo, era tutto coperto di brina"*.

Asmi, dunque, entra come apprendista. Comincia a cercare il ferro e lo porta agli operai più anziani ed esperti. Intanto guarda, impara, conosce la realtà di una fabbrica media, per lui che proviene da un'officina di meno di 15 persone. *"Mi sentivo dal punto di vista psicologico* – dice – *importante. Passare da una portineria dove c'era un guardiano in divisa, firmare e poi timbrare un cartellino, era per me motivo di orgoglio"*.

Anche i rapporti con i colleghi e capi sono buoni e tali rimangono anche quando si forma 1'Autobianchi. Con il regime Fiat, però, cominciano le discriminazioni. Anche Ferruccio Asmi, ormai operaio *con i baffi,* è toccato dalla discriminazione. È un *rosso*, fa parte della Commissione interna e la Fiat non può permettere che diventi un capo. Mi racconta 1'episodio con molta precisione e con un certo orgoglio. La voce s'incrina solamente quando parla del suo capo, Alberto Magni, deceduto poco tempo dopo il raggiungimento dell'età pensionabile. *"Magni* – racconta Asmi – *era un uomo di una sensibilità rara. Lavorava in attrezzeria con un gruppo qualificatissimo di operai che provenivano tutti da Milano, dall'Edoardo Bianchi. Tutta gente che aveva fatto il lavoro clandestino, in pratica il Cln della fabbrica. Quando c'è stato l'ampliamento della fabbrica, la direzione aveva bisogno di nuovi quadri. Magni ha fatto il mio nome ma gli hanno risposto se per caso era matto. La direzione sapeva tutto di tutti e sapeva che ero comunista. Una discriminazione politica perché poi sul lavoro ricevevo apprezzamenti per il mio modo di lavorare. Ma tutto ciò era scontato. La militanza mi aveva insegnato anche questo. Si sapeva di gente che pagava un tributo molto più oneroso del mio. Erano mandati nei 'reparti confino' che c'erano anche a Desio con la scusa che il reparto di provenienza doveva essere smantellato e lo mettevano lì con la speranza che si stancasse e desse le dimissioni".*

In quegli anni anche un'operazione semplice come affiggere un giornale poteva essere pericoloso. Asmi, ogni mattina, quando entra in azienda, porta con sé una copia de *l'Unità*. L'affigge, come fanno per l'*Avanti!* e il *Popolo*, e poi va a lavorare. Quando arriva Riccardo Brigliadori alla direzione, le cose cambiano: "*Una mattina* – ricorda Ferruccio Asmi – *non faccio in tempo a posteggiare la bicicletta che il sorvegliante mi dice che sono atteso dal capo del personale. Quando ci vado, ci trovo anche il socialista e il democristiano. In pratica non si può più affiggere il giornale. Il lunedì successivo le bacheche non ci sono più e il muro è verniciato di fresco*".

Con chiunque si parli di quegli anni, immancabilmente si discute dei ritmi di lavoro, descritti da tutti, come terribili. "*Io lavoravo in attrezzeria* – afferma Asmi – *e quindi c'era tempo anche per pensare. Ma per quelli che capitavano negli altri reparti, era terribile. Non avevano neppure il tempo per andare al gabinetto. C'erano le guardie che controllavano quanto tempo ci mettevano*". Il sindacato ha saputo rispondere a tutto questo? Ferruccio Asmi fa segno di sì con la testa ma nello stesso tempo critica il sindacato che non ha saputo "*gestire quello che aveva portato a casa*"."*Ci sono stati momenti* – continua Ferruccio Asmi – *in cui abbiamo perso il senso della misura. Abbiamo difeso l'indifendibile. Ogni richiesta ci sembrava lecita perché i rapporti di forza erano a nostro favore. Le situazioni di oggi, mi sembra, sono i frutti di quegli errori*".

All'Autobianchi, Ferruccio Asmi ci resta sino all'agosto del 1981, quando compie 55 anni. È stato anche consigliere comunale del Pci. Oggi è pensionato. Ma è ugualmente impegnato. Appassionato di fotografia è presente a ogni manifestazione desiana con i suoi obiettivi da 24 a 300 mm. È uno degli animatori del Circolo fotografico di Desio e ha suonato il clarinetto nella banda per più di 30 anni. E collabora anche con Patronato Inca per le pratiche pensionistiche. Come ha visto la recente situazione creatasi all'Autobianchi? *"Io esprimo un giudizio negativo. Quando ho cominciato ad interessarmi di sindacato, i funzionari facevano una vita bestiale. Spesso erano gli stessi licenziati dalle fabbriche perché comunisti. Alle 5 del mattino li trovavi davanti ai cancelli, gente con un rigore morale estremo Poi le cose sono cambiate: ora arrivano alle 10 in ufficio con il pacco dei giornali sotto il braccio, in fabbrica non ci vanno più. Quando si sono inventati la trattenuta sindacale che li garantiva è cominciato il declino del sindacato".* E sulla chiusura? *"Non so. Forse al sindacato la Fiat ha messo sul tavolo il problema del Mezzogiorno e non hanno potuto dire no. Non ho seguito bene la vicenda".*

Forse Ferruccio Asmi non vuole dire troppo. Da militante che ne ha viste tante, forse non vuole parlare di una vicenda che pesa su tutti e quindi anche su di lui. La chiusura di una fabbrica non è mai un'operazione neutra. Così ci alziamo per accomiatarci. Mi viene in mente un'ultima domanda: la Fiat l'ha premiata quando è andato in pensione? Asmi sorride: *"Sì. Chi compiva 25 anni, 6 mesi e 1 giorno alla Fiat, diventava 'anziano Fiat'. A me hanno dato 3 milioni e un abbonamento perpetuo al giornale* Esperienze, *edito dall'Associazione lavoratori anziani. Una pubblicazione corporativa al massimo livello. Quelli che invece volevano mandare via hanno preso molto di più. Poi ho il vitalizio, che però dall'82 non danno più. Sono 18 mila lire al mese. Viene pagato ogni 6 mesi".* Mamma Fiat, in fondo, si è ricordata di Ferruccio Asmi, operaio *con i baffi*.

GLI EX DIRIGENTI – Riccardo Brigliadori – Pietro Longaretti

L'appuntamento con il ragioniere Riccardo Brigliadori è per un pomeriggio dei primi giorni di marzo presso l'aeroporto di Alzate Brianza. Nel cuore della Brianza: tanto verde ma anche intensificazioni di costruzioni per lo più singole, a un piano. Dopo una stradetta in salita, si arriva all'aeroporto segnalato da cartelli bianchi. Un grande spiazzo, la pista di decollo e atterraggio, qualche hangar. In fondo tanti alberi. L'hanno ideato e lo gestiscono 78 persone riunite in cooperativa accomunati da una comune passione, quella del volo a vela. Uno dei dirigenti della cooperativa, se così lo possiamo chiamare, è proprio il ragioniere Brigliadori che è stato nel 1953 campione italiano di volo a vela e che fino a pochi anni fa era anche istruttore di volo. "*Ora non lo sono più* –mi dice – *perché ho superato i 65 anni di età*".

Quando arrivo e posteggio la macchina a fianco della pista di decollo, Riccardo Brigliadori è già sul posto e sta sistemando qualcosa nella sua auto. Indossa una tuta da pilota e in testa ha un berrettino di lana. Mi saluta cordialmente e mi conduce in un hangar adibito a ufficio con le pareti occupate da carte di volo e avvisi vari. Accende una stufetta ad aria calda e cominciamo a parlare. Eccolo di fronte a me, dunque, il capo del personale Autobianchi, Riccardo Brigliadori, classe 1924.

Di lui ho sentito parlare spesso. Operai e dirigenti mentre parlavano con me, fatalmente, nominavano il suo nome. E non potrebbe essere diversamente, considerato che all'Autobianchi c'è rimasto dall'1 settembre 1956 sino al 30 novembre 1981 con compiti di responsabilità. All'Autobianchi ci arriva dopo un'esperienza lavorativa alla Pirelli, dove entra nel giugno del 1943, in pieno conflitto mondiale. Nell'azienda milanese comincia a lavorare alla contabilità generale poi il rapporto di lavoro s'interrompe perché come volontario in aviazione, Brigliadori va in guerra. Quando ritorna, il suo posto è già occupato e lo mettono all'ufficio personale. Partecipa anche a un corso alla Bocconi, con il professor Amintore Fanfani, sulle relazioni industriali ed è dopo questo corso che comincia a occuparsi di sindacato e di rapporti con la Commissione interna della Pirelli. Poi è mandato in tutti gli stabilimenti della Pirelli, in Italia e all'estero, a tenere corsi per i capi reparto.

Quando l'ingegner Dante Brusaferri, dirigente della Pirelli, viene incaricato di occuparsi della costituzione dell'Autobianchi, sceglie proprio lui e se lo porta a Desio. Conosce così il ragionier Mauro Bucalossi che si occupa della manodopera e l'ingegner Granello che rappresenta la Fiat. Ci entra come impiegato di prima categoria per poi diventare capo del personale.

Mentre il ragioniere Brigliadori mi spiega tutte queste cose, entra nell'hangar un altro dirigente dell'Autobianchi, Pietro Longaretti, anch'egli appassionato di volo a vela e istruttore. Dopo le presentazioni di rito, Longaretti mi dice che anche lui sta scrivendo un libro sull'Autobianchi *"ma vivaddio scritto da uno che dentro la fabbrica ci ha lavorato"*. Nato nel 1933, ha da poco lasciato l'azienda desiana: il 1° maggio 1992. Voce stentorea, affermazioni molto nette, sicuro di sé, Longaretti nelle tre ore che stiamo assieme ruba spesso la scena a Brigliadori. *"Sì è vero – dice – sono di parte e me ne vanto"*. La parte è quella, naturalmente, della Fiat. La controparte, naturalmente, i sindacati, *"che hanno sbagliato tutto e rovinato le fabbriche"*. All'Autobianchi ci entra nel 1957 e compie tutta la carriera: operaio (*"mio padre era comunista"*), disegnatore, corsi serali di perito industriale, impiegato, metodista, capo officina, capo fabbrica, direttore di produzione. Per tre anni va a Cassino come direttore di produzione poi, per sei mesi, nel 1991, in Polonia come responsabile del "progetto Polonia".

Una carriera formidabile che mostra anche un'identificazione completa nella Fiat e un'abnegazione non comune. Oggi, a 59 anni, può quindi vantare un'esperienza forse unica dei metodi di produzione della Fiat. Nei confronti di questi metodi, non solo non c'è mai una critica ma neppure qualche ragionevole dubbio. I sindacati? *"La chiusura di Desio io la imputo ai sindacati* – afferma con certezza Longaretti –. *Hanno fatto disamorare l'imprenditore. Tanti piccoli colpi di spillo e così l'imprenditore è stato costretto ad andare all'estero. Quando la legislazione italiana ha dato qualche possibilità alla Fiat, è andata a Melfi. Viceversa sarebbe andata all'estero"*.

Queste "possibilità" alla Fiat sono ben 4.800 miliardi che lo Stato ha dato all'avvocato Agnelli. Ma questi sono discorsi che a Longaretti non interessano poi molto. E così con l'arrivo di Longaretti il nostro discorso si sposta subito sui problemi sindacali. *"A Desio sapevano tutti* – continua Longaretti – *che avrebbero chiuso. Tanto è vero che hanno fatto solo due ore di sciopero contro la chiusura. Ne hanno fatto di tutti i colori. Quello che passava a Torino non passava a Desio. Come facevano a tenere aperta Desio? Come adesso che una legge regionale vieta le emissioni della verniciatura ad Arese. Chiaro che poi si chiude"*. Ma allora dobbiamo tenerci l'inquinamento di Arese? Anche su questo Pietro Longaretti non ha dubbi: *"Si deve pagare uno scotto all'industrializzazione"*. Possibile che non ci possa essere una mediazione fra il produrre come adesso e un ambiente più consono all'umanità? Ci sono vari studiosi che sostengono che è possibile. Longaretti sorride indulgente. *"Guardi* – interviene Brigliadori – *che Longaretti per risolvere i problemi tecnici non si è mai risparmiato. Se dice che non c'è possibilità di non inquinare c'è da credergli"*.

Tento di riportare il discorso sull'Autobianchi. Riccardo Brigliadori nega la critica del sindacato sul fatto che a Desio la Fiat abbia svuotato di professionalità alcuni uffici. La centralizzazione, la sinergia fa parte di una logica commerciale-economica. Per due società – mi dice – è più economico avere un unico ufficio commerciale. Anche Pietro Longaretti interviene su questo problema ma, poi, finisce ancora per parlare di sindacato. Il *leitmotiv* è sempre identico: ci sono logiche industriali che approvo e altre che disapprovo – dice –. *"Ma c'è una logica di fondo: io imprenditore perché debbo stare a Desio quando posso andare altrove? Rimanere a Desio era da coglioni!"*. Ricatto? No! Per i due dirigenti non è un ricatto questo ma logica industriale. Come non è un ricatto quando Agnelli dice: o fate il terzo turno oppure vado in Spagna? *"Guardi – esclama Longaretti – che il terzo turno non è una brutta cosa. Che sia brutto lo dicono solo certi giornalisti e sociologi d'accatto che paragonano il terzo turno alla Cayenna"*. Non mi verrà a dire che lavorare di notte, in catena, è il paradiso... *"Scriverò tutto nel mio libro – m'interrompe Longaretti – il terzo turno ha pregi e difetti"*. Cominciamo a dire che sconvolge l'equilibrio psico-fisico del lavoratore e questa è una violenza.

I due dirigenti Fiat, penso siano inorriditi dalle mie affermazioni. E con molta pazienza mi spiegano che di notte lavorano anche i piloti di linea, i chirurghi e – come afferma Brigliadori – *"anche i pescatori e non si lamentano"*. Sì è vero. Io stesso lavoro, fino a un certo orario, di notte. In una redazione, però, non in catena. Tutto inutile. Per Longaretti *"per il progresso si fa questo e altro"*. E gli aspetti positivi? È ancora critica nei confronti dei *"sociologi d'accatto"* o dei *"Gad Lerner che non conoscono o cercano di nascondere"*. L'aspetto positivo del lavoro notturno – secondo Longaretti – è *"che si ha una giornata a disposizione per la famiglia o per tante altre cose"*. Ad esempio? *"Ad esempio – continua Pietro Longaretti – si liberano le palestre, si può giocare a tennis, si liberano i luoghi per fare passeggiate. Io ho avuto dei capi che mi hanno chiesto di fare sempre il turno notturno perché così avevano trovato un loro equilibrio"*. Ma la notte è fatta per dormire... *"Ma chi l'ha detto – esclama l'ex capo del personale Brigliadori –. Ci sono animali che dormono di giorno e stanno svegli di notte"*. Gli animali, appunto... *"Ma no – si infervora Brigliadori – ci sono tante categorie che lavorano di notte. Lei è infarcito di luoghi comuni e la stampa è proprio l'orchestra dei luoghi comuni"*.

Saranno luoghi comuni ma la Fiat non accetta neppure di discutere, in cambio della notte, una riduzione dell'orario di lavoro. Questo non è un luogo comune ma un fatto. La distanza di vedute con i due ex dirigenti è incolmabile. Cerco di spostare il discorso sulle esperienze di Riccardo Brigliadori nei rapporti con il sindacato. Mi racconta di un processo, di chi gridava nei suoi confronti *"alle presse e schiacciamolo"*, alla conseguente serrata per gli atti di violenza. *"Negli anni '68/70 –* racconta Brigliadori *– c'è stato un acuirsi dei rapporti sindacali. Ho fatto comunque una esperienza umana di grande interesse. Trattare con le persone porta sempre ad un arricchimento. Certo, quando il sindacato parte con l'idea di far fuori un'azienda spesso ci riesce. Ma se uno è onesto prima o poi riconosce che ciò che diceva la direzione era vero".* Vorrei saperne di più di questi processi e della riammissione in fabbrica, per ordine del magistrato, di cinque lavoratori. Ma interviene con molta foga Pietro Longaretti: *"Bisogna partire –* dice *– dai 35 giorni di Torino e dalla marcia dei 40 mila cui tutti noi di Desio abbiamo partecipato. Quello che l'azienda aveva acquisito a Torino non poteva farlo a Desio. Il montaggio non accettava il rilevamento dei tempi a fronte di modifiche tecnologiche. Quelli della* catena *come li chiama lei. In tutto il mondo si chiama* assembling line *ma in Italia* catena, *come se fossero incatenati. Hanno martirizzato alcuni capi gridandogli per un'ora in un orecchio con il megafono a tutto volume. Li hanno fatti sfilare per le vie di Desio alla gogna. Il cosiddetto Consiglio di fabbrica..."*. Perché cosiddetto? *"Perché –* afferma Longaretti *– quando nacque, non poteva essere accettato. Scriverò tutto nel mio libro. Io vengo dalla gavetta, sono stato operaio. Ero sempre in testa, anche di notte, contro un incendio, una alluvione magari provocata dalle fogne comunali che non funzionavano. La cittadinanza di Desio non ci amava".*

Questo l'ho sentito anche dall'ex sindaco di Desio, Pierino Lissoni, che ha criticato che la Fiat non ha mai sponsorizzato nulla a Desio. Per i due ex dirigenti non è vero. *"Ben 150 milioni sono arrivati da Torino per una sala della villa Tittoni e altri soldi per 1'ospedale".* Poi mi spiegano delle possibilità che ha in fabbrica 1'operaio di buona volontà, dei passaggi di categoria, della scuola istituita a Desio per fare questo. Anche l'ambiente, per i due ex manager, non si prestava a critiche. Addirittura si era messa una cabina meteorologica per rilevare l'umidità degli ambienti *"mentre i verniciatori andavano, dopo il lavoro, a lavorare in piccole officine dove si aspirava di tutto".* E ce n'è per tutti: per i giornalisti che non interpellano mai 1'imprenditore ma solo gli operai anche se poi riconoscono che la

Fiat aveva proibito loro di fare dichiarazioni, per Charlot che con il suo film "Tempi moderni"ha distribuito in tutto il mondo il luogo comune sulla catena di montaggio o, come dice più elegantemente Longaretti, sulla *assembling line*. Non si salvano neppure i magistrati che, secondo Brigliadori, *"hanno lasciato che la corruttela andasse avanti per anni e se non ci fosse stata la Lega Lombarda a Milano, il bubbone non veniva fuori"*.La magistratura è gratificata anche di epiteti irripetibili."*Ora* – dice Brigliadori – *tutta l'Italia è piena di merda. La colpa è anche dei magistrati. Qualcuno ha avuto coraggio, anche contro la mafia, ed è stato ammazzato. Sono stati schierati con i sindacati e hanno riammesso in fabbrica i licenziati. Ma non si sono chiesti se questi avevano voglia di lavorare. Altro che catena e le balle che hanno raccontato: che non ce la facevano più, che avevano i testicoli rivoltati, che la moglie non poteva più partorire e loro fare l'amore. Balle. Tutte balle".*

Per Brigliadori gli operai sono la *ciurma* e i sindacalisti i *capi ciurma*. Spesso usa questi termini nel descrivere episodi avvenuti davanti ai cancelli dell'Autobianchi. Termini sprezzanti che denotano, comunque, la grande tensione di quegli anni. Critiche per l'impresa, invece, non ne sento mai. La critica è sempre nei confronti dei sindacati. "*Sa cosa fanno in Giappone gli operai* – mi dice Brigliadori – *quando scioperano? Si mettono una fascia bianca sul braccio e lavorano più di prima"*.Ecco forse è questo il sindacato che avrebbero voluto come controparte i due ex dirigenti. E poi c'è una parentesi, da parte di Brigliadori, nel descrivere la fabbrica che denota certamente un grande amore per la tecnologia e l'organizzazione del lavoro ma che vede anche l'annullamento della propria personalità sull'altare della produttività aziendalistica: "*Ma lei conosce* – mi domanda – *l'armonia, il piacere di entrare in uno stabilimento e vedere alle 6 del mattino che si muovono le linee; tutti al loro posto, ognuno che fa la sua parte? È veramente una meraviglia vedere che alla fine esce la vettura pronta e questo è il successo dell'organizzazione e dell'impegno a fare la qualità".*

È stata senza dubbio una lunga conversazione, quella avuta con Riccardo Brigliadori e Pietro Longaretti. Anche aspra. Nello stesso tempo una conversazione ricca, indispensabile per conoscere e quindi descrivere l'Autobianchi. Una cosa è certa: riconosco ai due dirigenti di non aver nascosto nulla, di aver preso posizioni che mi aspettavo prendessero. Quelle posizioni dì perfetto accordo con la Fiat su tutto quello che ha fatto e che oggi continua a fare, chiaramente, senza infingimenti o alchimie. Mentre esco dall'hangar con Longaretti, Riccardo Brigliadori si ferma a pulire con una scopa il pavimento. Con Longaretti parliamo ancora. Mi meraviglio, dico, che lei non abbia mai avuto, nella nostra lunga conversazione, una critica nei confronti di Agnelli. Longaretti mi dà una risposta lunga e articolata. Alla fine un'affermazione che, come il solito, è chiara e non lascia spazio a interpretazioni di sorta: *"Fra i capitani d'industria* – conclude – *non solo con Agnelli sono d'accordo. Mi piace anche Silvio Berlusconi"*.Non avevo nessun dubbio.

LA MEMORIA STORICA – Giovanni Parma

Parlare con Giovanni Parma dell'Autobianchi è sempre un'esperienza interessante. Ho detto parlare ma, in effetti, è soprattutto lui che parla di quest'azienda in cui ci ha lavorato per 41 anni. Classe 1925, Giovanni Parma, è nato a Nova Milanese ma ha abitato in pratica sempre a Desio. Abita in una bella casa a ridosso del parco di Desio e quando lo vado a trovare, è ben felice di poter discutere con me di questa azienda che ha, come mi dice, *"tanto amato"*. Parma non lo nasconde per nulla: è un aziendalista puro. Nel suo ufficio, alle pareti, un sacco di diplomi. Quasi tutti Fiat: Gianni Agnelli che gli stringe la mano durante una premiazione, altri encomi per il lavoro svolto, medaglia d'oro *"segno dell'Operosità fedele-Fiat"*, cavaliere dell'Ordine della Repubblica, premio della Fedeltà al lavoro e del progresso economico, Stella al merito del Lavoro brevetto 21832, benemerenza civica del Comune di Desio, diploma d'onore della provincia di Milano in occasione della giornata in onore del mondo del lavoro, Ufficiale dell'Ordine del merito della Repubblica italiana, Attestato di benemerenza della Croce rossa italiana e tanti altri che non ricordiamo neppure.

E mentre mi illustra le varie benemerenze fa in tempo anche a ricordarmi che è stato presidente del Gruppo Anziani Fiat di Desio dal 1970 al 1982, di aver inventato per la Fiat una macchina automatica, brevettata nel 1981, e denominata, "Hydrodinamic Grating Cleaning Par Sistem" dove "Par Sistem" sta per Sistema Parma *"per rendere più agevole il lavoro di pulizia dei grigliati delle cabine di verniciatura portando miglioramenti ambientali per il lavoratore riducendo i costi gestionali"*, di essere stato, sino al 1985, presidente delle associazioni che fanno capo al "Centro Parrocchiale", di essere cofondatore del liceo Papa Ratti, di essere consigliere presso l'Ente orfanotrofio Pio XI, consigliere della cooperativa Padre Kolbe, membro dell'assemblea, dal 1982 al 1986, del Consorzio trasporti Nord Milano e socio della CRI, Associazione del cancro e benefattore di alcuni Istituti missionari.

Pensiamo basti. Forse, fra i tanti, mi sono dimenticato qualche altro impegno di Giovanni Parma. Ciò che più meraviglia, però, è la precisione con cui Parma ricorda le date, il tipo di lavoro svolto, la produzione di autovetture di quell'anno particolare. Certamente una memoria storica, per quanto attiene all'Autobianchi, eccezionale. E quando dimentica qualcosa, la ritrova immediatamente nell'agenda. Nella libreria ci sono 41 agende, una per ogni anno di lavoro, a cominciare dalla prima che inizia il 3 febbraio 1940, il suo primo giorno di lavoro. Un'abitudine, quella delle agende, che continua ancora oggi. Ogni sera annota tutto ciò che ha fatto durante la giornata.

Nel febbraio 1940, dunque, Giovanni Parma entra all'Edoardo Bianchi. Ci entra, inizialmente, come apprendista modellista e – come si diceva allora – salariato. Ha frequentato una scuola, allora famosa, la "Santa Marta" di Milano, corso disegnatori. Impiegato, lo diventa il 1° gennaio del 1945. Da quel momento in poi, l'attività di Giovanni Parma è tutto un crescendo: disegnatore, responsabile di reparto, aiuto responsabile servizi impianti, capo ufficio servizi impianti e manutenzione, capo ufficio servizi tecnici, funzionario, responsabile programmazione, quadro, responsabile ecologico.

Non meraviglia per nulla che con un curriculum del genere nel 1980 partecipi alla marcia dei 40 mila. "Sì – afferma Parma – *ho partecipato alla marcia di Torino perché in quel momento si stava esagerando. Poi però l'ho detestata perché ho visto che è servita solo a una parte, ai proprietari dell'azienda, mentre doveva socialmente servire a tutti*". Pentito? Strumentalizzato? Giovanni Parma sorride: "*Forse un po' pentito. Strumentalizzato no perché col mio carattere è difficile che mi strumentalizzino. Certo è che tutto veniva da Torino. A Desio, prima, facevamo tutto noi. Poi sono arrivate le imprese esterne e l'iniziativa personale è sparita. È aumentata, invece, la disaffezione, nei confronti dell'azienda. Anche bravissimi operai, con alta professionalità, ormai non servivano più*".

Mi parla positivamente dei vari *"Magni, Asmi, eccetera"*, operai seri, eccezionali, stimatissimi, *"comunisti lontani dalla mia concezione"* ma con cui Parma andava d'accordo. Tutti così i comunisti? *"I giovani che arrivavano e si aggregavano a questi capi storici erano più facinorosi, volevano sfasciare tutto. Ho avuto problemi durante gli scioperi per entrare a lavorare. Nel '45 all'interno della fabbrica c'erano le cellule dei vari partiti e anche le armi nascoste, ma i comunisti del mio tempo erano persone rette, squisite"*.

Attorno agli anni '60, quando l'Autobianchi produce ormai 100 macchine ogni giorno, la fabbrica diventa un posto ambito. *"Per la paga senza dubbio* – mi dice Giovanni Parma – *ma anche per tutta una serie di altre cose che nelle piccole officine non esistevano. Come la mensa, ad esempio, che esisteva già nel periodo dell'Edoardo Bianchi. A un certo momento mi sono scontrato con il sindacato che voleva l'introduzione del pasto precotto mentre io ritenevo che quello normale fosse migliore. Siamo andati a Torino. I responsabili della Fiat di quel settore ci hanno fatto assaggiare ben 24 menu diversi ma a me non convincevano. Poi hanno deciso per il precotto ma a distanza di tempo vedevamo sempre meno gente che si presentava in mensa, gli operai preferivano portarsi la 'schiscetta' da casa"*.

Mentre parla di questo e della fabbrica, a Parma gli brillano gli occhi. *"Per me era tutto* – dice con un po' di rammarico –. *Spesso mi chiamavano anche di notte per risolvere dei problemi urgenti ed era una soddisfazione vedere l'indomani mattina che tutto funzionava nel migliore dei modi"*. Proprio sulle strutture della fabbrica – intervengo io – molte testimonianze affermano che non veniva più riparato niente, che pioveva dentro. È questa la qualità totale? *"No* – afferma Parma – *questo non è completamente vero. La Fiat non mi ha mai tagliato nessun budget per migliorare l'ambiente. Molte volte le cose non si facevano perché non ne avevamo il tempo e non per cattiva volontà. Solo negli ultimi tempi, devo riconoscere, le cose sono state lasciate andare. In selleria pioveva dentro ma quella era la parte più vecchia, un capannone costruito nel 1936 per la fonderia con campate di un certo tipo"*.

Anche a Parma domando se ha trovato differenza fra i "vecchi" operai e quelli arrivati dopo gli anni '60. *"La differenza – continua Parma – stava tutta nella professionalità. In certi momenti all'Autobianchi arrivava di tutto, dai falegnami ai calzolai. C'era appiattimento. Inoltre chi è senza professionalità è più ricattabile. Prima possiamo dire che eravamo una 'famiglia'. Poi, quando è arrivato Brigliadori, abbiamo avuto un avanzamento sotto l'aspetto produttivo ma non sotto quello umano-personale. D'altronde era oggettivamente più difficile avere questi rapporti in più di 3 mila persone".*

Ecco, appunto, i rapporti. Quali quelli col sindacato? Ed è vero che anche a Desio esistevano i reparti confino? *"A Desio – afferma Giovanni Parma – piuttosto esisteva la cosiddetta 'fossa dei leoni' dove si mandavano alcuni operai a tagliare l'erba o a fare altri piccoli lavori. Da noi non ricordo che si siano mandati i comunisti in particolare. Da noi c'era un modo di risolvere i problemi molto familiare che ha smorzato molto le tensioni, anche se qualche cosa è avvenuto. Era comunque uno spauracchio. Comunque, ripeto, i comunisti erano bravissime persone ed io ricordo in particolare Baio, Fornaro, Santambrogio".*

Per Giovanni Parma i ritmi di lavoro alti erano necessari *"per adeguarsi a Torino"* mentre sulla nocività dell'ambiente mi ricorda il suo brevetto *"studiato per tre anni autonomamente per risolvere un problema igienico-sanitario. In verniciatura erano mandati i meridionali ed era un lavoraccio. Le pulizie erano fatte da una impresa esterna. Poi con il mio studio, fatto proprio dalla Fiat, abbiamo risolto il problema".* E adesso che hanno chiuso l'Autobianchi cosa pensa della chiusura? *"Per me è stata una mazzata – dice Parma – perché ci ho passato una vita in quella fabbrica. Hanno detto che chiudevano per la verniciatura ma non è vero. Agnelli fa i suoi interessi ma che il governo permetta di chiudere al Nord per aprire in un altro posto è vergognoso. Io avrei fatto la marcia degli 80 mila non dei 40 mila. Mia moglie dice che sono pazzo ma per me la riapriranno. C'è una tecnologia che non può essere abbandonata. C'è un impianto di depurazione delle acque che potrebbe servire per tutta la zona".*

Per uno che ha amato tanto la fabbrica andare in pensione deve essere stato un trauma. Parma sorride leggermente: *"Ci sono voluti – ricorda – sei mesi per abituarmi. Più che la fabbrica mi mancava il rapporto con gli uomini, le discussioni sui problemi da risolvere. Purtroppo negli ultimi tempi che sono stato all'Autobianchi, l'ambiente era troppo cambiato. Si lavorava male. Negli uffici c'erano sempre conflitti, disaffezione nei confronti del lavoro. I nuovi dirigenti pensavano di sapere tutto loro, non conoscevano la fatica che facevano gli operai, i sacrifici per compiere un certo lavoro. A loro non importava nulla. A loro interessava la produzione. Noi, invece, della vecchia generazione, eravamo più legati, avevamo più legami con gli operai".*

IL TECNICO – Renato Caimi

Incontro Renato Caimi in un salottino della sua azienda brevetti di Nova Milanese, in via Brodolini. È un'azienda moderna che occupa circa una cinquantina di persone. L'incontro – come sempre avviene – è cordiale. Conosco Renato Caimi, classe 1926, da tanti anni. Con lui spesso abbiamo polemizzato. Ci divide l'ideologia ma ci unisce il rispetto reciproco. Caimi è presidente della Croce rossa italiana di Nova ma con lui vogliamo parlare di quel periodo che l'ha visto dirigente all'Autobianchi di Desio, periodo che va dal 1956 al 1960.

Entrato nel 1946 come disegnatore meccanico alla Saom (Società anonima officine metallurgiche), dove si costruivano accessori di biciclette, ha vissuto, sino al 1960, tutte le fasi non solo della Saom ma anche dell'Edoardo Bianchi e dell'Autobianchi. Alla Saom entra in un'azienda per quei tempi modernissima. Non si fanno solo accessori per biciclette ma anche testate dei cilindri dei camion. L'azienda ha anche, oltre la forgia, il reparto macchine automatiche, la fonderia di ghisa e metallo, il reparto modellisti e il laboratorio chimico per l'analisi dei metalli impiegati. Un'azienda, dunque, tecnologicamente avanzata.

Ed è in questa azienda che Renato Caimi comincia a lavorare. Poco tempo dopo diviene assistente del direttore. "*All'Autobianchi* – mi dice Caimi – *dopo un periodo difficile, conseguente al trapasso dall'Edoardo Bianchi all'Autobianchi, la Fiat mi incaricò di organizzare a Desio l'Ufficio analisi, tempi e organizzazione del lavoro. Per sei mesi sono stato mandato in vari stabilimenti del Piemonte, dove si alternavano ore mattutine di studio e pomeridiane in fabbrica*". Quando ritorna a Desio, è, in concreto, il vice responsabile. Responsabile in quel momento dell'Autobianchi è il ragioniere Mario Bucalossi, funzionario Fiat. L'ufficio affidato a Renato Caimi non s'interessa solo delle analisi e dei tempi ma come detto, di organizzazione del lavoro. In questa veste Caimi ha la possibilità di entrare in rapporto con chi fa domanda per essere assunto, con chi deve passare di categoria, dei collaudi.

"Questo – ricorda Caimi – *mi ha messo in contatto con tantissime persone che desideravano essere assunte e nello stesso tempo ho dovuto 'inventarmi' come procedere perché da parte della direzione non vi erano indicazioni precise. Io venivo da una situazione difficile. La nuova società che subentrava alla Edoardo Bianchi non la si conosceva. C'erano dei capi che avevano 50 anni ed erano molto preoccupati del loro futuro, impauriti di un eventuale licenziamento. Io ero il capo più giovane e autonomamente mi sono preso delle responsabilità che nessuno mi aveva indicato*".

Quando Caimi inizia l'analisi dei tempi e i tempisti vanno nei reparti a rilevare i tempi delle lavorazioni, i lavoratori hanno un rigetto. "*I tempisti non erano certamente ben visti dagli operai. Essi erano diffidenti nei confronti di queste nuove forme di organizzazione del lavoro. Per la prima volta a Desio nei reparti venivano i tempisti mentre alla Fiat esistevano da tempo ed era ormai un dato acquisito. Gli analisti erano visti con sospetto e non fu facile convincere gli operai ad accettare i nuovi metodi di lavorazione, in particolare i più anziani*". Gli *anziani* sono i lavoratori più professionalizzati. La gran massa degli assunti all'Autobianchi non ha una professionalità ben definita. "*Provenivano* – continua l'ex dirigente – *dalle più disparate attività. Molti erano artigiani, ma spesso erano negozianti che preferivano il posto, in quel momento sicuro, all'Autobianchi. Altri provenivano dalle piccole officine, i più professionalizzati, desiderosi di guadagnare di più ma non solo. Facendo i turni all'Autobianchi potevano continuare a lavorare alla sera, per qualche ora, nella vecchia officina. Un discorso importante è proprio questo: in quegli anni l'artigianato va in crisi proprio perché molti lasciano la piccola officina per la grande industria*". Comunque, tutti, quando entrano all'Autobianchi, devono scontrarsi con un mondo a loro sconosciuto. Tutti si devono "riqualificare" secondo l'esigenza e l'indicazione Fiat.

"*Chi finiva in attrezzeria* – afferma Caimi – *poteva sviluppare la propria professionalità. Gli altri, quelli che andavano alla linea di montaggio, dovevano solo compiere un lavoro ripetitivo. Ho sollevato molte volte, con la Direzione, il problema della professionalità. Secondo il mio parere in certe lavorazioni si potevano utilizzare anche lavoratori senza esperienza ma in altre, pur essendo lavorazioni di routine, ci serviva personale specializzato. Al controllo, ad esempio, se non vi era personale specializzato, alla fine della linea, la macchina presentava difetti e veniva rimandata in linea per le modifiche. Una perdita inutile di tempo".*

C'è una punta di polemica da parte di Caimi in questo discorso. Una polemica che ci sembra di cogliere nei confronti della Direzione dell'epoca. *"La conflittualità – asserisce Renato Caimi – era determinata dal fatto che convivevano, sotto lo stesso tetto, tre società, la Bianchi, la Pirelli, la Fiat. Tre modi diversi di intendere il lavoro e l'organizzazione. Noi della Bianchi soffrivamo anche di un motivo psicologico, sembravamo i figli di nessuno. Quando facevo le interviste per assumere qualcuno, poi magari mi arrivava il veto da parte di qualcuno. Insomma: ciascuna società premeva per fare assumere i propri uomini".*

E a proposito di assunzioni. Com'erano i rapporti con i lavoratori? Caimi – come altri che ho intervistato – tende a dividere nettamente due periodi storici. *"Ho avuto – sostiene – rapporti molto cordiali e corretti con gli operai, anche con quelli che rappresentavano il sindacato. Ho avuto sempre una grande stima per un comunista della Cgil che si chiamava Lema e che lavorava come affilatore e per un democristiano della Cisl, Roda, idraulico. Erano tutti operai con grande personalità e capacità professionali. Pur su posizioni differenti, per tutti noi, la fabbrica rappresentava un valore, ci sentivamo parte della stessa azienda. Ricordo gli scioperi del '46 con gli operai della Breda a fare i picchetti a Desio. Ci furono tafferugli. Erano momenti difficili. Un periodo di disoccupazione, tensione, agitazioni sindacali. Io dovevo entrare per garantire il funzionamento degli impianti e quelli della Breda, non conoscendomi, non mi volevano far passare. Chiarii la cosa proprio con Lema e non ci furono più problemi. Le cose cambiarono dopo. Io ero già fuori dall'Autobianchi ma chi arrivò in fabbrica nel periodo del boom delle assunzioni non era più la classe operaia di prima. Il lavoro era vissuto come una costrizione. Di quegli anni ricordo anche un sindacalista, Villa, responsabile di zona. Quando veniva in mensa-impiegati non era ben visto proprio per il suo impegno. Io gli conservavo il posto al mio tavolo. Aveva la mia età e, in seguito, siamo diventati amici".*

Certo, non sempre tutto è così idilliaco come me lo descrive Caimi. Qual è stato l'episodio più spiacevole vissuto all'Autobianchi? *"Fu un episodio di taglieggiamento, nei confronti dei nuovi assunti. Riuscii a individuare nell'autore del taglieggiamento, un operaio già licenziato precedentemente dalla Snia. Lo feci licenziare, mi minacciò e dovetti ricorrere prima al capo delle guardie dell'Autobianchi e poi ai carabinieri".*

Renato Caimi dà le dimissioni dall'azienda di Desio nel 1960. Decide di iniziare una lavorazione in proprio. In effetti, era già qualche tempo che di sera, con suo fratello, aveva cominciato a lavorare per la propria azienda. È fuori dall'Autobianchi quindi da 33 anni. Che cosa pensa degli ultimi avvenimenti e della chiusura? *"La mia esperienza di lavoro* – termina l'ex dirigente Autobianchi – *fatta anche all'estero, mi suggerisce che non si può creare un'azienda nuova con delle vecchie strutture e tecnologie. Non è possibile riadattarla. Occorre costruirne una nuova. L'evoluzione tecnica è talmente rapida che per fabbricare prodotti nuovi occorrono impianti su misura. Inoltre, a mio parere, in alcuni anni i sindacati hanno chiesto troppo e questo ha portato le aziende ad automatizzarsi il più possibile".*

Caimi sa benissimo che su questo ultimo punto non sono d'accordo. Forse, è proprio questa conoscenza reciproca che ci porta a rispettarci.

UN LICENZIATO – Francesco Sironi

La cooperativa *L'Albero* è all'entrata di Paina, una frazione di Giussano. Una stradetta non asfaltata porta a un capannone con l'insegna scritta, appunto, su una corteccia d'albero. Dentro, costruiscono mobili su misura e compiono lavori di imbiancatura e manutenzione ma, soprattutto, la cooperativa è finalizzata al recupero dei tossicodipendenti e a tirocini formativi sia per tossicodipendenti sia per disabili. Da anni, *L'Albero*, lavora a stretto contatto con le Ussl (Unità Socio-Sanitaria Locale) della zona per verificare il possibile inserimento di questi giovani in altre aziende.

Ed è proprio in questa cooperativa che lavora Francesco Sironi dall'inizio del 1987, in pratica da quando ha lasciato l'Autobianchi. Si occupa soprattutto di amministrazione e, quando ha tempo, dà una mano a imbiancare. Mi riceve in un ufficio, ricavato da un soppalco all'interno del laboratorio. Alle sue spalle, dietro la scrivania, una copia del famoso quadro di Pelizza da Volpedo "Quarto Stato". Parlantina sciolta, occhiali scuri, 44 anni, Francesco Sironi è entrato all'Autobianchi nel giugno del 1973 rimanendoci sino al 1986. Ci arriva dopo undici anni di esperienza lavorativa in una piccola azienda, dove lui è l'unico impiegato. Sì, perché Francesco Sironi, prima di essere assunto all'Autobianchi, faceva l'impiegato e – come sottolinea – *"stavo molto bene. Un buon lavoro e una autonomia piena"*. Ma nel 1973 c'è un po' il mito della fabbrica, c'è stato il '68 ma soprattutto l'autunno caldo dell'anno seguente. Per lui, appartenente politicamente a Democrazia proletaria, andare in fabbrica era importante, un'esperienza di vita indispensabile per un militante di sinistra. Dopo vari tentativi (*"i dirigenti dell'Autobianchi non riuscivano a capire perché mai un impiegato voleva essere assunto come operaio"*) riesce a farsi assumere ed è adibito alla catena di montaggio, prima a montare la 500, poi la 126, in seguito la

A112. Per tutto il periodo che resterà all'Autobianchi, tredici anni, non sarà mai spostato. Resterà sempre alla catena di montaggio.

Come si può resistere tanto al montaggio?*"Stare alla catena – mi dice – è veramente duro. Dire il contrario è falso. Non tutti i posti al montaggio, però, sono uguali. Ci sono dei settori, dove è possibile stare un po' meglio e altri peggio. Uno di questi era senza dubbio la verniciatura dove esisteva una parcellizzazione più spinta e un ambiente senza dubbio più tossico. Quello che aiuta a stare in catena è il gruppo. Quando ci lavoravo, avevamo formato diversi gruppi solidali fra noi e questo ci aiutava molto. E un'altra cosa che ti aiutava era pensare. Quello non potevano certo proibirlo".* È vero. Pensare non è proibito ma anche i dirigenti pensano, anzi molti sono assunti proprio per questo, per cercare di contrastare l'attività sindacale in fabbrica. Il 16 aprile 1982, mentre i delegati sindacali sono riuniti, a cavallo fra il primo e il secondo turno, nella loro saletta, alle linee di montaggio si presentano i tempisti per rilevare i tempi. Lo potrebbero fare solo in funzione di una modifica tecnologica, cosa che per altro non è avvenuta. Alle 15 i delegati sono chiamati nei reparti ma arrivano anche parecchi dirigenti, dal capo officina al capo produzione. Francesco Sironi, assieme agli altri, si posiziona a barriera per impedire il rilevamento dei tempi. Si fronteggiano due gruppi: da una parte lavoratori e delegati, dall'altra tempisti e dirigenti. Si parla, si discute. Ognuno dice la sua. Non vi è neppure molta tensione e comunque questa cala quando alle 17,30 i tempisti, terminato il loro turno di lavoro, lasciano i reparti per tornarsene a casa. *"È proprio questo – afferma Sironi – che mi dà fastidio. Il fatto che non c'era tensione. Con i tempisti eravamo in buoni rapporti, erano nostri colleghi di lavoro. Poi vado a casa anch'io perché quel giorno facevo il primo turno e avevo terminato da tempo di lavorare".*

Ed è proprio da questo momento che le cose s'ingarbugliano e fanno assumere alla vicenda un aspetto tragico. Alle 21,30 si presenta a casa di Sironi un sorvegliante dell'Autobianchi: *"A quel tempo – racconta Sironi – abitavo a Verano. Il sorvegliante mi consegna la lettera di sospensione, dove mi viene contestato il fatto di aver impedito il rilevamento dei tempi.*

In quel momento ho pensato: hanno fatto una strage perché se hanno sospeso me hanno certamente sospeso tutti gli altri perché eravamo tutti assieme e c'erano 30 delegati del secondo turno". Invece la lettera l'ha ricevuta Sironi e un altro delegato della Fim che lavora in verniciatura, Giancarlo Raimondo. Per questi, nella lettera, si parla di licenziamento. *"Quando arrivo ai cancelli dell'Autobianchi – continua l'ex operaio – mi stupisco di vedere la situazione tranquilla. Nessun altro ha ricevuto le lettere. Parlo con Santambrogio e lui mi conferma ciò che penso: vogliono fare fuori Democrazia Proletaria".*

Da lì, da questi avvenimenti, parte la solita trafila: impugnazione della sospensione, riunione all'Assolombarda, poi il licenziamento. Per Francesco Sironi i cancelli dell'Autobianchi sono *off-limits*. Ma non è il solo. Poiché la lotta non demorde e che i tempi non si riescono a rilevare e di conseguenza tagliare, la direzione pensa bene di licenziare qualcun altro. Questa volta si tratta di tre delegati e tre operai che ricevono la lettera il 5 maggio. *"La provocazione – sottolinea Francesco Sironi – è proprio nella consegna delle lettere. Queste, infatti, sono consegnate in pieno reparto, a cavallo dei turni di lavoro. In pratica con tutti presenti. E la direzione voleva proprio questo: cercava la provocazione. E purtroppo la provocazione è raccolta. Ed è successo di tutto. I lavoratori erano esasperati. Sono andati alla ricerca dei capi più 'carogna' per vendicarsi. Il risultato è stato che oltre al licenziamento, i sei lavoratori sono stati colpiti dalla denuncia penale. Col tempo abbiamo scoperto che tutto era stato preparato a puntino. Erano fatti venire da Torino dei sorveglianti che avevano fotografato, nascosti, la reazione degli operai".*

Intanto i primi due licenziamenti sono discussi alla Pretura di Desio. Il pretore non entra nel merito del licenziamento e reintegra i due lavoratori, Sironi e Raimondo, al loro posto di lavoro. Un mese dopo rientrano in fabbrica ma la direzione non vuole farli entrare. Altro ricorso in Pretura poi, alla fine, si rientra a lavorare. La direzione perfidamente non vuole reintegrarli nel loro posto, vuole metterli in altri reparti. La situazione del secondo gruppo dei licenziati, invece, ha un epilogo diverso: i tre operai accettano un incentivo e si licenziano. I tre sindacalisti – uno della Fiom e due della Fim – non hanno solo il licenziamento ma anche la denuncia penale che complica le cose. La direzione dice chiaramente che se non si termina la lotta contro la riduzione dei tempi, avrebbe cominciato a licenziare i capi storici. Sono soprattutto elementi del Pci, i Santambrogio e i Fornaro. *"Ed è proprio davanti a questo ricatto –* afferma pensoso Sironi *– che abbiamo cominciato a mollare. Abbiamo fatto una assemblea dove si è deciso di chiudere la battaglia pur impegnandoci ad aprire una vertenza per contestare il metodo. In effetti, abbiamo mollato. Le segreterie sindacali volevano chiudere la lotta e questo ha influito molto".*

Pentito di questa battaglia contro i tempi? Sironi scuote la testa deciso: *"Ho vissuto all'Autobianchi momenti irripetibili che mi hanno formato dal punto di vista sindacale-politico. E poi abbiamo fatto anche battaglie importanti e qualificanti, quella ad esempio del '78 per la mezz'ora pagata che ha dato la possibilità a tanti giovani di essere assunti, del '79 per il rinnovo del contratto l'Autobianchi è stata in prima fila e siamo stati i primi, fra le fabbriche Fiat, a far entrare il medico dello Smal, ad avere la Commissione ambiente. Nell'80, poi, ci sono stati i famosi 35 giorni di Torino e noi ci siamo subito mossi perché, anche se non eravamo toccati dalla vicenda, sapevamo benissimo che dopo Torino sarebbe toccato a noi, come poi è successo".* Ecco allora la tenda in piazza, il blocco delle merci davanti ai cancelli, Dario Fo che viene a recitare, gli spettacoli musicali a sostegno della lotta. Poi la delusione. Lama, Carniti e Benvenuto firmano. Ci si comincia a disperdere. Molti danno le dimissioni, ci si ritira nel *privato.* Sironi mi racconta queste cose tranquillamente, senza iattanza, senza assumere la figura del reduce. E riconosce, a quel tempo, di non essere stato capace a opporsi alla Cgil per riuscire a lavorare su obiettivi diversi. Non solo. Riconosce che *gli altri*, i comunisti *"avevano più capacità di noi ma soprattutto più credibilità fra i lavoratori".* Problemi anche personali? *"Ho avuto con Antonio Santambrogio un rapporto sindacale conflittuale. Il mio turno votava spesso diversamente dal turno di Santambrogio. Lui aveva una spiccata personalità ma non sapeva trattare con le persone. Era burbero e questo non lo aiutava nei rapporti con i lavoratori. Sul piano personale, invece, andavo d'accordo e abbiamo fatto anche tanto lavoro assieme. Quello che critico in Santambrogio è che fosse accentratore e che la sua bravura non l'ha mai messa a disposizione degli altri. In pratica, non ha saputo, o voluto, o potuto far crescere nuovi leader all'Autobianchi".*

Termino di parlare con Francesco Sironi. Nell'ufficio entra Filippo Giusto anch'egli ex dipendente dell'Autobianchi ed ex Democrazia proletaria. Anche lui è stato in prima fila nelle lotte ed è andato in Irpinia per il terremoto. Ora è dipendente della cooperativa. Con lui entra anche un ragazzo con problemi psichici che sta compiendo il tirocinio nella cooperativa. Mi offrono un caffè e Sironi e Giusto mi parlano di questo aspetto sociale della cooperativa con molto entusiasmo. Non appartengono più, per ovvie ragioni, a Democrazia proletaria. Ora collaborano con i Verdi e cercano di inserire nella società soggetti a rischio.

Forse, anche questo impegno, crediamo, non si sarebbe potuto attuare se non avessero provato l'esperienza della fabbrica.

UN CASSINTEGRATO – Giovanni Laudicina

Chissà se Maurizio Magnabosco, direttore delle relazioni sindacali della Fiat Auto, conosce Giovanni Laudicina classe 1955, dipendente Fiat e oggi cassintegrato Fiat. Diciamo questo perché il dirigente in questione aveva dichiarato, a suo tempo, di voler conoscere *"uno ad uno, i lavoratori degli stabilimenti che dirigo"*. Erano gli anni della vittoria Fiat. Erano dichiarazioni che venivano dopo quel venerdì del 26 settembre 1980 con Enrico Berlinguer davanti ai cancelli Fiat, dopo la marcia dei 40 mila, dopo quel mercoledì del 15 ottobre 1980 al cinema Smeraldo di Torino dove si decise l'accordo che lasciava mano libera ad Agnelli.

Altri tempi. Eppure molto simili ai nostri, con una classe operaia anche qua bastonata ma che cerca disperatamente di contrastare sia il padronato sia i burocrati sindacali. Crediamo che Magnabosco, che ha frequentato sociologia a Trento, sapesse bene in quel momento di essere il vincitore e, si sa, quando si vince, ci si può permettere anche un po' di paternalismo. Ma quella promessa non l'ha mantenuta: Giovanni Laudicina non l'ha mai conosciuto e, probabilmente, non lo conoscerà mai. Giovanni non ha frequentato sociologia ma è venuto da Trapani, sua città d'origine, al Nord. A 18 anni è partito e ha cominciato a fare l'imbianchino a Cusano Milanino. Poi si è stabilito a Nova, dove abita tuttora, e ha cominciato a lavorare in un'industria metalmeccanica di Cinisello Balsamo.

Un percorso, quello di Giovanni Laudicina, simile a tanti altri immigrati: posti precari, abitazioni precarie, la speranza di un posto "sotto lo Stato", concorsi alle Poste, alle Ferrovie, andati male, il sentirsi dire tante volte "ripassi" possibilmente con qualche raccomandazione. Poi, finalmente, nel 1978 l'assunzione all'Autobianchi.

Giovanni Laudicina mi racconta tutto questo nella sua casa di Nova. È in un vecchio cortile, ristrutturata, 50 metri quadri molto puliti dove vivono in quattro: oltre a lui, la moglie Anna Maria, anch'essa di Trapani, e i due figli Francesco di 7 anni e Valerio di pochi mesi. Quando arriviamo Francesco è a scuola ma Valerio si fa sentire e si quieta solo quando il padre gli parla. *"Il primo lavoro all'Autobianchi – racconta Giovanni – è sulla catena della 126 a montare la pedaliera. Un lavoro da fare sempre piegato, difficile e pesante. Ma per me era tutto, era il lavoro, era conoscere nuove persone, farsi degli amici, era essere dipendente di una grande azienda".*

Poi nel corso degli anni è trasferito sulla catena della Panda a montare i fanali, in selleria, alla A112, poi ancora alla Panda in meccanica. Nel luglio del '92 la mazzata: l'Autobianchi chiude definitivamente. Per Giovanni Laudicina, così come per tanti altri, cominciano i mesi di cassa integrazione. E comincia una defatigante attesa di essere richiamato in servizio, mandato ad Arese.

Questa è una delle tante incongruenze di quell'accordo – che io continuo a definire bruttissimo – che doveva ricollocare ad Arese parte del personale. I monoreddito – e Giovanni è uno di questi – avrebbero dovuto avere (così come i lavoratori con problemi psico–fisici) la precedenza. Invece la Fiat ha deciso secondo criteri non concordati col sindacato, chi assumere. E così ci sono magari marito e moglie che sono già ad Arese e altri, come Giovanni che sono a casa. *"Io – dice Laudicina – sono contento per quei colleghi che sono stati richiamati ad Arese. Credo che questi non fossero i patti. Il sindacato è stato tenuto costantemente fuori dalle scelte che ha fatto solo la Fiat".* Mortificato? *"Sì –* continua Giovanni Laudicina *– mi sento mortificato e preso in giro. Soprattutto quando vengo a sapere che ad Arese qualcuno fa anche gli straordinari".*

Giovanni Laudicina prende ogni mese, con i tre assegni familiari, 1.200.000 lire. Come vivono quattro persone con questo stipendio? *"La cosa che più mi dà fastidio in questa situazione – continua Giovanni – è prendere dei soldi senza produrre nulla. È un assurdo. Io voglio lavorare e devo essere pagato per ciò che faccio. Certo la situazione non è allegra e molte volte sono sconfortato, ma i bambini mi danno una grande forza".*

La cosa che più pesa nel bilancio sono le spese peri bambini, in particolare per Valerio. Poi ci sono le spese farmaceutiche, i buoni pastoscuola per Francesco (80 mila lire al mese), l'assicurazione della Panda e l'affitto che per fortuna è solo di 2 milioni e 400.000 lire annui. *"Questa situazione* – afferma Giovanni – *ha un lato positivo: quello che sto molto con i miei figli, li accudisco, li porto fuori"*. Giovanni, per fortuna, ha anche un altro "sfogo", la musica. Suona la batteria in un gruppo e anche questo serve a non concentrarsi esclusivamente nell'attesa della chiamata per Arese.

Passano così le giornate del cassintegrato Giovanni Laudicina. Sta cercando altri posti di lavoro, gira e fa domande, ma è difficile. La crisi incombe e non è facile trovare un altro posto. Lui ha contestato l'accordo, spesso è intervenuto nelle assemblee in modo deciso. Col senno di poi rifarebbe la stessa cosa? *"Sì* – risponde – *lo rifarei. La dignità non si baratta. E poi credo che abbiamo vinto noi moralmente. Abbiamo dato risposte positive. I lavoratori erano con noi, anche se poi il clima di paura che si era instaurato in fabbrica ha fatto sì di essere rappresentati all'esterno come una minoranza. Ciò che mi fa rabbia è che abbiamo fatto scioperi per tutti e per difendere l'Autobianchi solo sei ore"*.

Il direttore delle relazioni sindacali Fiat non conoscerà Giovanni Laudicina. Ha certamente altro da fare e poi i problemi di Giovanni cosa possono rappresentare per la Fiat? Nulla. Giovanni andava bene a montare le pedaliere. Oggi, anche se monoreddito, è meglio che stia a casa. Tanto non lo paga l'avvocato Agnelli. Certamente Giovanni non è un eroe. È solo uno che vuole lavorare per mantenere la propria famiglia con dignità, per non vergognarsi davanti a Francesco e Valerio. Eppure, anche questo, oggi, sembra diventato un lusso in questa Italia fatta di tangenti e di ladri in guanti gialli. E con le mani sporche.

L'IMPIEGATA – Rosa Parisi

Hai mai visto gli uomini/ del primo turno entrare in fabbrica?/Stamattina 15 novembre/ io li ho visti/ e come poche volte li ho riconosciuti tutti pur non conoscendoli/ ho visto i loro occhi,/ e una stella brillare/ chiara nell'alba fredda./ Si avvicina Natale/ è tempo di regali/ "si chiude la fabbrica?"/ ma gli uomini non sono ancora morti.

Una donna. Un'impiegata. Una comunista. Potremmo definirla brevemente in questo modo Rosa Parisi, 47 anni, dal 1978 impiegata all'Autobianchi di Desio. Ma anche una poetessa, poiché si diletta a scrivere poesie che al centro hanno sempre la fabbrica, ma soprattutto i lavoratori. Sono poesie che parlano di scioperi, di robot, di dignità *"incontrata – come recita un'altra poesia – in un giorno di sciopero/ fuori dai cancelli della fabbrica/ sui volti degli operai che lottavano per il lavoro"*.Faremmo però un torto, se dovessimo parlare solo di questo, alla ricchezza degli argomenti espressi nel colloquio che gentilmente mi ha concesso. Sì, una donna. Che lascia ragazzetta la Calabria, viene al nord (abita a Limbiate), si sposa giovanissima, ha tre figli e che, a un certo momento, ritiene di tornare a lavorare perché in cinque con uno *"stipendio era dura tirare avanti"* .

E così si mette alla ricerca di un posto di lavoro. Ha già lavorato in un ufficio legale di una grossa immobiliare e quindi s'iscrive all'Ufficio collocamento per una ricerca nel campo impiegatizio. Rosa Parisi ha un occhio offeso da una precedente malattia e riconosciuta invalida al 40 per cento. S'iscrive così nell'elenco della posizione obbligatoria, quella legge che va sotto il nome di 482. Nel 1978, quindi a trentadue anni, è chiamata all'Autobianchi. Il nulla-osta rilasciato dall'Ufficio competente parla di un posto negli uffici. I dirigenti Autobianchi non vogliono tener conto, però, del nulla-osta: se vuole,sarà assunta come operaia; in caso contrario niente assunzione. La Fiat è così: abituata a trattare tutti da subalterni non si preoccupa certo delle leggi che ha sempre potuto aggirare. Il tira e molla fra Fiat e Ufficio del lavoro dura sino a ottobre. Poi l'Ufficio invalidi interviene con un'istanza e Rosa Parisi è assunta nella fabbrica desiana della Fiat. Destinazione: Ufficio retribuzione operai.

"Un bell'ufficio – mi dice Rosa – non tanto dal punto di vista della struttura quanto dalle persone che lo componevano. Eravamo più di venti impiegati e c'era un gruppo molto attivo sindacalmente e non ho avuto dubbi a schierarmi con loro. Gli altri stavano con la Direzione e ricevevano aumenti di merito. I primi giorni di lavoro sono stati tragici. Non ero certo una ragazzina quando sono arrivata, ma non dimenticherò mai il sudore che mi colava sulla schiena quando mi hanno messo davanti alla macchina per scrivere per compilare una busta-paga. Poi, col tempo, ho superato tutte le paure e mi sono inserita bene".

Un inserimento che dura sette anni. In principio Rosa è utilizzata "da supporto" agli altri impiegati: gli danno lavori di poca responsabilità e, naturalmente, una categoria bassa. *"Mi hanno dato –* continua Parisi *– la seconda categoria che è la più bassa in assoluto. Guadagnavo 330 mila lire al mese e passati il periodo di prova ho cominciato a esigere che mi fossero dati lavori più qualificati. Col tempo arrivarono anche quelli e le conseguenti categorie. Alla fine avevo la quinta categoria".*

Passati i primi tre mesi di prova, Rosa Parisi comincia a scioperare. È una delle poche, guardata con sospetto dai colleghi. In più Rosa si è fatta conoscere subito come *rossa,* una comunista iscritta alla Cgil che sul lavoro non può essere criticata perché lo svolge bene, ma sulle idee sì. E queste idee, al management Autobianchi, naturalmente, non piacciono e si comincia a spostarla dall'ufficio. Prima all'Ufficio controlli investimenti poi in altri. *"Ricordo –* continua Rosa *– che per questo spostamento chiesi al capufficio la motivazione. Era forse perché non lavoravo bene? Il capufficio mi rispose che sul lavoro non c'erano appunti da farmi. Allora, ho risposto, mi spostate perché faccio gli scioperi e sono comunista? Il capufficio non rispose ed io cambiai ufficio".* Nel nuovo ufficio ci rimane un anno. Poi si decise che *"Parisi Rosa sarebbe andata in 'prestito' all'Ufficio acquisti".*

Nel raccontarmi tutto ciò, Rosa Parisi lo fa con una voce molto chiara. Racconta con calma usando il presente e sembra proprio di essere con lei nella palazzina degli uffici di viale Lombardia. E ci sono anche momenti ironici come quando mi racconta di piccole soddisfazioni che il loro gruppo di impiegati *contestatori* o meglio, come dicevano gli altri, *rompiballe*, si prendono, in modo sottile, nei confronti di alcuni responsabili di ufficio. *"Uno di questi – continua Rosa – aveva l'abitudine di venire al lavoro con i Rayband. E così un giorno tutti ci siamo presentati in ufficio con gli stessi occhiali. Quando li toglieva lui, li toglievamo tutti noi e quando le rimetteva, anche noi le rimettevamo. Quando si levava la giacca tutti ci toglievamo la giacca per rimetterla subito quando lui decideva di metterla".* Piccole cose, certo.

Eppure una forma di contestazione andata avanti per un certo periodo e che i dirigenti non hanno mai capito. Non sempre, è ovvio, ci sono questi "siparietti" ironici. *"L'ambiente negli uffici* – afferma Rosa Parisi – *era un ambiente per molti versi squallido. C'era addirittura uno che segnava quante volte andavamo al gabinetto. E così appena potevo, facevo sciopero. Per impedirlo, una volta, la Direzione chiuse a chiave le porte e gli operai dovettero telefonare ai carabinieri accusando la Direzione di averci sequestrato".*

E proprio per questo motivo, per le difficoltà che Rosa ha nell'esplicare il diritto sindacale negli uffici che si presenta ed è eletta nel Consiglio di Fabbrica. Quando entra in questo organismo, è un periodo molto fecondo per il sindacato: sono ben otto le donne che ne fanno parte. Malgrado ciò, Rosa trova subito difficoltà a farsi accettare come donna. Per la prima volta le donne pongono problemi e indicano soluzioni di lotta. C'è uno scontro con i membri maschi del CdF e spesso anche un rinfacciare che era impiegata. *"Non capivano* – dice Rosa – *che essere impiegati alla Fiat era più difficile che fare gli operai. Era necessario possedere una forza notevole perché non c'era solidarietà, quella solidarietà che invece nei reparti si toccava con mano".* E questa diversità, quella di essere donna, peserà sempre nei rapporti con il CdF anche nelle decisioni più semplici come quella di fare un volantino dell'8

245

marzo oppure inserire nel contratto nazionale di lavoro paragrafi sulle donne.

E questa diffidenza, spesso reciproca, giocherà anche sulla vicenda della chiusura. Rosa Parisi, iscritta al Pds, del direttivo del partito di Limbiate, prende dall'inizio una posizione netta contro la chiusura dell'Autobianchi. *"Ho detto no alla chiusura e sì al mantenimento dell'area produttiva. Era una posizione non certo radicale come quella proposta dal Comitato contro la chiusura ma anche questa mia proposta non fu condivisa dalla maggioranza della Cgil. All'inizio si diceva che la Y10 sarebbe andata ad Arese ma la Panda sarebbe rimasta a Desio. Invece, dopo il primo incontro a Torino, si venne a sapere che l'intenzione era di chiudere tutto. Io votai contro e all'interno della Cgil ci fu un grosso scontro e devo dire, purtroppo, che in quell'occasione notai tanta arroganza in quei compagni che non notavo neppure nei padroni".* È la rottura. Rosa, però, continua a restare nella Cgil e nel Pds che per altro, mi dice, non si è mosso per niente sulla vicenda Autobianchi. Lei è contro la chiusura e spesso è dalla parte del Comitato. È c'è una critica che Rosa invia ai *leader* del CdF: non aver saputo o voluto sfruttare la grande potenzialità dei giovani che si erano avvicinati al sindacato e ne sono stati, di fatto, allontanati.

Oggi Rosa Parisi è in cassa integrazione. Essendo stata assunta attraverso una legge speciale, avrebbe dovuto essere già ad Arese. Invece è a casa come lo sono tutti quelli in condizioni difficili. Pentita? *"No assolutamente –* dichiara senza un minimo di dubbio Rosa ma nello stesso tempo con la voce un po' incrinata dall'emozione *–. A me la fabbrica manca. Attraverso le lotte mi sono arricchita. I bacini di democrazia esistono dove la gente lavora, discute, si confronta. Guai se vengono a mancare queste cose. Pietro Ingrao visitando una fabbrica ha detto: l'uomo mi sembrava il prolungamento della macchina. Ecco, io credo che bisogna battersi contro questo. Migliorare gli ambienti ma partendo dall'uomo non dalla macchina. Ricordo sempre all'Autobianchi un ragazzo che si preparava per andare a lavorare in verniciatura. E* *mentre s'infilava la maschera e gli occhiali mi disse: signora al pensiero di entrare là dentro mi ucciderei".*

Con Rosa Parisi c'è anche la figlia Stefania, 21 anni, studentessa in Giurisprudenza. Cosa ne pensi di una madre così? Stefania sorride dietro gli occhialini rotondi ma la risposta è netta: "*Ne penso bene. Non ho nulla da recriminare a mia madre che mi ha insegnato molto. Sono d'accordo con la posizione che ha assunto in fabbrica e il ruolo che ha svolto. A testa alta*".

SINDACALISTI – Antonio Santambrogio – Renzo Di Bernardo – Giovanni Baio

È possibile scrivere una storia sull'Autobianchi senza sentire chi la storia della fabbrica lui stessa l'ha scritta? Certamente no. Su questo non avevo dubbi. Semmai qualche dubbio l'avevo sui risultati di tale incontro. Per essere più chiari: con Antonio Santambrogio, a causa dei miei scritti sull'Autobianchi pubblicati da *l'esagono* avevamo, diciamo così, avuto momenti di scontro. La paura era che invece di parlare della fabbrica si sarebbe finito per polemizzare. Conoscendo me stesso ma anche il carattere di Santambrogio non era certo peregrino pensare ciò. Invece, con grande sforzo sia da parte mia, sia da parte sua (o forse perché con noi c'erano anche Di Bernardo e Baio) le cose sono andate bene e, forse, abbiamo avuto la possibilità di conoscerci meglio pur restando ciascuno sulle proprie posizioni.

Santambrogio l'ho definito *"sanguigno"* ed è vero. All'appuntamento alla Camera del Lavoro di Desio avevo invitato anche Renzo Di Bernardo. Con loro arriva anche Giovanni Baio e così la discussione è più ampia. Ma è soprattutto Santambrogio che parla e parlando s'infervora, alza la voce, interrompe, si agita sulla sedia, polemizza, mi ricorda con precisione le cose che ho scritto *"anche quando hai parlato della busta paga di Napolitano e non ero d'accordo"*. Sono convinto che ben poche erano le cose che condivideva Santambrogio ma, come ho detto, lo sforzo è stato quello di parlare della fabbrica e dell'esperienza di questi sindacalisti.

E allora forza, parliamone. E cominciamo proprio da Antonio Santambrogio, classe 1940, assunto all'Autobianchi nel gennaio 1970 e subito entrato a far parte del CdF. Quando arriva in fabbrica lo mettono per un breve periodo in selleria poi, fino alla fine, alla catena di montaggio: prima sulla A111, poi la A112, la 500 e così via fino alla fine nel luglio del 1992. Eletto come indipendente nelle liste del Pci prima e oggi del Pds, Antonio Santambrogio è stato assessore all'Istruzione e Cultura nella passata Amministrazione desiana e oggi è consigliere comunale. Comincia Santambrogio, dunque, a raccontare e parte dal "dualismo" che esisteva fra Commissione interna e nascente Consiglio di Fabbrica. Le posizioni non coincidono soprattutto per la lotta inerente alla deroga dell'orario di lavoro nel giugno 1970, una vertenza dura che mostra però fin da allora un concetto che Santambrogio insisterà molto nel corso del nostro colloquio, quello dell'autonomia. "Noi – dice Santambrogio riferendosi ai giovani che erano entrati a quel tempo nel CdF – *chiedevamo la piena autonomia sindacale affinché i problemi di Desio fossero trattati a Desio mentre la Fiat ci negava questo tavolo di trattativa*". Ma sull'autonomia neppure i confederali sono d'accordo: "*Dopo il salto della scossa, la serrata, le denunce* – continua Antonio Santambrogio – *Torino chiude la vertenza e i nazionali, come sempre, firmano. Ma noi a Desio continuiamo*". Quando dice che i nazionali, come sempre, firmano, sembra di cogliere dalla voce un cenno di critica nei confronti dei sindacati e lui stesso melo conferma riportando il racconto agli ultimi avvenimenti, quello della chiusura. "*Ho fatto una grossa lite con Rocchi* – mi dice – *che voleva firmare subito e noi non eravamo d'accordo*". Ma subito dopo mi dice anche che "*nel sindacato siamo abituati a scontrarci ma difenderlo in pubblico per quello che vale almeno fino a quando non saremo buggerati come lo siamo stati con i partiti*".

È così Antonio Santambrogio leader del CdF dell'Autobianchi. Molto ascoltato dagli operai ma nello stesso tempo anche molto criticato per il suo carattere che non lascia spazio e che, come mi ha detto un ex operaio, non è stato capace di far crescere altri leader, avere un rapporto concreto con i lavoratori più giovani. Santambrogio nega tutto ciò e afferma che le difficoltà non erano con Santambrogio ma con la Fiom. Lui ha sempre difeso i lavoratori indipendentemente dalla parte politica a cui appartenevano. "*Quando licenziarono quelli di Democrazia proletaria* – continua – *io fui dalla loro parte. Nel processo furono difesi da Smuraglia e ritornarono in fabbrica. Molte volte per difendere loro abbiamo anche rotto con la Cisl*". Le dichiarazioni, come si vede, sono nette, senza equivoci. Lui ama parlare chiaro e gli danno fastidio *"i sindacalisti col telefonino"*.Ma a distanza di tempo Santambrogio è ancora dell'idea che l'Autobianchi non si poteva salvare? *"Sì – mi risponde – era impossibile. Tu spesso hai scritto una cosa che mi ha fatto pensare: è giusto che il sindacato firmi le chiusure delle fabbriche? Ho pensato molto a questo concetto ma se avessi avuto un barlume di speranza sulla possibilità di mantenere aperta la fabbrica io mi sarei battuto fino in fondo. Sono convinto che le condizioni per lasciare aperta la fabbrica non c'erano"*.

Eppure, all'inizio della lotta, al teatro parrocchiale, quella sera, erano tutti per salvare la fabbrica. Secondo il mio parere – dico a Santambrogio – era un po' il gioco delle parti. In effetti molti, su quel palco, sapevano che l'Autobianchi avrebbe chiuso. Su questo Santambrogio è della mia opinione. *"Sì – dice – sono convinto che molti sapevano. L'unica cosa che mi rimprovero è di non aver valutato l'installazione di un impianto come quello di Melfi per gli effetti devastanti che avrebbe avuto al nord. Ma in quel momento noi del CdF eravamo convinti che quell'impianto era aggiuntivo e non sostitutivo di Desio"*.

"L'accordo sull'Autobianchi – continua *– che noi del CdF di Desio non abbiamo firmato è stato firmato stranamente dal CdF dell'Alfa di Arese. E provinciali e nazionali volevano addirittura firmarlo prima di Natale perché la Fiat aveva posto un ricatto: meglio che firmate subito viceversa la Acge potrebbe andarsene altrove. Solo noi di Desio, quella notte, ci siamo rifiutati"*.Nel discorso di Santambrogio c'è anche una caduta di tono, quasi di stanchezza, quasi un ripensare più criticamente a quanto avvenuto. *"Forse ce l'avremmo fatta –* continua *– se fossimo diventati un caso nazionale come a Pontedera con la Piaggio. Invece eravamo in un angolo. Se il progetto era quello, la Fiat l'avrebbe portato a termine"*.Ma è solo un momento. Quando cerco di insistere su questo tema collegandolo all'attività, per la verità scarsa, che l'Amministrazione di Desio e il Coordinamento dei sindaci ha avuto in questa vicenda, Santambrogio è di nuovo all'attacco: *"In Consiglio comunale non sono mai stato zitto. Io non ero l'assessore al lavoro e la Giunta è stata espropriata dal Coordinamento. Forse la Giunta non è stata capace di*

valorizzare il proprio lavoro, ma il sindaco ha fatto tantissimi incontri. Sì forse la vicenda Autobianchi meritava altro spazio ma quando tu scrivi che il sindaco era prigioniero quasi a significare che la colpa era mia e di Colombo, ebbene il sindaco era sì prigioniero ma della sua incapacità".

Anche le forze politiche mi sembra non abbiano brillato. Anche su questo trovo Santambrogio consenziente. *"Gli unici* – conferma – *spiace dirlo sono stati quelli della Lega. Almeno loro qualche proposta, quella sul riciclaggio delle auto, l'hanno fatta ma gli altri..."*. È una proposta, quella del riciclaggio, che hanno fatto anche gruppi all'interno della fabbrica. *"Bisogna capire* – termina Santambrogio – *che le lotte con in testa le bandiere rosse sono anche belle ma bisogna anche sapere fino a quando la gente è disposta a scioperare"*.

Sia Baio che Di Bernardo sono d'accordo con Santambrogio. Renzo Di Bernardo, 48 anni, fa parte di quella che viene chiamata "l'aristocrazia operaia", cioè quegli operai altamente specializzati non legati ad operazioni ripetitive. Assunto nell'ottobre 1968, ha sempre lavorato in attrezzeria, il reparto più qualificato della fabbrica. Ci entra a 23 anni senza nessuna esperienza sindacale o politica. Nel reparto attrezzeria non si sciopera "perché si sta bene" o quanto meno sono pochissimi coloro che partecipano allo sciopero. Uno di questi è Ferruccio Asmi, un protagonista di questa storia e Di Bernardo comincia ad avere come punto di riferimento proprio questi operai anziani, orgogliosi e nello stesso tempo molto bravi sul lavoro. In quel periodo entrano all'Autobianchi molti giovani e si comincia, anche in attrezzeria, ad alzare la testa". È un reparto di più di 100 persone. È una volta, durante uno sciopero, portano fuori, di peso, anche il capo reparto.

Renzo Di Bernardo, fisico massiccio, calvo, parla lentamente. Si nota in lui una grande calma, una riflessione interiore non comune. In fabbrica, come mi diranno in molti, gli vogliono tutti bene. Lui si interessa di loro, dei loro problemi, anche quelli burocratici. Anche ora, a fabbrica chiusa, ogni mattina lui va nella stanza del Consiglio di fabbrica. È a disposizione degli operai, di chi ha bisogno, di chi deve risolvere qualche problema di natura pensionistica o altro. Iscritto al Pds di Desio, anche se abita a Sovico, fa parte anche del Direttivo. Ma possibile, domando, che non ha ripensamenti? *"I ripensamenti –* mi risponde Di Bernardo *– vengono ogni mattina quando entri in fabbrica e vedi tutto fermo. Penso che con il credito che i lavoratori ci hanno concesso meritavano di più. Io faccio parte del Coordinamento Fiat ma nessuno si è fatto carico della nostra vicenda né le segreterie nazionali né quelle regionali e neppure Arese. Noi l'accordo non l'abbiamo firmato perché ritenevamo di non aver avuto sufficienti garanzie mentre il CdF di Arese, invece, ha firmato"*.

Ma non si poteva fare di più? *"Certo –* continua *– si poteva fare di più se si spendevano tutti i soggetti e non solo la fabbrica di Desio. Io al Coordinamento Fiat sono stato l'unico a porre la necessità di una lotta comune ma inutilmente. Quando hanno saputo che le lavorazioni di Desio sarebbero continuate negli altri stabilimenti Fiat la tensione è venuta meno non riuscendo a capire che Desio era solo una prima fase"*.

Renzo Di Bernardo, in quei mesi, ha anche due esperienze "esterne". Ha la possibilità di parlare sia al Comitato centrale del Pds sia alla trasmissione di Gad Lerner "Profondo Nord" sull'insediamento della Fiat a Melfi. In entrambe le occasioni sono critiche dure. *"Mi sembrava giusto –* afferma Di Bernardo *– dire le cose che ho detto. Non erano concordate con nessuno. Io sentivo che dovevo dire quelle cose e fare quelle critiche sia al partito che al sindacato. Anche ieri a Torino al Coordinamento ho detto che il sindacato sta facendo poco per far applicare alla Fiat l'accordo. Qualcuno dice che è un accordo scadente. Io dico che comunque deve essere sostenuto e applicato. Anzi. Io sono per battermi ancora di più per l'applicazione dell'accordo"*. E mentre parla tira fuori dalla borsa un documento dell'Alfa di Arese. *"Guarda cosa c'è scritto –* mi dice *–. Il CdF di Arese crede necessaria la razionalizzazione del polo automobilistico e individua in Arese il presidio produttivo. E sai perché a Desio, contrariamente che ad Arese, il CdF ha un forte legame con i lavoratori? Perché noi non ci siamo mai staccati dalla produzione. Non abbiamo mai speculato sui permessi sindacali"*.

Mentre Di Bernardo conclude, Giovanni Baio, classe 1937, con la testa fa segni di assenso. Ed è proprio da questo ultimo punto che interviene nella discussione. *"Noi abbiamo sempre cercato di costruire, all'interno della fabbrica, dei rapporti umani. Ad Arese – dice – questo, forse anche per le dimensioni, non è stato possibile. I risultati poi si vedono. Nel 1991 hanno firmato quell'accordo che diceva Di Bernardo, senza sentire il bisogno neppure di avvertirci. Nasce anche così lo scollamento fra CdF e lavoratori"*.

Giovanni Baio è il più "vecchio" dei tre sindacalisti. All'Autobianchi ci è entrato il 2 gennaio 1964. È uno di quelli di cui abbiamo parlato all'inizio della storia. Artigiano tappezziere entra in fabbrica per avere il posto sicuro e una retribuzione, a quel tempo, migliore. Anche lui "da subito" fa parte del CdF ma prima viene nominato in qualità di "esperto" nel Comitato cottimo. Ma più che ricordare quei tempi, Baio è preoccupato dell'accordo e dei rapporti con l'Alfa di Arese. *"Fa paura – dice – la situazione di Arese e non solo per il mancato sviluppo del mercato ma anche per il fatto di come il CdF di quella fabbrica intende i rapporti con gli altri CdF. Da noi a Desio i diritti sindacali li abbiamo sempre fatti rispettare. Ad Arese è capitato che il capo una mattina decidesse di prendere 30 lavoratori e spostarli in un altro reparto. Questo a Desio non l'abbiamo mai permesso"*.

Siamo ormai alla fine del colloquio. Intanto nella saletta dove siamo noi, entrano funzionari sindacali, Antonio Colombo, Sergio Postiglione, Gianni Dossi. Postiglione, segretario Fiom di Desio, interviene nel dibattito, facciamo in tempo a polemizzare su Melfi e il lavoro notturno ma ormai è sera e ci avviamo per le scale con Di Bernardo e Santambrogio. Nell'atrio, prima di uscire, riusciamo ancora a parlare di sindacato. *"Se fossimo ancora in fabbrica –* afferma Santambrogio *– saremmo con il movimento dei Consigli"*. Già, se fossimo ancora in fabbrica. Ma la fabbrica è chiusa e i Consigli, per l'Autobianchi, sono arrivati troppo tardi. Prima dei Consigli c'è stata la firma del 19 dicembre sull'Autobianchi e, poi, è arrivata un'altra firma, anche questa senza sentire i lavoratori, quella del 31 luglio.

LA PASIONARIA – Antonella Rizzo

Quando mi reco a casa di Antonella Rizzo per parlarle, è esattamente il giorno prima della causa intentata dalla Fiat nei suoi confronti. Antonella abita a Nova Milanese al secondo piano di una palazzina nel quartiere Grugnotorto. Alle pareti dell'appartamento, stampe di pittori impressionisti, Van Gogh e Monet soprattutto. Sopra un mobile, un piatto con disegnata la bella e inconfondibile faccia di Che Guevara. Antonella era di Democrazia proletaria. Me lo accenna di sfuggita parlando di un collettivo formato all'Autobianchi, ma subito s'interrompe per parlare della causa che l'indomani dovrà avere davanti alla Pretura di Desio. Come andrà? *"Come vuoi che vada* – mi risponde – *la rimanderanno come sempre"*. In effetti, sarà rimandata a maggio giacché gli avvocati della Fiat non si sono presentati. Questa vicenda è una delle tante che succedono nelle fabbriche italiane.

Anche i personaggi sono quelli di sempre. Un capo, un sindacalista, un operaio. Nella nostra vicenda il capo si chiama Domenico Carlo Tresoldi, il sindacalista è una sindacalista così come l'operaia. Il periodo è l'autunno 1991. La Fiat comincia a pressare i lavoratori per farli dimettere. I Repo – Responsabili del personale d'officina – chiamano i lavoratori "per comunicazioni". Poi, una volta in ufficio, la proposta: *"Le cose vanno male all'Autobianchi, il futuro è incerto, lo stabilimento è vecchio. Le conviene dare le dimissioni così si guadagna anche la bella somma di 15 milioni"*. L'obiettivo Fiat è di sbarazzarsi di 300 lavoratori. Sono chiamati al colloquio soprattutto donne e lavoratori con problemi di salute. Per qualche lavoratrice il discorso dei Repo ha una variante. *"Lei sta assente troppo, ha accumulato troppi ritardi e poi suo marito lavora. Le conviene dimettersi"*.

E così il Repo Carlo Tresoldi un giorno chiama un'operaia e gli fa un ricattatorio discorso: *"Si ricordi che l'abbiamo assunta perché suo padre è venuto qua a piangere in ginocchio"*. Il padre lavora pure lui all'Autobianchi e quindi la pressione ricattatoria è forte ma la lavoratrice rifiuta 1'offerta. È chiamata una seconda volta ma l'operaia va al colloquio con la delegata Fim, appunto Antonella Rizzo. Al Repo Tresoldi i sindacalisti non devono piacere troppo, soprattutto se donne. E così mentre le due lavoratrici – dopo aver rifiutato ancora una volta l'offerta – scendono le scale per ritornare nei rispettivi reparti, il Repo le segue urlando e "ordina" alla lavoratrice di ritornare in ufficio da sola perché *"lei è pagata dalla Fiat non dal sindacato"* e, rivolgendosi alla Rizzo, *"lei è tanto tempo che mi rompe il cazzo"*.

Naturalmente Rizzo non porge l'altra guancia e rilancia sul lavorodegradante dei capi: *"La Fiat vi usa per sbattere fuori la gente, dovreste vergognarvi!"*. Poi arriva il telegramma di contestazione ad Antonella Rizzo e tre giorni di sospensione. Quindi il processo che ancora non si conclude.

Non è questo il primo caso "legale" di Antonella Rizzo. Nel 1983, con altri 14 lavoratori, è citata in giudizio per tutta una serie di offese a capi e capetti. Il Tribunale di Monza assolverà tutti e integrerà i licenziati che saranno scortati dai carabinieri per rientrare all'Autobianchi. E sempre il Tribunale di Monza assolverà ancora una volta Antonella Rizzo accusata di non essere stata trovata a casa per un controllo medico (erano stati gli stessi medici di fabbrica a mandarla a casa, il giorno prima, per una colica).

Nata a Milano nel 1962 Antonella Rizzo entra all'Autobianchi il 13 giugno 1980. Ci arriva attraverso l'Ufficio di collocamento ed è il risultato della battaglia del Consiglio di fabbrica e dei lavoratori per il controllo delle assunzioni. Con lei entrano tanti giovani e, per la prima volta, tante donne. Antonella fino a quel momento non ha grosse esperienze lavorative. Ha fatto qualcosa in un ufficio e ha appena terminato il terzo anno di segretaria. Ha bisogno, però, di lavorare e così s'iscrive alla lista di collocamento. *"Prima sostenni un colloquio – mi dice – con un dirigente Fiat. Ricordo che mi magnificò la Fiat come una grande azienda in campo mondiale, il posto sicuro e cose simili. Poi mi chiese che giornali leggessi e se leggevo giornali politici. Era una domanda senza senso ma funzionale alla mentalità Fiat. Naturalmente mentii perché in quel tempo, anche se non impegnata politicamente, facevo parte di alcuni collettivi studenteschi e leggevo la stampa di sinistra. Ma avevo bisogno di essere assunta".*

Com'è stato il primo giorno di lavoro? *"Il primo giorno – continua Antonella – eravamo un gruppo di una ventina di persone, tutti giovani e soprattutto ragazze. Ci hanno portato in giro per lo stabilimento e la cosa che più mi ha impressionato è stato il rumore assordante, incredibile. Mi hanno messo alla catena di montaggio della Panda e dovevo fare il 'batti calcagno', in pratica un lavoro sotto la portiera. Era maggio ed io sono andata in fabbrica con un vestitino estivo azzurro. Non immaginavo proprio che la fabbrica fosse così. Mi hanno dato in mano un avvitatore e un martello, affiancata per alcuni giorni a un operaio più anziano che mi ha aiutato molto e fatto coraggio. Ho pianto molto in quel periodo. Mi sentivo abbandonata in quell'enorme capannone e avevo paura di non riuscire a farcela".*

Invece ce la fa a stare dietro alla catena ma passati i 12 giorni di prova, inizia a scioperare per *"non essere spersonalizzata completamente, per non essere solo un numero".*Non solo ma comincia anche a organizzare un collettivo interno, la cellula di Dp *"facendo delle belle cose".* Cosa? *"Mi ricordo i lavori sulla pace e affiggevamo delle poesie, anche personali, nella bacheca. Tutte cose che nell'85, con la restaurazione Fiat, sono sparite. Ma in quel momento erano cose belle a dimostrazione che non eravamo numeri ma persone pensanti. Io ricordo con nostalgia quegli anni e fu in quel periodo che ebbi i rapporti più belli con gli altri operai soprattutto con un gruppo che poi, fra licenziamenti e dimissioni, non ci fu più".*

Col sindacato, invece, le cose non vanno troppo bene. *"Non è vero –* dice Antonella *–. Io sono entrata nel Consiglio di Fabbrica nel 1988. E fino che è esistita la Flm, l'unità sindacale la sentivi e la vivevi come un imperativo. Poi le cose sono cambiate. Quando sono entrata all'Autobianchi, c'era una forte unità fra i lavoratori. Poi questa tensione è diminuita".*Le difficoltà, in realtà, non ci sono solo a livello sindacale spesso sono di natura personale. Anche il fatto di essere donna, con un carattere molto imperativo, non aiuta di certo e conflitti nascono con altri delegati. E sono conflitti che pesano anche nei rapporti. "*Io mi sono iscritta alla Fim-Cisl perché avevo portato avanti il discorso delle 35 ore che era anche un cavallo di battaglia di Dp. In quel momento la Fim era piena di gente di sinistra, di cattolici progressisti e mi è sembrato naturale iscrivermi. Ma non l'ho fatto in modo fideistico. Le cose che non andavano bisognava dirlo anche alla Fim*".

Come si sente Antonella Rizzo? Una perdente? "*No guarda –* continua la Rizzo *– io non mi sento proprio perdente su questa vicenda. Il nostro gruppo è stato l'unico ad aver tenuto accesa la battaglia per far vivere la fabbrica, la discussione. Gli unici che hanno fatto proposte alternative alla semplice chiusura della fabbrica desiana*". Il giudizio è netto, senza tentennamenti e mentre mi serve un tè e si sposta in cucina per prendere lo zucchero le grido che i sindacati sostengono che le assemblee hanno deciso, quindi una decisione democratica. Non faccio in tempo a terminare la frase che Antonella riappare senza zucchero ma rossa in volto: "*Quando si impedisce a un gruppo come il nostro, a giovani con voglia di dire ciò che pensano, di battersi contro la chiusura, per continuare a lavorare, far vivere questa azienda per loro, per il loro futuro, per il futuro degli altri, allora non è democrazia. Ci hanno impedito, anche fisicamente, di poter svolgere il nostro lavoro. Ci hanno strappato i manifesti, insultato. Avrei voluto, con alcuni di loro, fare una battaglia politica ma non è stato possibile. Loro portavano sempre il discorso a livello personale e qualcuno, in particolare, non poteva accettare che una donna desse battaglia. I lavoratori, è vero, si sono espressi ma non come dicono loro. Si sono espressi perché l'Autobianchi continuasse a vivere e questo continuerò a gridarlo finché avrò voce*".

Non è vero che ha tanta voce. Me la ricordo davanti ai cancelli dell'Autobianchi, quasi completamente afona, l'ultimo giorno di lavoro, il 24 luglio 1992. È una giornata in cui l'emozione si tocca: gli operai spesso la abbracciano, la salutano. Qualcuno ha parole quasi di scusa: "*Coraggio Antonella, tu ce l'hai messa tutta...*", quasi a significare, anche se non si è d'accordo con lei, un grande rispetto per quello che ha fatto all'Autobianchi. E sono soprattutto le donne a intrattenersi con lei. Chiedono notizie sul futuro dell'azienda, sulla cassa integrazione. E il bello che sono quelle che anche l'ultimo giorno sono andate a lavorare. Antonella ha parole per tutti. E fra un saluto e un abbraccio, con gli occhi lucidi, lancia anche qualche slogan con il megafono mentre dalla sua Uno, piazzata a ridosso dell'entrata dello stabilimento, con le portiere aperte, escono le note di una canzone di Gianfranco Bertoli. E me la ricordo in piazza Duomo, sotto lo striscione del Comitato contro la chiusura, mentre le telecamere di *Samarcanda* riprendono i lavoratori delle fabbriche in crisi e al dibattito conseguente.

No. Non ha tanta voce. Ma ce la mette tutta. Pochi giorni dopo essere stato a casa sua per questa intervista, un sabato, mi trovo alla Camera del Lavoro di Milano per seguire un convegno sulla stampa locale. Quella stessa mattina è in programma una manifestazione contro l'ipotesi del governo di trovare una *soluzione politica* per Tangentopoli, il famoso *colpo di spugna* del ministro Conso. Quando sento gli slogan dei manifestanti, abbandono momentaneamente il convegno e mi porto su corso di Porta Vittoria. E lei, Antonella Rizzo, è *naturalmente* fra i manifestanti dalle "mani pulite". Il megafono è imbracciato e gli slogan contro il tentativo del governo escono rapidi. È "ospitata" sotto uno striscione dell'Alfa Romeo ed è lei che dà la cadenza degli slogan.

È così Antonella Rizzo. Una volta si sarebbe definita una persona *tutta di un pezzo*. Più semplicemente crediamo sia una lavoratrice perfettamente consapevole della battaglia iniziata e, purtroppo, ormai conclusa. C'è una bella fotografia, direi simbolica, che abbiamo pubblicato su *l'esagono*. La nostra fotografa Daniela Criscuolo aveva ripreso, senza farsi notare, Antonella nell'ultimo giorno della fabbrica desiana. È seduta sul muretto del cancello d'entrata dell'Autobianchi. Alle sue spalle, uno striscione del Comitato contro la chiusura. È pensierosa, una mano sorregge la testa. Ed è sola. Forse è questa la critica che si può fare al sindacato. Averla lasciata *sola* a difendere l'Autobianchi.

I Giornali

L'ESAGONO – Roberto Isella

Entra nel mio ufficio Lorella Maggioni, caporedattore del giornale e, come sempre nel suo stile asciutto senza tanti giri di parole, butta lì il macigno: *"Ha telefonato Adriano, chiudono l'Autobianchi"*. Una decisione che vent'anni fa, all'epoca della tenda di piazza Conciliazione che vide la presenza tra i lavoratori del nostro giornale e di chi scrive, avrebbe provocato veementi manifestazioni di protesta in tutto il territorio. Oggi, dopo i devastanti anni '80, sembra un fatto "normale". Che però normale non è. Un pensiero a quei lavoratori, alle loro famiglie, e poi, subito il "che fare". L'Autobianchi per la Brianza era ciò che è la Fiat per Torino: 2.500 occupati, piccole aziende di servizi, indotto. Una grossa realtà industriale ed economica, una colonna portante del "benessere sicuro" di molte famiglie. Dopo il mobile, basato però su criteri artigianali, l'Autobianchi rappresentava per decine di migliaia di brianzoli, in forma diretta o indiretta, la fonte unica del proprio reddito.

Di più. Per la caratteristica della Proprietà, cioè la maggior industria nazionale, l'Autobianchi ha rappresentato per molti lavoratori la coscienza politica e sindacale, quella formazione culturale – e questo mi pare emerga molto bene dalle pagine di questo libro – di appartenenza a una classe che solo chi lavora o ha lavorato in aziende di quel tipo può sviluppare per la semplice legge di contrasti di interessi vissuti e sperimentati sulla propria pelle.

E per un giornale come il nostro, letto da decine di migliaia di lavoratori brianzoli, non ci si poteva limitare alla pura registrazione del fatto ma era necessario seguire attentamente e con spirito critico l'evolversi degli avvenimenti.

L'esagono è sempre stato, nella sua quasi trentennale storia, molto attento e sensibile ai problemi del lavoro. Sulla vicenda dell'Autobianchi occorreva metterci quella passione, quell'interesse, quel massimo di capacità interpretativa che da sempre, nel passato, fu sua caratteristica.

E occorreva prendere posizione. Essere di parte.

Di fronte alla protervia Fiat, alla sua volontà, comunque, di perseguire la logica dell'assistenzialismo (aprire al Sud con i soldi dei contribuenti licenziati al Nord), al sistema di rapporti con le istituzioni democratiche, quelle stesse istituzioni che poi avrebbero dovuto accollarsi i costi sociali delle sue scelte, questo giornale non poteva essere "imparziale". Un'imparzialità che, di fatto, avrebbe avallato le scelte di Agnelli.

Occorreva invece scendere in campo, capire cosa stava succedendo, scegliere, e trasmettere la scelta ai lettori.

Questo mi chiedeva Adriano Todaro e questo era nella logica mia e della redazione. Ed è questo che ci siamo sforzati di fare, anche con il libro, da cui emerge l'impegno, la capacità, la sensibilità di stare dalla parte del più debole, sempre e comunque, di Todaro. Un sentire ideale ma che, realisticamente, egli supporta sempre con fatti ed elementi concreti.

Ed è così anche in questo volume: l'inaffidabilità proverbiale della Fiat nel rispetto degli accordi, l'assistenzialismo statale di cui Agnelli e il grande capitale italiano sono i massimi beneficiari, il rapporto con le istituzioni, la rassegnazione sindacale alle scelte di corso Marconi evidenziata dalla firma dell'accordo del dicembre 1991; sono tutti fatti concreti che, negli articoli sul giornale prima e in questo volume poi, emergono con forza e danno solide basi alle sue motivazioni ideali.

Scrivere ed editare questo libro vuol anche essere un modo diverso di raccontare un pezzo di storia della Brianza, la storia reale, della vita di tutti i giorni, non quella dell'esaltazione "dei grandi" ma quella di chi la storia la fa realmente, con il suo operare quotidiano.

Se qualcuno, un giorno, vorrà produrre un film di questi anni, pensiamo che troverà in questo libro gli spunti efficaci per raccontare un pezzo di storia di questa terra e potrà pescare in quella galleria di personaggi che Todaro ha così semplicemente ma significativamente scolpito: da Antonella Rizzo a Riccardo Brigliadori, dai sindaci a Cesare Romiti, da Ferruccio Asmi a Pietro Longaretti, da Giovanni Parma a Renato Caimi, a Giovanni Laudicina, ai sindacalisti e così via.

Questo pezzo di storia della Brianza e della Fiat in Brianza, Todaro l'ha voluto dedicare "*ai lavoratori dell'Autobianchi*", e ci sembra giusto, ma la dedica si potrebbe anche allargare alle giovani generazioni di oggi, quelle che si avviano all'attività lavorativa.

Vorremmo che per loro fosse un momento di riflessione, un primo passo per la riscoperta del valore in sé che contiene il lavoro, l'impegno collettivo in difesa di questo valore, il sentirlo come base di solidarietà umana e sociale di una classe che ha i medesimi interessi e che solo nell'azione collettiva li può difendere e valorizzare. Questo è ciò che Todaro nel suo libro e nei suoi articoli ha voluto trasmettere. Penso ci sia riuscito.

IL CITTADINO – Andrea Pizzi

La vicenda Autobianchi è a tutti nota. Conosciute sono pure le conseguenze che la chiusura della fabbrica automobilistica desiana, appartenente al gruppo Fiat, ha procurato: gravi difficoltà per i lavoratori (trasferimenti ad Arese e cassa integrazione stanno ancora interessando più di 1.500 persone), seria crisi dell'indotto (pensiamo ai licenziamenti nelle aziende che svolgevano i servizi di mensa e pulizia all'interno dello stabilimento e alle imprese che lavoravano "all'ombra" dell'azienda desiana, un'immensa area produttiva improvvisamente svuotata di ogni attività e con l'incognita sul proprio utilizzo.

Questi elementi bastano per chiarire come sia difficile 'assorbire" questa chiusura e "dimenticare" l'Autobianchi, i suoi ritmi, gli operai che entravano e uscivano quotidianamente dai cancelli... Non è nostra intenzione in queste poche righe riproporre i temi che la stessa stampa ha più volte riportato. Piuttosto ci sembra utile fare una veloce carrellata sui protagonisti che, ciascuno a proprio modo, hanno caratterizzato la vicenda per poi trarre delle doverose riflessioni sulle prospettive future.

L'attore principale è stato indubbiamente Fiat."Apre al Sud, chiude al Nord lasciando sulla strada migliaia di famiglie": questa frase ricorre ancora oggi molto spesso nell'opinione pubblica. Tuttavia sarebbe riduttivo ricondurre tutto a questa valutazione. C'è, infatti, di più. Fiat è responsabile di non avere investito nell'adeguamento tecnologico del polo desiano, rimasto irrimediabilmente arretrato per poter competere con l'accanita concorrenza; probabilmente questo è il frutto di una strategia più ampia che, di fatto, sta causando il ridimensionamento del polo milanese dell'auto: pensiamo anche alla fine di Lambrate e alle grosse perplessità che si nutrono sul futuro diArese. Spetta anche a noi condannare la mancata chiarezza di obiettivi che 1'azienda di corso Marconi ha dimostrato su Desio.

Non è stato minore il ruolo dei lavoratori. Duemilacinquecento il 25 luglio del '92, ultimo giorno di attività. Definirli "vittime" è forse troppo maldestro; di sicuro, sono stati loro a pagare il prezzo più alto... È utile ricordare le difficoltà di molti padri di famiglia costretti a vivere con poco più di un milione al mese. Ci fa un po' di tristezza poi pensare a quegli operai che, seppur nella fatica del lavoro, stringevano amicizia fra loro, creavano gruppi, organizzavano attività, si aiutavano a vicenda e che ora invece sono approdati a diverse esperienze, oppure si trovano nel "parcheggio" della cassa integrazione.

Fra questi due protagonisti, Fiate lavoratori, dobbiamo ricordare altri due interlocutori. Il primo è costituito dalle organizzazioni sindacali che, con il Consiglio di fabbrica, hanno firmato 1'accordo. Almeno sulla carta, esso assicura un posto di lavoro a tutti i dipendenti dell'Autobianchi. Gigi Perego, ex segretario comprensoriale della Cisl Brianza, ci disse che si trattava del migliore accordo possibile. Abbiamo condiviso tale affermazione, ribadendo la necessità di vigilare sulla sua attuazione.

L'altro interlocutore è senza dubbio la città ed in particolare l'Amministrazione che la governa. Dalle righe de *Il Cittadino* abbiamo più volte detto che, probabilmente, si poteva fare di più per impedire alla Fiat di giungere a una decisione così drastica. Tale impressione la ribadiamo, anche per spronare i nostri amministratori a fare di tutto nei prossimi "negoziati" sul riutilizzo dell'area.

Fiat, i lavoratori, i sindacati e la città: protagonisti di una storia che sarà difficile dimenticare e per la quale ci sembra di dover spendere alcune parole circa le prospettive future.

Innanzitutto, ci auguriamo che 1'accordo stipulato nel dicembre del 1991 venga rispettato fino in fondo, garantendo nel modo migliore possibile il posto di lavoro a chi ancora non ce l'ha. Dal mese di gennaio non sono stati fatti più trasferimenti ad Arese, mentre nel testo dell'accordo si parla di trasferimenti graduali: è un fatto preoccupante.

In secondo luogo, ci pare che debba essere data fiducia all'Acg Italia, l'azienda del gruppo General Motors, che ha occupato parte dello stabilimento desiano e che dovrebbe occupare entro il luglio del '94 circa 400 dipendenti. Ci sono tante voci discordanti sulle effettive capacità di sviluppo di questa attività: noi crediamo che vada favorito il suo sviluppo. Così come, ed è l'ultimo punto, va favorito e garantito un rilancio produttivo di tutta l'area di via Lombardia. L'amministrazione comunale ha in questo caso un ruolo primario nel far sì che la proprietà risponda presto alle attese della città, una città che vuole ribadire la propria vocazione produttiva.

IL CORRIERE DELLA SERA – Viviana Magni

Cinque anni fa *Le monde diplomatique,* il mensile economico dell'autorevole quotidiano parigino dedicò un ampio reportage a Desio, scelta come cittadina prototipa dell'Italia meno conosciuta, lontana dal cliché retorico ma tanto diffuso tra gli stranieri, delle suggestive località del Belpaese ricche di storia e di monumenti. "*Desio, petite ville de la Brianza comme les autres... sauf qu' il y a l'Autobianchi*".Così, Claude Ambroise, autore del servizio definiva Desio: "*Una cittadina della Brianza come le altre salvo che per l'Autobianchi*".Non c'è certo bisogno di scomodare un giornalista d'Oltralpe per capire cos'ha rappresentato per

Desio lo storico stabilimento di automobili. Ma è significativo notare che anche dall'osservatore "straniero", la presenza dell'Autobianchi veniva considerata come un potenziale, una fonte di ricchezza, come l'elemento qualificante che poneva Desio in una condizione economica di vantaggio rispetto ai vicini centri abitati.

Oggi, purtroppo, le catene di montaggio si sono fermate. Secondo i dati forniti da corso Marconi, dalle linee produttive brianzole sono uscite qualcosa come 3 milioni e 700 mila vetture. Via le "quattro ruote", via le "tute blu", via i rumori e gli acri miasmi della fabbrica. Dell'ex polo Fiat resta solo lo stabilimento con la grande incognita legata alla sua futura trasformazione. Ieri, fucina di auto, domani, chissà? Come cronista de *Il Corriere della Sera* ho avuto modo di essere testimone diretta della tormentata vicenda della cessazione dell'azienda, una delle pagine più nere della storia dell'industria locale. Ricordo le reazioni a caldo degli operai dopo l'annuncio del piano di ristrutturazione deciso da Fiat: era il 18 novembre 1991. Mentre col taccuino spianato raccoglievo tutta 1'incredulità e l'apprensione dei lavoratori pensavo a come erano lontani i tempi in cui per trovare un posto sicuro alla "Bianchi" arrivavano da tutta Italia. Ricordo ancora una gelida mattina del dicembre dello stesso anno quando un interminabile corteo attraversò le strade cittadine in segno di protesta contro la chiusura dell'attività. Poi, ci fu la stagione dell'accordo, quella del trasferimento dei dipendenti ad Arese, quella della triste e dura realtà della cassa integrazione. Molti sostengono che la città e le istituzioni sindacali e territoriali avrebbero potuto far di più a difesa della fabbrica e dell'occupazione. Probabile: ma una valutazione a posteriori è pura accademia.

Torniamo agli avvenimenti di cronaca. Nel settembre del 1992 la Cge, l'azienda del gruppo General Motors subentrata nel reparto selleria della ex Autobianchi diede un ricevimento per inaugurare l'impianto alla presenza delle autorità civili, militari e religiose della città. I giornalisti non avevano ricevuto nessun invito ma mi presentai ugualmente davanti ai cancelli perché volevo capire quali fossero i progetti del colosso statunitense su Desio. Fui bloccata da un portiere che gentilmente mi

N. 34480 DI REP.   N. 14197 PROGR.

COSTITUZIONE DI SOCIETA' PER AZIONI

REPUBBLICA ITALIANA

L'anno 1955 -millenovecentocinquantacinque- addì 11 -undici-

del mese di gennaio-

In Milano, nella casa in Viale Abruzzi n. 16

Avanti a me Dottor ALESSANDRO GUASTI Notaio residente

in Milano, iscritto presso il Collegio Notarile di Milano, so-

no personalmente comparsi i Signori:

Dr. FRANCO BRAMBILLA di Enrico Gaetano, nato a Milano

e qui domiciliato, Corso Matteotti 3, dirigente industriale,

che dichiara di intervenire al presente atto nella sua qualità

di Direttore Centrale ed in rappresentanza della PIRELLI

Società per Azioni, con sede in Milano e capitale di lire

24.000.000.000.=

Gr. Uff. LUIGI GAJAL de La Chenaye fu Gaspare, nato a Torino

ed ivi domiciliato, Corso Galileo Ferraris 138bis, dirigente,

che dichiara di intervenire al presente atto nella sua qualità

di Condirettore Generale, ed in rappresentanza della FIAT

Società per Azioni con sede in Torino e col capitale di lire

57.000.000.000.=;

Dr. Ing. FERRUCCIO QUINTAVALLE di Umberto, nato a Mi-

lano e qui domiciliato Via Aurelio Saffi 28, dirigente industriale

che dichiara di intervenire al presente atto nella sua qualità di

Direttore Generale e in rappresentanza della Società per Azioni

FABBRICA AUTOMOBILI e VELOCIPEDI EDOARDO BIANCHI con sede in Milano e capitale di L. 2.520.000.000.=

Detti Signori, che dichiarano di essere cittadini italiani, dichiarano di essere muniti dei poteri occorrenti al presente atto e di rispondere eventualmente in proprio, e della cui identità personale io Notaio sono certo, fatta espressa rinuncia, d'accordo fra loro e con me Notaio alla assistenza dei testimoni al presente atto, stipulano e convengono quanto segue:

1) E' costituita una Società per Azioni con sede in Milano, per ora in Viale Abruzzi 16 e con la denominazione AUTO BIANCHI Società per Azioni con l'oggetto specificato nell'art. 2 dell'allegato statuto.

2) Il capitale della Società è determinato in lire 3.000.000.= (tre milioni) diviso in N. 3000 (tremila) azioni da lire 1000- (mille) cadauna, sottoscritto come segue:

S.p.A. Fabbrica Automobili e Velocipedi Edoardo Bianchi n. 1000 (mille) azioni per lire 1.000.000.=

Fiat S.p.A. n. 1000 (mille) azioni per L. 1.000.000.=

Pirelli S.p.A. n. 1000 (mille) azioni per lire 1.000.000.=

Sulle azioni assunte gli intervenuti dichiarano essere stato effettuato da ciascuno dei rispettivi sottoscrittori il versamento dei primi tre decimi a sensi di legge in complessive lire 900.000.= alla sede di Milano della Banca d'Italia in data odierna

atto costitutivo e dallo statuto che steso in competente bollo, firmato dai Comparenti con me Notaio, si allega al presente atto sotto A quale sua parte integrante e sostanziale.

A comporre il primo Consiglio di Amministrazione, che viene determinato in numero di sei membri sono eletti i Signori:

Comm. Giuseppe Bianchi, - Ing. Ferruccio Quintavalle, Gr. Uff. Luigi Gajal de La Chenaye, Dr. Corrado Ciuti, Dr. Franco Brambilla, Dr. Emanuele Dubini

Sindaci Effettivi sono nominati i Signori:

Rag. Alessandro Sabbione, Rag. Manlio Gebbia, Rag. Silvano Civili,

Il Signor Rag. Alessandro Sabbione avrà le funzioni di Presidente del Collegio Sindacale.

Sindaci supplenti sono nominati i Signori:

Rag. Pasquinoli Alberto e Avv. Pierluigi Martinelli.

Ai Sindaci effettivi spetterà fino a diversa determinazione della assemblea l'emolumento annuo di lire 50.000.= quanto al Presidente e di lire 30.000.= quanto a ciascuno degli altri due.

4) In deroga alle disposizioni dello statuto che demandano al Consiglio la nomina delle cariche sociali gli intervenuti nominano:

Presidente il Signor Comm. Giuseppe Bianchi, Consigliere Delegato il Signor Ing. Ferruccio Quintavalle, al quale viene affidata la gestione della Società per tutti gli affari di ordinaria amministrazione, ivi comprese le compere e le vendite di ogni cosa mobile, le ordinarie operazioni finanziarie e cambiarie gli atti e le operazioni presso gli Uffici del Debito Pubblico, della Cassa Depositi e Prestiti, quelli postali, doganali, ferroviari e delle imprese di trasporto ed in genere presso gli Uffici pubblici e privati con facoltà di esigere e ritirare vabri, pieghi, lettere anche raccomandate ed assicurate, acconsentire vincoli e svincoli, rilasciare quietanze, inoltrare ricorsi e reclami alle Autorità amministrative e finanziarie, promuovere azioni ed istanze giudiziarie anche per giudizi di revocazione e cassazione, nominare avvocati e procuratori alle liti, nonchè procuratori ad negotia per determinati atti o categorie di atti.

Le suddette facoltà sono esemplificative e non tassative, intendendosi essere il nominato mandatario alter ego del Consiglio per tutti gli affari di ordinaria amministrazione. Egli avrà firma libera e firmerà con il suo nome e con la qualifica preceduti dalla denominazione sociale.

5) Il primo esercizio sociale si chiuderà al 31 dicembre 1955.

6) Il Consiglio provvederà a tutte le pratiche necessarie per la legale esistenza della Società, e per esso il Presidente od in sua vece il Consigliere Delegato ciascuno con firma libera è sin d'ora autorizzato ad introdurre nel presente

1: L'Atto costitutivo dell'azienda, 11 gennaio 1955

disse che il party era su invito. Gli consegnai il mio bigliettino da visita aggiungendo che avrei desiderato incontrare i dirigenti. Quel colloquio lo sto ancora aspettando. Da allora però ho capito che il rapporto simbiotico fabbrica-città esistito per decenni, era finito, forse per sempre.

IL GIORNALE – Franco Sala

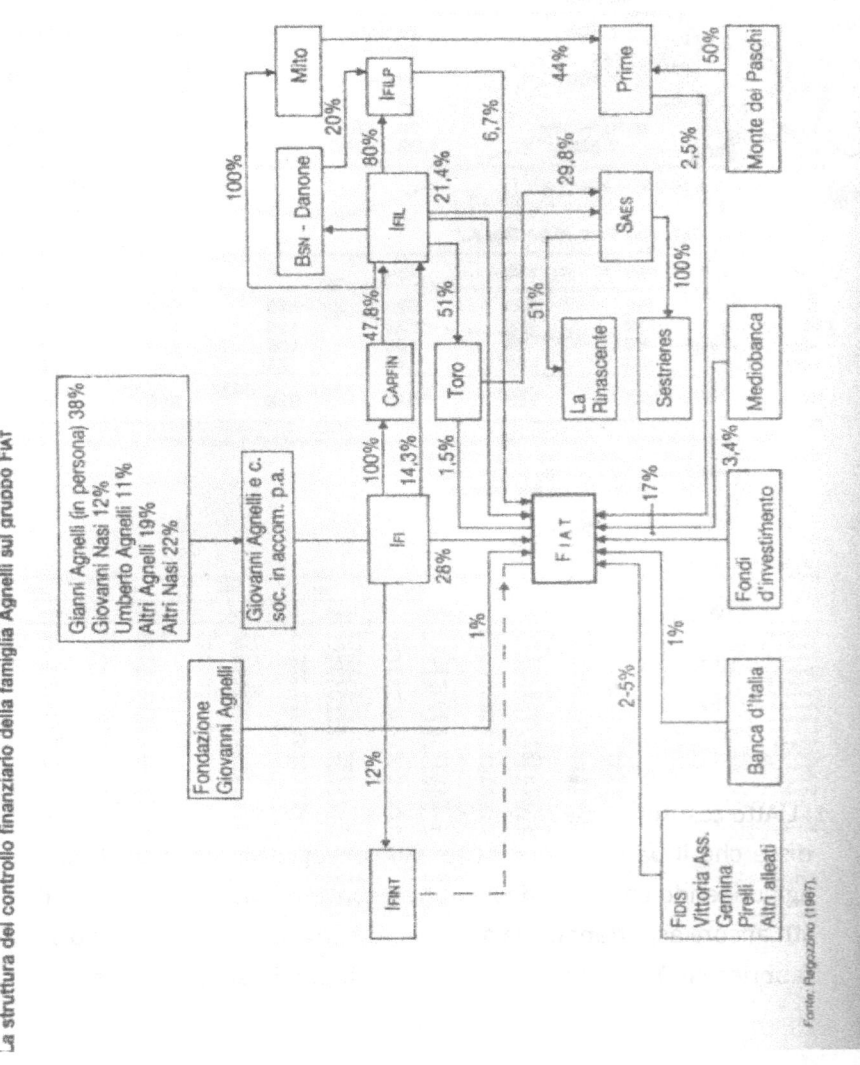

2: Struttura di controllo della famiglia Agnelli

Le proteste degli operai, il bla bla dei politici, l'aria fritta dei sindacati: niente. Doveva chiudere a luglio del '92 e non c'è stato verso. Ha chiuso.

COSTI DI PRODUZIONE E PREZZI DI VENDITA MODELLI Y10 - ALFA 75 - 164 NON CATALIZZATE

MODELLO	COSTI DI PRODUZIONE (A)	PREZZO DI VENDITA (B)	DIFFERENZA (B) - (A) ASSOLUTO	%
Y 10	6.700.000	11.960.000	5.260.000	+78
164 BENZ.	16.100.000	28.536.000	12.436.000	+78
164 DIESEL	16.500.000	30.335.000	13.835.000	+84
164 TURBO	20.000.000	31.074.000	11.074.000	+55
164 USA	25.200.000	ND	=	=
ALFA 75 BENZ.	12.300.000	22.957.000	10.657.000	+86
ALFA 75 DIESEL	14.000.000	22.920.000	8.920.000	+64
ALFA 75 TURBO	15.500.000	26.935.000	11.435.000	+74

NOTE: I costi di produzione, uscita stabilimenti, comprendono costi materiali, mano d'opera e costi fissi.
Prezzi di vendita sono IVA esclusa.

3: Costi di produzione

È passato un anno. Tornano alla mente i Consigli comunali con il diritto di parola riservato ai rappresentanti del popolo e quelli "aperti", le

Piano Territoriale della Regione Lombarda
Comitato Provinciale di Milano

Inchiesta sulle forze del lavoro 1955

COMUNE DI DESIO

		Agri-coltura	Industria	Trasporti e comunicaz.	Commercio-Credito-Assicuraz.	Libera Professione	Milit-tari	Culto	Amm.ne Pubbl.	Econom. Domest. Casalinghe	Disoccupati
Popolazione attiva		330	6.232	200	1.084	106	18	148	436	3.161	1.000
Residenti in Comune	Unità occupate in Comune	===	700	120	300	80	===	===	25	===	===
	Unità occupate fuori Comune	===	25	===	10	10	===	===	10	===	===
N° Lavoratori provenienti da altri Comuni		Pensionati	Possidenti	Inabili	In attesa di I* occupazione	In condizione non professionale
Popolazione inattiva		2.000	35	650	831	2.200

Provenienza delle persone immigrate dal 1945 in poi, e tutte ora residenti in Comune.	Stranieri	Piemonte	V. Aosta	Trentino	Veneto	Venez. Giul.	Liguria	Emilia	Toscana	Umbria	Marche	Lazio	Abruzzi	Campania	Puglie	Basilicata	Calabria	Sicilia	Sardegna	Altre Prov= vincie Lombarde	Ex Colonie
N°		85	10	28	890	295	40	95	26	23	17	30	7	62	93	25	14	349	8	==	3

4: Dati sulla forza lavoro

manifestazioni di piazza, i personaggi importanti chiamati a Desio a perorare la causa. Uno su tutti: Bettino Craxi. Aveva detto che sarebbe piombato in città per prendere a cuore la questione di duemila lavoratori. Ha parlato tanto, ha divertito il popolo del garofano, ha sostenuto l'impeto dei socialisti nostrani. Per Bettino non ci sono stati che sorrisi e manifestazioni d'affetto. Ma il leader non ha speso una parola per l'Autobianchi: adesso si può forse intuire il perché. Nati cento anni fa per riscattare la plebe anche i socialisti sono morti complici delle lobby economiche: brutta fine. E poi le riunioni della pastorale: tutto vano. Anche la Chiesa ha masticato amaro. È stata sconfitta. Hanno pregato in tanti ma l'Avvocato non è Dio. Si è visto qualche mese dopo: anche lui protagonista di Tangentopoli. E noi qui a Desio: il sindaco Rampi, l'assessore Santambrogio, ex comunista, la tenace Maria Rosa Mariani. Hanno fatto il possibile. Tutto inutile. Del resto a Torino potevano tenere in considerazione la Giunta di Desio? Potevano in corso Marconi modificare le strategie già fissate per raccogliere le esortazioni locali? La Fiat, che per stessa ammissione del suo amministratore delegato a Di Pietro, pagava i vertici dei partiti, come poteva piegarsi davanti ad un ordine del giorno del parlamentino desiano? Avevano un gran daffare pensando al Parlamento romano. E gli operai? Grazie a Dio finora hanno ancora il posto di lavoro. Partono al mattino per Arese. Undici ore fuori casa per lavorarne otto: provi qualcuno che è uscito da San Vittore con la faccia sorridente e il vestito fresco di lana. Ma almeno loro, gli operai, possono alzare gli occhi e guardare i figli. Se lo meritano. Altro che i socialisti, altro che i comunisti. Solo per citare i difensori più strenui del popolo dei Cipputi. Ho trovato un vecchio amico dipendente dell'Autobianchi. Una brava persona. Come va? *"Là ad Arese è un manicomio"*, mi dice. *"Il parcheggio delle auto è là* (e mi indica l'Hotel Selide), *lo spogliatoio in via Milano e il posto di lavoro dopo la caserma dei pompieri"*. Ma almeno avete evitato il licenziamento. *"Fino a quando?"*, si domanda. *"C'è gente che guadagna 1.080.000 lire al mese. Uno mi ha detto che ha dovuto tenere a casa il bambino dall'asilo per risparmiare qualche decina di mille lire al mese. Gli potranno servire per pagare il salumiere"*. E si viene a sapere che quel tale ha incassato miliardi, che quel tal altro ha rubato sulle strade, sulla sanità, sui treni, sui

CHIUSURE E RIDIMENSIONAMENTI DELLE ATTIVITA' INDUSTRIALI FIAT A MILANO E PROVINCIA

AZIENDA	ATTIVITA'	CHIUSURA	RIDIMENSIONAMENTO	OCCUPAZIONE COINVOLTA	NOTE
AUTOBIANCHI	AUTO	LUGLIO 1992	===	2500	===
ALFA ROMEO	AUTO	===	MAGGIO 1992	1500	Acquisizione Gennaio 1987
MASERATI	AUTO	===	GENNAIO 92	N° 600 su un totale di N° 1200	Acquisizione Gennaio 1990
IVECO	VEICOLI IND.	FINE 1992	===	650	===
MAGNETI MARELLI	*INDOTTO AUTO	FINE 1992 INIZ. 1993	===	N° 600 addetti su un totale di N° 1500	I restanti trasferiti alla VEGLIA BORLETTI
BORLETTI	INDOTTO AUTO	===	GENNAIO 92	N° 450 su un totale di N° 1800	Acquisizione Gennaio 1986
BORLETTI CLIMATIZZAZIONE	INDOTTO AUTO	1989	===	120	Acquisizione Gennaio 1986
FIAT ALLIS	MOVIMENTO TERRA	1987	===	170	
BORLETTI F3 + MAGNETI MARELLI AUTO	ARMI	STABILIMENTI DI: MILANO NEL 1991 CARBONATE NEL 89	←	N° 250 su un totale di N° 470	BORLETTI F3 Acquisita nel Gennaio 1986
SASS	ELETTRONICA CIVILE	===	IN CORSO	N° 70 su un totale di N° 300	

N.B. - Le attività FIAT non coinvolte in chiusure o ridimensionamento sono solamente l'AIFO/IVECO (400 addetti/Motori marini), la TELETTRA per altro nel 191 ceduta come maggioranza di quote azionarie alla ALCATEL e la SMIA SPD.

5: Dati sul ridimensionamento

vecchi, sui cimiteri, sui petroli, su tutto. *"La dentro – si sfoga l'operaio – è come una polveriera. Se scaturisce una scintilla altro che il periodo degli anni di piombo"*. Gli credo. E spero che anche altri non la prendano sul ridere. Potrebbero pentirsene amaramente. L'Autobianchi è chiusa ma i lavoratori ci sono. Hanno perso una battaglia ma non sono disposti a perdere la guerra. Chi ha potere e responsabilità per intervenire lo faccia.

> *Da questi contributi manca una testata, IL GIORNO che pur sulle sue pagine locali aveva dedicato parecchio spazio a questa vicenda. Non è colpa nostra. Più volte abbiamo sollecitato uno scritto del corrispondente di Desio di questo giornale, Piero Fachin, ma inspiegabilmente non ci è mai pervenuto, nonostante le assicurazioni del giornalista stesso.*

Appendici

Foto e documenti

6: La foto dei "tre presidenti"

È una delle immagini più famose dell'immaginario e della pubblicità di Autobianchi: Autobianchi e i tre presidenti. È il 16 settembre 1957 e a Milano, al Museo della Scienza e della Tecnica viene presentata la Bianchina Trasformabile. Nella foto, Gianni Agnelli (al volante) e, seduti: Giuseppe Bianchi, il presidente della FIAT Vittorio Valletta, e Alberto Pirelli.

7: 1957, regalo di una Bianchina a Pio XII

Organico del personale Autobianchi					
Data	Operai	Impiegati	A.I.S.	Totale organico	Produzione giornaliera A 112 + Panda
30- 4-70	3.341	611	—	3.952	—
1- 1-71	3.670	642	—	4.312	—
1- 1-72	3.708	640	—	4.348	—
30- 4-73	3.748	669	—	4.417	—
31- 1-74	3.955	677	—	4.632	—
6- 2-75	3.719	676	—	4.395	—
31-10-75	3.549	546	26	4.121	—
31- 1-76	3.520	514	27	4.061	—
31- 1-77	3.385	471	27	3.883	—
31- 1-78	3.579	469	27	4.075	—
31- 1-79	3.883	486	67	4.436	—
31- 1-80	3.976	501	95	4.572	560
30- 6-80	4.376	504	102	4.982	680
31- 1-81	4.256	496	101	4.853	690
28- 2-83	3.610	412	83	4.110	728
9- 5-84	3.013	395	84	3.492	734

N.B.: I dati di produzione sono riferiti a partire dal periodo 1980 in quanto è in tale data che inizia la produzione, tuttora esistente, di A 112 e Panda.
A tutt'oggi sono state prodotte 1.200.000 circa A 112 e 29.000 Panda.

8: Dati sull'organico del personale

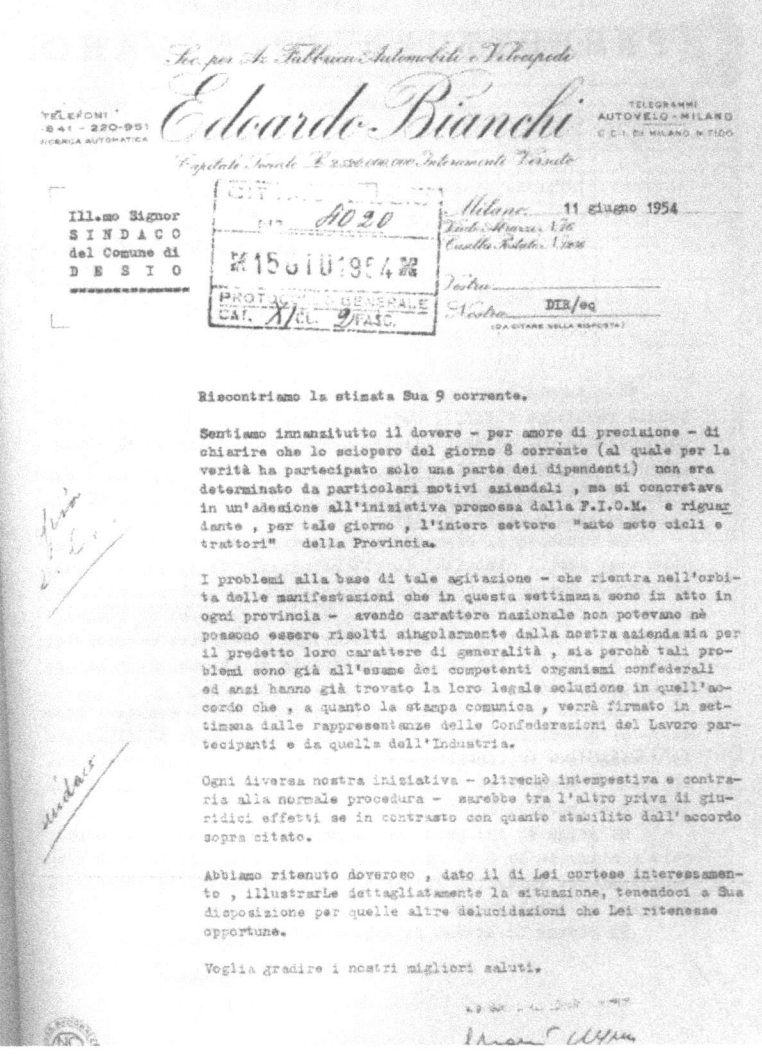

9: Lettera di Edoardo Bianchi, 11 giugno 1954

PREFETTURA DI MILANO

N. 011/864 Gab.

Milano 9 Marzo 1956

Risc Nota .... N ....
OGGETTO: Vertenze sindacali.

Signor Sindaco di

D E S I O

    Risulta che, in seguito ai licenziamenti effettuati dalla locale Tessitura GAVAZZI, codesto Consiglio comunale, nella seduta del 2 c.m., ha stabilito di nominare un Comitato il quale <u>prenda contatti con gli industriali locali per discutere il problema dei licenziamenti ed altre questioni relative ai rapporti fra operai e datori di lavoro</u>.

    Si rammenta al riguardo che i compiti del Consiglio comunale sono quelli stabiliti in via principale dalla Legge Comunale e Provinciale, e che nè questa nè altre disposizioni di legge prevedono facoltà del Comune in materia di rapporti di lavoro e di vertenze sindacali, la cui trattazione è deferita a specifici organi ed uffici, che nella fattispecie si stanno interessando della questione.

    Rientra invece nei compiti istituzionali del Comune l'adozione di provvedimenti che valgano in qualche modo ad alleviare le conseguenze di licenziamenti, sospensioni dal lavoro e simili, come l'erogazione di sussidi e l'assistenza nei casi di povertà e di particolare bisogno.

    Si prega di far presente quanto sopra al Consiglio comunale e s'invita la S.V. ad attenersi alle disposizioni più dettagliatamente impartite al riguardo con la circolare n°032/8318 Gab. del 21 aprile 1955.

    Si rimane in attesa di assicurazione.

IL PREFETTO

10: Lettera delle Prefettura di Milano, 9 marzo 1956

11: Manifestazione operaia, FLM Desio

Novembre 1980, terremoto in Irpinia: campo dei lavoratori dell'Autobianchi. Si riconoscono la dottoressa Gabriella Tosolin, Francesco Sironi e, di spalla, Filippo Giusto

12: La solidarietà dei lavoratori dell'Autobianchi per l'Irpinia

Desio, 10 dicembre 1991. Manifestazione contro la chiusura dell'Autobianchi

13: Manifestazioni contro la chiusura

Bibliografia

Libri

- Revelli Marco, *Lavorare in Fiat*, Garzanti, 1989.
- Lerner Gad, *Operai. Viaggio all'interno della Fiat*, Feltrinelli, 1988
- Papuzzi Alberto, *Il provocatore*, Einaudi, 1976
- Lajolo Davide, *Di Vittorio. Il volto umano di un rivoluzionario*, Bompiani, 1972
- Lajolo Davide, *24 anni*, Rizzoli, 1981
- Lama Luciano, Di Vittorio, *Editrice sindacale*, 1972
- Galli Giancarlo, *Affari di Stato*, Kaos edizioni, 1991.
- Enrietti A., Fornego G., *Il Gruppo Fiat*, La Nuova Italia Scientifica, 1989.
- DeAlessandri T., Magnabosco M., *Contrattare alla Fiat*, Edizioni Lavoro, 1987
- Fonti aziendali, *Bilanci*
- Lippi Laura (a cura di Alessandro Pizzorno), *Lotte operaie e Sindacato in Italia (1968-1972)*, Il Mulino, 1974
- Vené Gian Franco, *Vola colomba*, Mondadori, 1990
- AA.VV., *Autobianchi, quale futuro produttivo ed occupazionale per gli anni 80*, a cura del CdF Autobianchi, 1984

Giornali e riviste

il Manifesto
Il Corriere della Sera
Il Giorno
la Repubblica (Adolfo Scalpelli su *Cuore operaio. Di Vittorio, la CGIL e Milano. Il sindacalista che parlava ai più poveri*)

l'Unità
il Manifesto-mese
Unità a sinistra
Agenzia ANSA
Avvenimenti
fuorilinea
l'Esagono

Nota di edizione

La prima edizione di questo libro è stata stampata nel settembre 1993 dalla Cooperativa Editoriale Nuova Brianza di Cassago. Ribadiamo anche in questa edizione ZeroBook la dedica: "A tutti i lavoratori dell'Autobianchi di Desio ".

Questo libro

37 anni di storia con i protagonisti, le testimonianze, i documenti della fabbrica FIAT brianzola dell'Autobianchi di Desio. Scrive Diego Novelli nella sua introduzione: "Questo libro oltre a farci rivivere con immediatezza uno squarcio di "storia patria" è un forte richiamo alla dura realtà. Le pagine che seguono sono un urlo "a non dimenticare". Chi non ha memoria, non ha radici, non ha esperienza; è facile soggetto alle manipolazioni, agli sbandamenti, agli inganni, quindi alle strumentalizzazioni e al fanatismo. "Conoscere la realtà per cambiarla", scriveva Antonio Gramsci."

L'autore

Adriano Todaro è nato a Nova Milanese nel 1942. Giornalista pubblicista dal 1975, al momento della stesura di questo libro era redattore del settimanale della Brianza l'esagono. Dall'aprile del 1959 al settembre del 1962 ha lavorato all'Autobianchi nel reparto manutenzione e al montaggio della Bianchina e della 600 Multipla. Ha lavorato all'Unità e dell'agenzia giornalistica ANSA. Collaboratore di diversi periodici locali, è stato direttore responsabile di Unità a sinistra e del Quotidiano della Brianza.

Questo è stato il suo primo libro. Nel 1995 ha scritto "4 strade - il romanzo-Storia della Resistenza a Nova Milanese e in Brianza"; nel 1997 "Una vita in prestito"; nel 1998 "Dizionario politico-sociale di Nova Milanese"; nel 2001 "Un mattone lungo un secolo"; nel 2009 "Una botta di vita" (con i corsisti di Giornalismo dell'Unitre di Cesano Maderno); nel 2011, sempre con i corsisti di Giornalismo dell'Unitre di Cesano Maderno, "Dizionario politico-sociale di Cesano Maderno"; nel 2014 "Dizionario politico-sociale di Varedo" (in collaborazione con i corsisti di Giornalismo dell'Unitre di Varedo); nel 2017 con ZeroBook "Neuroni in fuga", una raccolta degli scritti degli ultimi dieci anni frutto della collaborazione con il settimanale online girodivite.it, dove tiene una rubrica fissa settimanale.

Le edizioni ZeroBook

Le edizioni ZeroBook nascono nel 2003 a fianco delle attività di www.girodivite.it. Il claim è: "un'altra editoria è possibile". ZeroBook è una piccola casa editrice attiva soprattutto (ma non solo) nel campo dell'editoriale digitale e nella libera circolazione dei saperi e delle conoscenze.

Quanti sono interessati, possono contattarci via email: zerobook@girodivite.it

O visitare le pagine su: https://www.girodivite.it/-ZeroBook-.html

Ultimi volumi:

Sotto perlaceo cielo : mito e memoria nell'opera di Francesco Pennisi / di Luca Boggio (ISBN 978-88-6711-129-9)

La diaspora del comunismo italiano / di Ferdinando Leonzio (ISBN 978-88-6711-127-5)

Celluloide : storie personaggi recensioni e curiosità cinematografiche / a cura di Piero Buscemi (ISBN 978-88-6711-123-7)

Cento gocce di vita / di Ferdinando Leonzio (ISBN 978-88-6711-121-3)

Donne del socialismo / di Ferdinando Leonzio (ISBN 978-88-6711-117-6)

Neuroni in fuga / Adriano Todaro (ISBN 978-88-6711-111-4)

Parole rubate / redazione Girodivite-ZeroBook (ISBN 978-88-6711-109-1)

Accanto ad un bicchiere di vino : antologia della poesia da Li Po a Rino Gaetano / a cura di Piero Buscemi (ISBN 978-88-6711-107-7, 978-88-6711-108-4)

Il cronoWeb / a cura di Sergio Failla (ISBN 978-88-6711-097-1)

Col volto reclinato sulla sinistra / di Orazio Leotta (ISBN 978-88-6711-023-0)

L'isola dei cani / di Piero Buscemi (ISBN 978-88-6711-037-7)

Saggistica:

I Sessantotto di Sicilia / Pina La Villa, Sergio Failla (ISBN 978-88-6711-067-4)

Il Sessantotto dei giovani leoni / Sergio Failla (ISBN 978-88-6711-069-8)

Antenati: per una storia delle letterature europee: volume primo: dalle origini al Trecento / di Sandro Letta (ISBN 978-88-6711-101-5)

Antenati: per una storia delle letterature europee: volume secondo: dal Quattrocento all'Ottocento / di Sandro Letta (ISBN 978-88-6711-103-9)

Antenati: per una storia delle letterature europee: volume terzo: dal Novecento al Ventunesimo secolo / di Sandro Letta (ISBN 978-88-6711-105-3)

Il cronoWeb / a cura di Sergio Failla (ISBN 978-88-6711-097-1)

Il prima e il Mentre del Web / di Victor Kusak (ISBN 978-88-6711-098-8)

Col volto reclinato sulla sinistra / di Orazio Leotta (ISBN 978-88-6711-023-0)

Il torto del recensore / di Victor Kusak (ISBN 978-6711-051-3)

Elle come leggere / di Pina La Villa (ISBN 978-88-6711-029-2

Segnali di fumo / di Pina La Villa (ISBN 978-88-6711-035-3)

Musica rebelde / di Victor Kusak (ISBN 978-88-6711-025-4)

Il design negli anni Sessanta / di Barbara Failla

Maledetti toscani / di Sandro Letta (ISBN 978-88-6711-053-7)

Socrate al caffé / di Pina La Villa (ISBN 978-88-6711-027-8)

Le tre persone di Pier Vittorio Tondelli / di Alessandra L. Ximenes (ISBN 978-88-6711-047-6)

Del mondo come presenza / di Maria Carla Cunsolo (ISBN 978-88-6711-017-9)

Stanislavskij: il sistema della verità e della menzogna / di Barbara Failla (ISBN 978-88-6711-021-6)

Quando informazione è partecipazione? / di Lorenzo Misuraca (ISBN 978-88-6711-041-4)

L'isola che naviga: per una storia del web in Sicilia / di Sergio Failla

Lo snodo della rete / di Tano Rizza (ISBN 978-88-6711-033-9)

Comunicazioni sonore / di Tano Rizza (ISBN 978-88-6711-013-1)

Radio Alice, Bologna 1977 / di Lorenzo Misuraca (ISBN 978-88-6711-043-8)

L'intelligenza collettiva di Pierre Lévy / di Tano Rizza (ISBN 978-88-6711-031-5)

I ragazzi sono in giro / a cura di Sergio Failla (ISBN 978-88-6711-011-7)

Proverbi siciliani / a cura di Fabio Pulvirenti (ISBN 978-88-6711-015-5)

Parole rubate / redazione Girodivite-ZeroBook (ISBN 978-88-6711-109-1)

Accanto ad un bicchiere di vino : antologia della poesia da Li Po a Rino Gaetano / a cura di Piero Buscemi (ISBN 978-88-6711-107-7, 978-88-6711-108-4)

Neuroni in fuga / Adriano Todaro (ISBN 978-88-6711-111-4)

Celluloide : storie personaggi recensioni e curiosità cinematografiche / a cura di Piero Buscemi (ISBN 978-88-6711-123-7)

Sotto perlaceo cielo : mito e memoria nell'opera di Francesco Pennisi / di Luca Boggio (ISBN 978-88-6711-129-9)

Per una bibliografia sul Settantasette / Marta F. Di Stefano (ISBN 978-88-6711-131-2)

Iolanda Crimi : un libro, una storia, la Storia / di Pina La Villa (ISBN 978-88-6711-135-0)

Narrativa:

L'isola dei cani / di Piero Buscemi (ISBN 978-88-6711-037-7)

L'anno delle tredici lune / di Sandro Letta (ISBN 978-88-6711-019-3)

Poesia:

Il libro dei piccoli rifiuti molesti / di Victor Kusak (ISBN 978-88-6711-063-6)

L'isola ed altre catastrofi (2000-2010) di Sandro Letta (ISBN 978-88-6711-059-9)

La mancanza dei frigoriferi (1996-1997) / di Sergio Failla (ISBN 978-88-6711-057-5)

Stanze d'uomini e sole (1986-1996) / di Sergio Failla (ISBN 978-88-6711-039-1)

Fragma (1978-1983) / di Sergio Failla (ISBN 978-88-6711-093-3)

Libri fotografici:

I ragni di Praha / di Sergio Failla (ISBN 978-88-6711-049-0)

Transiti / di Victor Kusak (ISBN 978-88-6711-055-1)

Ventimetri / di Victor Kusak (ISBN 978-88-6711-095-7)

Opere di Ferdinando Leonzio:

Una storia socialista : Lentini 1956-2000 / di Ferdinando Leonzio (ISBN 978-88-6711-125-1)

Lentini 1892-1956 : Vicende politiche / di Ferdinando Leonzio (ISBN 978-88-6711-138-1)

Segretari e leader del socialismo italiano / di Ferdinando Leonzio (ISBN 978-88-6711-113-8)

Breve storia della socialdemocrazia slovacca / di Ferdinando Leonzio (ISBN 978-88-6711-115-2)

Donne del socialismo / di Ferdinando Leonzio (ISBN 978-88-6711-117-6)

La diaspora del socialismo italiano / di Ferdinando Leonzio (ISBN 978-88-6711-119-0)

Cento gocce di vita / di Ferdinando Leonzio (ISBN 978-88-6711-121-3)

La diaspora del comunismo italiano / di Ferdinando Leonzio (ISBN 978-88-6711-127-5)

Sei parole sui fumetti / di Ferdinando Leonzio (ISBN 978-88-6711-139-8)

Parole rubate:

Scritti per Gianni Giuffrida: La nuova gestione unitaria dell'attività ispettiva: L'Ispettorato Nazionale del Lavoro / di Cristina Giuffrida (ISBN 978-88-6711-133-6)

Cataloghi:

ZeroBook: catalogo dei libri e delle idee 2017

ZeroBook: catalogo dei libri e delle idee 2016

ZeroBook: catalogo dei libri e delle idee 2015

ZeroBook: catalogo dei libri e delle idee 2012

Catalogo ZeroBook 2007

Catalogo ZeroBook 2006

Riviste:

Post/teca, antologia del meglio e del peggio del web italiano

ISSN 2282-2437

https://www.girodivite.it/-Post-teca-.html

Girodivite, segnali dalle città invisibili

ISSN 1970-7061

https://www.girodivite.it

https://www.girodivite.it

ZeroBook catalogo delle idee e dei libri

bimestrale

https://www.girodivite.it/-ZeroBook-free-catalogo-puoi-.html

www.ingramcontent.com/pod-product-compliance
Lightning Source LLC
Chambersburg PA
CBHW070725160426
43192CB00009B/1314